国学经典 | 典藏版

呻吟语

下

〔明〕吕　坤　撰

张民服　张文硕　王珊珊　注译

中州古籍出版社

·郑州·

卷四　外篇　御集

天地

4.001　湿温生物，湿热长物，燥热成物，凄凉杀物，严寒养物。湿温，冲和之气也；湿热，蒸发之气也；燥热，燔灼之气也；凄凉，杀气，阴壮而阳微也；严寒，敛气，阴外激而阳内培也。五气惟严寒最仁。

［译文］

气候湿温，植物出生；湿热，植物生长；燥热，植物成熟；凄凉，植物死亡；严寒，植物把果实收藏。湿温，是冲和之气；湿热，是蒸发之气；燥热，是燔灼之气；凄凉，是肃杀之气，这时阴气壮而阳气萎靡；严寒，是收敛之气，这时阴气外激而阳气在内部渐渐形成。这五种气只有严寒最仁。

4.002　浑厚，天之道也，是故处万物而忘言。然不能无日月星辰以昭示之，是寓精明于浑厚之中。

［译文］

浑厚，是天之道，所以使万物处于其中而不发一言。然而不能没有日月星辰把天道显示出来，这就是把精明藏于浑厚之中。

4.003　精存则生神，精散则生形。太乙[①]者，天地之神也；万物者，天地之形也。太乙不尽而天地存，万物不已而天地毁，人亦然。

［注释］

①太乙：同太一，指形成天地万物的元气。

［译文］

精气存在就会产生精神，精气离散就会产生形体。太乙，是天地的精神；万物，是天地的形体。太乙之气不尽，天地就会存在；万物不死，天地就会毁灭，人也是这样。

4.004　天地只一个光明，故不言而人信。

［译文］

天地只一个光明，因而不用说人们就相信了。

4.005　天地不可知也，而吾知天地之所生。观其所生，而天地之性情形体俱见之亦。是故观子而知父母，观器而知模范。天地者，万物之父母而造物之模范也。

［译文］

天地是不可知的，但是我却知道天地为何而生。观察天地所创造的东西，就知道它的性情与形体。因此观察儿子就知道其父母，观察器物就知道模子。天地是万物之父母和造物之模范。

4.006　天地之气，化生于不齐而死于齐，故万物参差，万事杂揉，势固然耳。天地亦主张不得。

[译文]

天地的气化，生于不齐而死于齐，所以世间万物形形色色，各有不同，杂糅在一起，是时势造成的，天地也做不了主。

4.007　观七十二候[①]者，谓物知时，非也，乃时变物耳。

[注释]

①七十二候：古时以五日为一候，一月为六候，三候为一节气，一年有二十四节气，共七十二候。

[译文]

观察七十二节候的变化，认为物知时，这是不对的，而是时变物。

4.008　天地盈虚消息[①]是一个套子，万物生长收藏是一副印板。

[注释]

①盈虚消息：天地万物变化的现象。

[译文]

天地盈虚变化是不固定的，万物的生长收藏是不变的。

4.009　天积气所成，自吾身以上皆天也。日月星辰去地八万四千里，囿于积气中，无纤隔微障，彻地光明者。天气清甚，无分毫渣滓耳，故曰太清。不然虽薄雾轻烟，一里外有不见之物矣。

[译文]

天是气积蓄形成的，从我身体以上都是天。日月星辰距离地面八万四千里，都包围在积气之中，没有丝毫的障碍，而且彻地光明。天气非常清澈，无丝毫的渣滓，所以叫太清。不然，虽然只有薄雾轻烟，一里外就看不见物体了。

4.010　地道，好生之至也，凡物之有根种者必与之生，尽物之分量，尽己之力量，不至寒凝枯败不止也，故曰坤，称母。

［译文］

地道特别好生，凡是有根茎的植物，一定让它生存，尽物之分量，尽己之力量，不到寒凝枯败是不会终止的，因而叫坤，称母。

4.011　四时惟冬是天地之性，春夏秋皆天地之情，故其生万物也，动气多而静气少。

［译文］

四时只有冬季是天地之性，春夏秋都是天地之情，性静情动，所以天地生万物，动气多而静气少。

4.012　万物得天地之气以生，有宜温者，有宜微温者，有宜太温者，有宜温而风者，有宜温而湿者，有宜温而燥者，有宜温而时风时湿者。何气所生则宜何气，得之则长养，失之则伤病。气有一毫之爽，万物阴受一毫之病，其宜凉、宜寒、宜暑无不皆然。飞潜、动植、蠛蠓之物无不皆然。故天地位则万物育，王道平则万民遂。

［译文］

万物得天地之气而生，有适宜温的，有适宜微温的，有适宜太温的，有适宜温而风的，有适宜温而湿的，有适宜温而燥的，有适宜温而时风时湿的。什么气所生就注定适应什么气候，得之则生长保养，失之则受伤生病。气有一毫之差，万物则暗受一毫之病，其宜凉、宜寒、宜暑无不皆然。飞潜、动植、蠛蠓之物无不皆然。所以天地安于其位则万物生长发育，王道太平则万民顺遂。

4.013　六合中洪纤动植之物都是天出气、地出质[①]，熔铸将出来，都要消磨无迹，还他故物。不怕是金石，也要归无去，盖从无中生来，定要都归无去。譬之一盆水，打搅起来大小浮沤以千万计，原是假借成的，少安静时还化为一盆水。

［注释］

①质：指质料，如金、木、水、火、土等。

［译文］

天地中大小的动植物都是由天上的气、地上的质熔铸出来的，都要消磨得毫无痕迹，回到原来的状态。即使是金石，也要归于无，因为是从无中生出来的，一定也要归于无中去。比如一盆水，搅动起来有大小泡沫成千上万个，但都是靠外力形成的，等水平静下来还只是一盆水。

4.014　先天立命处，是万物自具的，天地只是个生息培养。只如草木原无个生理，天地好生，亦无如之何？

［译文］

先天立命的地方是万物自具的，天地只是一个生息培养的地方。就像草木原来本没有什么生长的道理，哪里去找如同天地这般好生的呢？

4.015　天地间万物都是阴阳两个共成的。其独得于阴者见阳必避，蜗牛、壁藓之类是也；其独得于阳者见阴必枯，夏枯草之类是也。

［译文］

天地间万物都是由阴阳之气合成的。那些喜欢阴湿的东西，见到阳光必然躲避，蜗牛、壁藓就是这类东西；那些喜欢阳光的东西，到潮湿的地方必然枯萎，夏枯草就是这类东西。

4.016　阴阳合时只管合，合极则离；离时只管离，离极则合。不极则不离不合，极则必离必合。

[译文]

阴阳会合时只管会合，合到极点则分离；分离时只管分离，分离到极点则会合。不到极点则不离不合，到极点则必离必合。

4.017　定则水，燥则火，吾心自有水火。静则寒，动则热，吾身自有冰炭。然则天地之冰炭谁为之？亦动静为之。一阴生而宇宙入静，至十月闭塞而成寒；一阳生而宇宙入动，至五月薰蒸而成暑。或曰："五月阴生矣，而六月大暑。十一月阳生矣，而十二月大寒，何也？"曰："阳不极则不能生阴，阴不极则不能生阳，势穷则反也。微阴激阳则阳不受激而愈炽，微阳激阴则阴不受激而愈溢，气逼则甚也。至七月、正月则阴阳相战，客不胜主，衰不胜旺，过去者不胜方来，故七月大火西流而金渐生水，正月析木用事而水渐生火。盖阴阳之气续接非直接，直接则绝。父母死而子始生，有是理乎？渐至非骤至，骤至则激。五谷种而能即熟，有是理乎？二气万古长存，万物四时咸遂，皆续与渐为之也，惟续故不已，惟渐故无迹。"

[译文]

定则为水，燥则为火，吾心自有水火。静则为寒，动则为热，吾身自有冰炭。然而天地的冰炭是由谁造成的？也是由动静造成的。一阴产生而宇宙入静，至十月闭塞而成寒；一阳产生而宇宙入动，至五月薰蒸而成暑。有人问："五月阴生，而六月大暑。十一月阳生，而十二月大寒，这是什么原因呢？"回答说："阳不到极点则不能生阴，阴不到极点则不能生阳，物穷必反。没有阴去激发阳，阳就不会受激而愈发炽热；没有阳去激发阴，阴就不会受激而愈发散溢，气受逼迫就会更厉害。到了七月、正月，阴阳相战，客不胜主，衰不胜旺，过去不胜方来，故七月大火西流而金渐生水，正月析木用事而水渐生火。原因在于阴阳之气是续接的而非直接的，直接则断绝。父母死而子始生，有这样的道理吗？阴阳之气是渐渐到来的，不是骤然到来的，骤至则激。五谷种下去马上成熟，有这样的道理吗？阴阳二气万古长存，万物四时咸遂，这都是连续不断与渐渐变化造成的。只有连续才能不断，只有渐渐变化才能无痕。”

4.018　既有个阴气，必有聚结，故为月。既有个阳气，必有精华，故为日。晦是月之体，本是纯阴无光之物，其光也映日得之，客也，非主也。

［译文］

既有的阴气聚结形成了月亮，既有的阳气的精华形成了太阳。晦暗是月亮的本体，月亮本是纯阴无光的，它的光是由太阳映照出来的，因此是客，不是主。

4.019　天地原无昼夜，日出而成昼，日入而成夜。星常在天，日出而不显其光，日入乃显耳。古人云：“星从日生。”细看来星不借日之光以为光。嘉靖壬寅日食，既满天有星，当是时，日且无光，安能生星之光乎？

［译文］

天地原来没有昼夜之分，太阳出来就是昼，太阳落下就是夜。星星一直悬挂在天空，太阳出来它的光就无法显现，太阳落了它的光就显现出来。古人说：“星光是由太阳光照射产生的。”仔细看来，星星不是借太阳来发光的。嘉靖壬寅（嘉靖二十一年，1542年）日食发生时，当时满天星斗，太阳却无光，怎么能使星星发光呢？

4.020　水静柔而动刚，金动柔而静刚，木生柔而死刚，火生刚而死柔。土有刚有柔不刚不柔，故金、木、水、火皆从钟焉，得中故也，天地之全气也。

［译文］

水静的时候是柔的，而动的时候则是刚的；金动的时候是柔的，而静的时候是刚的；木活的时候是柔的，而死的时候是刚的；火生的时候是刚的，而灭的时候是柔的。土有刚有柔，不刚不柔，所以金、木、水、火都归于土，这是因为土得到中道的缘故，天地之气它都具备了。

4.021　嘘气自内而之外也，吸气自外而之内也。天地之初，嘘为春，嘘尽为夏，故万物随嘘而生长；天地之初，吸为秋，吸尽为冬，故万物随吸而收藏。嘘者上升，阳气也，阳主发；吸者下降，阴气也，阴主成。嘘气温，故为春夏；吸气寒，故为秋冬。一嘘一吸，自开辟以来，至混沌之后，只是这一丝气，有毫发断处，万物灭，天地毁。万物，天地之子也，一气生死，无不肖之。

［译文］

嘘气是从内向外发出的，吸气是自外向内发出的。天地开始的时候，嘘气为春季和夏季，因此万物随着嘘气生长。天地开始的时候，吸气为秋季和冬季，因此万物随吸气收藏。嘘气上升，是阳气，阳气主发。吸气下降，是阴气，阴气主成。嘘气温，所以为春夏。吸气寒，所以为秋冬。一嘘一吸，从天地开辟以来，到天地恢复为混沌状态之后，只是这一丝气，这丝气有丝毫的中断，万物就要灭绝，天地就要毁灭。万物，是天地的儿子，万物的嘘吸以及生死的道理，无不和天地的道理一样。

4.022 风惟知其吹拂而已，雨惟知其淋漓而已，霜雪惟知其严凝而已，水惟知其流行而已，火惟知其燔灼而已。不足则屏息而各藏其用，有余则猖狂而各恣其性。卒然而感则强者胜，若两军交战，相下而后已。是故久阴则权在雨而日月难为明，久旱则权在风而云雨难为泽，以至水火霜雪莫不皆然。谁为之？曰：阴阳为之。阴阳谁为之？曰：自然为之。

[译文]

风唯知吹拂而已，雨唯知淋漓而已，霜雪唯知严凝而已，水唯知流动而已，火唯知灼烧而已。在不足的时候就会屏息收藏自己，有余时候就会恣意妄为。他们相遇，则强者胜，就像两军交战，分出胜负才能结束。因此，天久阴则权在雨，日月难明；天久旱则权在风，云雨难泽，至于水、火、霜、雪莫不皆然。这些现象是谁造成的呢？回答说：阴阳造成的。阴阳是谁造成的？回答说：自然造成的。

4.023 阴阳征应，自汉儒穿凿附会，以为某灾祥应某政事，最迂。大抵和气致祥，戾气致妖，与作善降祥，作恶降殃，道理原是如此。故圣人只说人事，只尽道理，应不应、在我不在我都不管。若求一一征应，如鼓答桴[①]，尧、舜其犹病矣。大段气数有一定的，有偶然的，天地不能违，天地亦顺之而已。旱而雩[②]，水而禜，彗孛而禳，火而祓[③]，日月食而救，君子畏天威，谨天戒当如是尔。若云随祷辄应，则日月盈亏岂系于救不救之间哉？大抵阴阳之气，一偏必极，势极必反。阴阳乖戾而分，故孤阳亢而不下阴，则旱无其极。阳极必生阴，故久而雨。阴阳和合而留，故淫阴升而不舍阳则雨无其极。阴极必生阳，故久而晴。草木一衰不至遽茂，一茂不至遽衰；夫妇朋友失好不能遽合，合不至遽乖。天道、物理、人情自然如此，是一定的。星殒、地震、山崩、雨血、火见、河清，此是偶然的。吉凶先见，自非常理。故臣子以修德望君，不必以灾异恐之。若因灾而惧，固可修德。一有祥端，便可谓德已足而罢修乎？乃若至德回天，灾祥立应，桑谷枯、慧星退、冤狱释而骤雨，忠心白而反风，亦间有之。但曰必然事，吾不能确确然信也。

［注释］

①桴：鼓槌。②雩：古代为求雨举行的祭祀。③祓：音符，除灾祈福仪式。

［译文］

阴阳征应，自从汉儒穿凿附会，认为上天出现的某一灾祥必然对应在某一政事上，这是最为迂腐的。大体说来，和气致祥，戾气致妖，这与行善就会降吉祥，作恶就会降灾殃，道理是一样的，都是气的作用。所以圣人只说人事，只尽道理，应不应、在我不在我都不管。如果要求一一征应，则如同鼓槌敲下去鼓就一定会响，尧、舜也做不到。仔细说来，气数有一定的，有偶然的，天地都不能违背，天地也必须顺从它。天旱去求雨，水灾去祭神，彗星出现去祈祷免祸，火灾发生去求保佑，发生日月食想办法救助，君子害怕天威，谨慎对待天威，只应当这么做。如果说祈祷就能应验，那日月的盈亏难道是希于救与不救之间吗？大体说来，阴阳之气，一偏必达到极点，势极必反。阴阳不合而分，因此阳气上升而不下降，与阴气相合，就会长时间干旱。阳气上升到极点，阴气必然会出现，因此时间长了就会下雨。阴阳和合而滞留，阴气上升而不和阳气分离，则雨就会下个不停。阴气达到极点必然出现阳气，因此就会长时间晴朗。草木枯萎不会一下子茂盛，茂盛时不会一下子枯萎。夫妇朋友的感情破裂不会一下子和好，感情也不会一下子破裂。天道、物理、人情自然都是如此，是一定的。星殒、地震、山崩、雨血、火见、河清，这些都是偶然的。吉凶的征兆能预见，这不符合常理。所以臣子应该盼望君王修德，不必以灾异恐吓他。如果因为灾祸而恐惧，固然可以促进修德，但是一有祥端，便可以说德足够了可以停止了吗？至于高尚的道德使天意回转，灾害和祥瑞这些征兆立即得到回应，象征有灾的桑谷二木枯死、彗星消失、冤狱得到平反而上天突然下雨，忠心得以剖白而风向发生变化，这些事都是偶然有的，但如果说必然会发生这样的事，我不能确然相信这一点。

4.024　气化无一息之停，不属进就属退。动植之物，其气机亦无一息之停，不属生就属死，再无不进不退而止之理。

[译文]

气的变化没有一刻是停止的，不属于进就属于退。动物植物的变化也没有一刻是停止的，不属于生就属于死，没有不进不退而停止的道理。

4.025　形生于气，气化没有底，天地定然没有；天地没有底，万物定然没有。

[译文]

形体产生于气，没有气的变化，定然没有天地；没有天地，定然没有万物。

4.026　生气[①]醇浓浑浊，杀气[②]清爽澄澈；生气牵恋优柔，杀气果决脆断；生气宽平温厚，杀气峻隘凉薄。故春气细缊，万物以生；夏气薰蒸，万物以长；秋气严肃，万物以入；冬气闭藏，万物以亡。

［注释］

①生气：生物之气，指春气和夏气。②杀气：肃杀之气，指秋气和冬气。

［译文］

生气是醇浓混浊的，杀气是清爽澄澈的；生气是牵连优柔的，杀气是果决脆断的；生气是宽平温厚的，杀气是峻隘凉薄的。因此春天温暖和煦，万物得以生长；夏天炎热蒸腾，万物得以成长；秋天严峻肃杀，万物得以收获；冬天寒冷闭塞，万物就会消亡。

4.027　一呼一吸，不得分毫有余，不得分毫不足，不得连呼，不得连吸，不得一呼无吸，不得一吸无呼，此盈虚之自然也。

［译文］

一呼一吸，不能有分毫的多余，不能有分毫的不足，不得连呼，不得连吸，不得一呼无吸，不得一吸无呼，这是天地盈虚的自然法则。

4.028　水，质也，以万物为用；火，气也，以万物为体。及其化也，同归于无迹。水性徐，火性疾，故水之入物也，因火而疾。水有定气，火无定气，故火附刚则刚，附柔则柔，水则入柔不入刚也。

［译文］

水是有质体，通过万物发生作用；火是一种气，它以万物为本体。水火消融之后，都不留痕迹。水性徐，火性疾，因此水进入物体中，遇到火就会发生困顿。水有定气，火无定气，所以火附刚则刚，附柔则柔，水则入柔不入刚也。

4.029　阳不能藏，阴不能显。才有藏处，便是阳中之阴；才有显处，便是阴中之阳。

［译文］

阳气是不能藏的，阴气是不能显的。阳刚有藏的地方，便是阳中之阴；阴刚有显的地方，便是阴中之阳。

4.030　水能实虚，火能虚实。

［译文］

水能使虚的东西变实，火能使实的东西变虚。

4.031　乾坤是毁的，故开辟后必有混沌，所以主宰乾坤是不毁的，故混沌还成开辟。主宰者何？元气是已。元气亘万亿岁年终不磨灭，是形化气化之祖也。

［译文］

天地是会毁灭的，所以开天辟地之后必然又回到混沌的状态，能够主宰天地的东西是不会毁灭的，所以混沌之后又会再次经历开天辟地。谁是主宰者呢？是元气。元气从古至今亿万年从未毁灭，它是形体的变化和阴阳二气变化的根源。

4.032　天地全不张主，任阴阳；阴阳全不摆布，任自然。世之人趋避祈禳，徒自苦耳。其夺自然者，惟至诚。

［译文］

天地什么都不主宰，任凭阴阳变化；阴阳什么也不摆布，任凭自然变化。世上的人趋利避祸，只是白白自讨苦吃罢了。能了解自然功力的只有至诚的心。

4.033　天地发万物之气，到无外处止；收敛之气，到无内处止。不至而止者，非本气不足则客气相夺也。

［译文］

天地发育万物之气，扩散到无处扩散为止；收敛之气，聚结到无处聚结为止。不到就终止的，不是本气不足就是外气侵夺。

4.034　静生动长，动消静息。息则生，生则长，长则消，消则息。

［译文］

静生动长，动消静息。停息则出生，出生则成长，成长则会消失，消失则停息。

4.035　万物生于阴阳，死于阴阳，阴阳于万物原不相干，任其自然而已。雨非欲润物，旱非欲熯物，风非欲挠物，雷非欲震物。阴阳任其气之自然，而万物因之以生死耳。《易》称“鼓之以雷霆，润之以风雨①”，另是一种道理。不然是天地有心而成化也。若有心成化，则寒暑灾祥得其正，乃见天心矣。

［注释］

①鼓之以雷霆，润之以风雨：语出《周易·系辞上》。

［译文］

万物生于阴阳，死于阴阳，阴阳与万物原不相干，任其自然发展而已。下雨不是为了润物，干旱不是为了烘物，刮风不是为子扰物，打雷不是为了震物。阴阳任其气自然，而万物凭借阴阳生死。《周易》说“鼓之以雷霆，润之以风雨”，另是一种道理。不然的话，就成了天地有意识造万物了。如果是有意识所为，那么寒暑灾祥就该正当其时，这才能看出上天是有意而为。实际并非如此。

4.036　天极从容，故三百六十日为一嘘吸；极次第，故温暑凉寒不蓦越而杂至；极精明，故昼有容光之照而夜有月星；极平常，寒暑旦夜、生长收藏、万古如斯而无新奇之调；极含蓄，并包万象而不见其满塞；极沉默，无所不分明而无一言；极精细，色色象象条分缕析而不厌其繁；极周匝，疏而不漏；极凝定，风云雷雨变态于胸中，悲欢叫号怨德于地下，而不恶其扰；极通变，普物因材，不可执为定局；极自然，任阴阳气数理势之所极所生而己不与；极坚耐，万古不易而无欲速求进之心、消磨曲折之患；极勤敏，无一息之停；极聪明，亘古今无一人一事能欺罔之者；极老成，有亏欠而不隐藏；极知足，满必损，盛必衰；极仁慈，雨露霜雪无非生物之心；极正直，始终计量未尝养人之奸、容人之恶；极公平，抑高举下，贫富贵贱一视同仁；极简易，无琐屑曲局示人以繁难；极雅淡，青苍自若，更无炫饰；极灵爽，精诚所至，有感必通；极谦虚，四时之气常下交；极正大，擅六合之恩威而不自有；极诚实，无一毫伪妄心、虚假事；极有信，万物皆任之而不疑。故人当法天。人，天所生也，如之者存，反之者亡，本其气而失之也。

［译文］

天是非常从容的，因此三百六十日为一嘘吸；天是有次第的，因此温暑凉寒不会突然而至；天是极精明的，因此白天阳光照耀而夜晚满天星斗；天是极平常的，寒暑旦夜、生长收藏，万古都是这样子，没有什么新奇的变化；天是极含蓄的，并包万象而不见满塞；天是极沉默的，无所不明白而不说一句话；天是极精细的，色色象象、条分缕析而不厌其烦；天是极周匝的，疏而不漏；天是极凝定的，风云雷雨变化于胸中，悲欢叫号在地下感恩戴德，而不怕烦扰；极通变，所有的物品都因材而用，不作为定局；天是极自然的，任阴阳气数理势之所极所生而自己却不参与；天是极坚耐的，万古不变而没有欲速求进的心，没有消磨、曲折的忧患；天是极勤敏的，没有一息的停歇；天是极聪明的，亘古今无一人一事能欺罔它；天是极老成的，有亏欠却不隐藏；天是极知足的，满必损，盛必衰；天是极仁慈的，雨露霜雪都是生物之心；天是极正直的，始终在计量，未尝养人之奸、容人之恶；天是极公平的，抑高举下，贫富贵贱一视同仁；天是极简易的，无琐屑曲局的事，不向人表现出繁难；天是极雅淡的，青苍自若，更无炫饰；天是极灵爽的，精诚所至，有感必通；天是极谦虚的，四时之气常下交；天是极正大的，擅六合之恩威而不自己占有；天是极诚实的，无一毫虚伪的事；天是极有信的，万物都相信它而不怀疑。故人当效法天。人，天所生，顺天者存，逆天者亡，本有的元气又会失去。

4.037　春夏后，看万物繁华，造化有多少淫巧，多少发挥，多少张大，元气安得不斫丧，机缄安得不穷尽？此所以虚损之极，成否塞，成浑沌也。

[译文]

春夏之后，看世上万物繁华的景象，自然的创造力有多少精巧，多少发挥，多少张大，元气怎能不伤耗，气运怎能不穷尽？这就是虚损到极点，变成了否塞不通、混沌不分的状态的原因。

4.038　形者，气之橐囊也；气者，形之线索也。无形，则气无所凭藉以生；无气，则形无所鼓舞以为生。形须臾不可无气，气无形则万古依然在宇宙间也。

[译文]

形，是气的橐囊；气，是形的线索。无形，则气无所凭借以生；无气，则形无所鼓舞以为生。形须臾不可无气，气无形则万古依然存在宇宙之间。

4.039　要知道雷霆霜雪都是太和。

［译文］

要知道雷霆霜雪都是发自太和之气。

4.040　浊气醇，清气漓；浊气厚，清气薄；浊气同，清气分；浊气温，清气寒；浊气柔，清气刚；浊气阴，清气阳；浊气丰，清气啬；浊气甘，清气苦；浊气喜，清气恶；浊气荣，清气枯；浊气融，清气孤；浊气生，清气杀。

［译文］

浊气是醇的，清气是漓的；浊气是浓厚的，清气是轻薄的；浊气是聚集的，清气是分离的；浊气是温的，清气是寒的；浊气是柔和的，清气是刚硬的；浊气是属阴的，清气是属阳的；浊气是丰厚的，清气是吝啬的；浊气是甘甜的，清气是苦涩的；浊气是喜悦的，清气是让人厌恶的；浊气是繁茂的，清气是枯萎的；浊气是融合的，清气是孤独的；浊气意味着生存，清气意味着死亡。

4.041　一阴一阳之谓道①，二阴二阳之谓驳②。阴多阳少、阳多阴少之谓偏。有阴无阳、有阳无阴之谓孤。一阴一阳，乾坤两卦，不二不杂，纯粹以精，此天地中和之气，天地至善也。是道也，上帝降衷③，君子衷之，是故继之即善，成之为性，更无偏驳，不假修为，是一阴一阳属之君子之身矣，故曰君子之道。“仁者见之谓之仁，智者见之谓之智”，此之谓偏。百姓日用而不知，此之谓驳。至于孤气所生，大乖常理。孤阴之善，慈悲如母，恶则险毒如虺④。孤阳之善，嫉恶如仇，恶则凶横如虎。此篇夫子论性纯以善者言之，与“性相近”也稍稍不同。

［注释］

①一阴一阳之谓道：语出《周易·系辞上》。②驳：混杂、不纯。③上帝降衷：语出《尚书·汤诰》。孔氏传：“皇天上帝，天也。衷，善也。”④虺：音悔，毒蛇。

［译文］

一阴一阳叫作道，二阴二阳叫作驳。阴多阳少、阳多阴少叫作偏。有阴无阳、有阳无阴叫作孤。一阴一阳，《乾》《坤》两卦，不二不杂，纯粹以精，这是天地间的中和之气，是天地间至善之物。这个道是上帝降下来的善道，君子接受善的一面，所以继承下来就是善，成就它就是性，没有偏驳，不依靠修养。因此说一阴一阳之道归于君子，所以称君子之道。仁者见了叫作仁，智者见了叫作智，这叫偏。百姓日常使用它，而不知道它是什么，这叫驳。至于孤气生出来的东西，和常理极其违背。孤阴之善，慈悲时像母亲，恶毒起来则像毒蛇。孤阳之善，疾恶如仇，凶恶起来则像老虎。一阴一阳之谓道的问题，孔子在此篇中专以善论性，与“性相近”的看法稍有不同。

4.042　天地万物，只是一个渐，故能成，故能久。所以成物悠者，渐之象也。久者，渐之积也。天地万物不能顿也，而况于人乎？故悟能顿，成不能顿。

［译文］

天地万物都是一个逐渐形成的过程，所以能成，能久。物的形成时间久远，这是渐的缘故。长久，是渐的积累过程。天地万物不能顿成，况且是人呢？所以悟可以在刹那间做到，而成不能在刹那间形成。

4.043　盛德莫如地，万物于地，恶道无以加矣。听其所为而莫之憾也，负荷生成而莫之厌也。故君子卑法地，乐莫大焉。

[译文]

没有比地的盛德更为广大的了，万物从土地中生长，罪恶的东西不能加在万物身上。听任万物自由生长而不去动摇它，载负着万物任它壮大而不厌烦它。因此君子的品德就应该效法地的盛德，没有比这更快乐的了。

4.044　日正午，月正圆，一呼吸间耳。呼吸之前，未午未圆；呼吸之后，午过圆过。善观中者，此亦足观矣。

[译文]

日正当午，月亮正圆，只是一呼一吸之间的事。呼吸之前，日还未午，月还未圆；呼吸之后，午已过，圆已过。善于观察中道的人，从这里就足以观察到了。

4.045　中和之气，万物之所由以立命者也，故无所不宜。偏盛之气，万物之所由以盛衰者也，故有宜有不宜。

[译文]

中和之气，是万物赖以生存的基础，所以无所不宜。偏盛之气，是引起万物盛衰的源头，所以有时适宜，有时不适宜。

4.046　禄位名寿、康宁顺适、子孙贤达，此天福人之大权也，然尝轻以与人。所最靳而不轻以与人者，惟名。福善祸淫之言，至名而始信，大圣得大名。其次得名，视德无分毫爽者。恶亦然。禄位寿康在一身，名在天下；禄位寿康在一时，名在万世。其恶者备有百福，恶名愈著；善者备尝艰苦，善誉日彰。桀、纣、幽、厉之名，孝子慈孙百世不能改，此固天道报应之微权也。天之以百福予人者，恃有此耳。彼天下万世之所以仰慕钦承疾恶笑骂，其祸福固不小也。

［译文］

禄位名寿、康宁顺适、子孙贤达，这是上天拥有的降给人们福气的权力，然而有时也会轻易给人。上天最吝惜而不轻易给人的，就是名声。为善降福、为祸降殃的话，从名声上来看，才开始让人相信。大圣人得到大名声，其次得到名声的大小和他的德行相匹配，分毫不差。对具有恶德的人也是如此。禄位寿康在一身，名在天下；禄位寿康在一时，名在万世。作恶的人享有百福，恶名愈著；行善的人备尝艰苦，善誉日益明显。桀、纣、幽、厉的坏名声，即使百年之后，孝子慈孙也不能改变。这就是天道报应的小小权力。上天能以百福给人类，也是依仗这一点。一个人能被天下万世的人所仰慕钦承、疾恶笑骂，他得到的福或祸也已经不算少了。

4.047　以理言之，则当然者谓之天，命有德讨有罪，奉三尺无私是已。以命言之，则自然者谓之天，莫之为而为，莫之致而至，定于有生之初是已。以数言之，则偶然者谓之天，会逢其适，偶值其际是已。

［译文］

从道理来讲，当然的事叫作天，就如同命令有德的人讨伐有罪的人，只能依照铁面无私的法律执行。从命来说，自然的事叫作天，这是说没有想要做就做到了，没有招呼它，它就来了，这种事是在初期就已经崭露头角的。从概率来说，偶然的事叫作天，出乎人们的意料到来，是偶然的机遇罢了。

4.048　造物之气有十：有中气，有纯气，有杂气，有戾气，有似气，有大气，有细气，有间气，有变气，有常气，皆不外于五行。中气，五行均调精粹之气也，人钟之而为尧、舜、禹、文、周、孔，物得之而为麟凤之类是也。纯气，五行各具纯一之气也，人得之而为伯夷、伊尹、柳下惠，物得之而为龙虎之类是也。杂气，五行交乱之气也。戾气，五行粗恶之气也。似气，五行假借之气也。大气，磅礴浑沦之气也。细气，纤蒙浮渺之气也。间气，积久充溢会合之气也。变气，偶尔遭逢之气也。常气，流行一定之气也。万物各有所受以为生，万物各有所属以为类，万物不自由也，惟有学问之功变九气以归中气。

[译文]

造物之气有十类：有中气，有纯气，有杂气，有戾气，有似气，有大气，有细气，有间气，有变气，有常气，都不外于五行。中气，五行均调精粹之气，人得到之后会成为尧、舜、禹、文王、周公、孔子之类的圣人，物得到之后会成为麒麟、凤凰之类的祥兽。纯气，五行各具纯一之气，人得到之后会成为伯夷、伊尹、柳下惠之类的贤人，物得到之后会成为龙虎之类的猛兽。杂气，五行交乱形成的气。戾气，五行中粗恶的气。似气，五行中假借的气。大气，磅礴的气。细气，纤蒙浮渺的气。间气，积累的时间长，充溢会合的气。变气，偶尔遇到的气。常气，流行的气。万物各禀受其气而存在，各有所属，或成人，或成物，这都不是由万物决定的，只有学问的功力才能变九气归中气。

4.049　火性发扬，水性流动，木性条畅，金性坚刚，土性重厚，其生物也亦然。

[译文]

火性发扬，水性流动，木性条畅，金性坚刚，土性重厚，由它们构成的物质的性格也和它们一样。

4.050　太和在我，则天地在我，何动不臧，何往不得？

［译文］

太和之气集中在我的身上，天地包容在我的心中，这样一来，哪个行动不是善的，到何处不能成功呢？

4.051　弥六合皆动气之所为也，静气一粒伏在九地之下以胎之。故动者静之死乡，静者动之生门。无静不生，无动不死。静者常施，动者不还。发大造之生气者，动也；耗大造之生气者，亦动也。圣人主静以涵元理[①]，道家主静以留元气[②]。

［注释］

①元理：指先天的至善之性。②元气：指构成人的本体的混一之气，即生命力之本原。

［译文］

整个六合天地之间都是动气在支配，静气只如同孕育在九地深渊之下的一粒小胚胎。所以说动是静的死地，静是动的生门。无静不生，无动不死。静者常施，动者不还。使天地间生气发扬的是动气，消耗天地生气的也是动气。所以圣人主张静，用以涵养人至善的本性，道家主张静，用以留住元气。

4.052　万物发生，皆是流于既溢之余；万物收敛，皆是劳于既极之后。天地一岁一呼吸，而万物随之。

［译文］

万物发生，都是在满溢之后；万物收敛，都是在生长的尽头之后。天地一岁一呼吸，世间万物跟随它。

4.053　天地万物到头来皆归于母，故水、火、金、木有尽而土不尽，何者？水、火、金、木，气尽于天，质尽于地，而土无可尽。故真气无归，真形无藏，万古不可磨灭，灭了更无开辟之时。所谓混沌者，真气与真形不分也，形气混而生天地，形气分而生万物。

［译文］

天地间的万物到头来都要回到它出生的地方，所以水、火、金、木都有尽但是土不尽。为什么呢？水、火、金、木的气尽了都归于天，质尽了都归于地，而土不会尽。所以真气不会回归，真气无须隐藏，万古不可磨灭，灭了就没有产生的时候。所说的混沌，指真气与真形不分的时候，真气与真形混合产生了天地，真气与真形分开就产生了万物。

4.054　天欲大小人之恶，必使其恶常得志。彼小人者，惟恐其恶之不遂也，故贪天祸以至于亡。

［译文］

上天想要增加小人的恶名，必然会先使他的恶行得逞。然而小人又唯恐他的行动不能如愿，结果因为贪婪得到上天的惩罚，以至于死亡。

4.055　自然谓之天，当然谓之天，不得不然谓之天。阳亢必旱，久旱必阴，久阴必雨，久雨必晴，此之谓自然。君尊臣卑，父坐子立，夫唱妇随，兄友弟恭，此之谓当然。小役大，弱役强，贫役富，贱役贵，此之谓不得不然。

［译文］

自然叫作天，当然叫作天，不得不然叫作天。阳气盛了必然会干旱，干旱的时间长了天必然要阴，天阴的时间长了必然会下雨，下雨的时间长了天就会晴，这就是自然。君尊臣卑，父坐子立，夫唱妇随，兄友弟恭，这就是当然。小的被大的奴役，弱的被强的奴役，贫的被富的奴役，贱的被贵的奴役，这就是不得不然。

4.056　心就是天，欺心便是欺天，事心便是事天，更不须向苍苍上面讨。

[译文]

心就是天，欺心便是欺天，事心便是事天，根本不需要向上苍去寻找。

4.057　天者未定之命，命者已定之天。天者大家之命，命者各物之天。命定而吉凶祸福随之也，由不得天，天亦再不照管。

[译文]

天，就是没有确定的命运；命运，就是已经确定的天。天，就是大家的命运；命运，就是各种生物的天。命运确定之后，吉凶祸福随之确定，不由天确定，天也不再照管。

4.058　天地万物只是一气聚散，更无别个。形者气所附，以为凝结；气者形所托，以为运动。无气则形不存，无形则气不住。

[译文]

天地万物只是一气聚散，没有其他的情况。形体是气所依附的东西，是靠气凝结成的；气依托于形体，依靠形体来运动。无气则形不存，无形则气停不住。

4.059　天地既生人物，则人物各具一天地。天地之天地由得天地，人物之天地由不得天地。人各任其气质之天地，至于无涯，梏其降衷之天地几于澌尽，天地亦无如之何也已。其吉凶祸福率由自造，天何尤乎而怨之？

[译文]

天地既然生了人、物，人、物也就各自有了一小片天地。天地之天地可由天地做主，人、物的天地由不得天地做主。人们即使把它的气质之性扩充得无边无际，把它的义理之性消磨殆尽，天地也无可奈何罢了。人的吉凶祸福都由自己掌握，天有什么错误而要去怨恨它呢？

4.060　吾人浑是一天，故日用起居食息，念念时时事事，便当以天自处。

[译文]

我是受了天地之气而生，因此日用起居、吃饭和休息，念念时时事事，都要以天自处。

4.061　朱子云："天者，理也。"余曰："理者，天也。"

[译文]

朱熹说："天就是理。"我说："理就是天。"

4.062　有在天之天，有在人之天。有在天之先天，太极是已；有在天之后天，阴阳五行是已。有在人之先天，元气元理是已；有在人之后天，血气心知是已。

[译文]

有在天之天，有在人之天。有在天之先天，这就是太极；有在天之后天，这就是阴阳五行。有在人之先天，这就是元气、元理；有在人之后天，这就是血气心智。

4.063　问："天地开辟之初，其状何似？"曰："未易形容。”因指斋前盆沼，令满贮带沙水一盆，投以瓦砾数小块，杂谷豆升许，令人搅水浑浊，曰：“此是混沌未分之状，待三日后再来看开辟。”至日而浊者清矣。轻清上浮，曰此是天开于子。沉底浑泥，此是地辟于丑。中间瓦砾出露，此是山陵。是时谷豆芽生，月余而水中小虫浮沉奔逐，此是人与万物生于寅。彻底是水，天包乎地之象也。地从上下，故山上锐而下广，象粮谷堆也。气化日繁华，日广侈，日消耗，万物毁而生机微，天地虽不毁，至亥而又成混沌之世矣。

［译文］

有人问：“天地开辟之初是什么状态呢?”我说：“不好形容。”就指着房前的一个低洼盆地，让人装满了带沙子的水，往里面又投了一些瓦砾，加了一升左右的杂谷，让人把水搅混，说：“这就是混沌未分时的状态，等三日之后再看开辟之初的状态。”过了三日，混沌的水已经变得清澈了。清水浮在上面，就相当于子时天开始时的状态。混浊的泥沙沉在下面，这就相当于地辟于丑时的状态。中间有瓦砾露出来，这是山陵。这时谷、豆发出小芽，又过了一个多月，水中生出的小虫在浮沉奔逐，这相当于人与万物生于寅时的状态。从上而下，是一幅水包容地的景象。地是从下到上的，所以山上尖下广，像一个粮谷堆。气的变化，日益繁华，日益广侈，日益消耗，万物逐渐走向毁灭而生机日渐微弱。天地虽然不会毁灭，但到亥时又成了一个混沌世界了。

4.064　雪非薰蒸之化也。天气上升，地气下降，是干涸世界矣。然阴阳之气不交则已，故有留滞之余。阴始生之，嫩阳往来交结，久久不散，而迫于严寒，遂为雪、为霰。白者，少阴之色也，水之母也，盛则为雪，微则为霜。冬月片瓦半砖之下着湿地皆有霜，阴气所呵也，土干则否。

［译文］

雪不是由于气熏蒸变化出来的，天气上升，地气下降，就成了干涸的世界。但是阴阳之气不交则绝，所以有留滞的余气。阴气刚出来，与嫩阳交结，久久不散，但是迫于严寒，就形成了雪和霰。白色是少阴之色，是水的根源，多则成雪，少则为霜。冬天在片瓦半砖之下的湿地都有霜，这是阴气呵出来的，土干就没有了。

4.065　轻清之气为霜露，浓浊之气为云雨。春雨少者，薰蒸之气未浓也。春多雨则泄夏之气，而夏雨必少；夏多雨者，薰蒸之气有余也。夏少雨则积气之余，而秋雨必多，此谓气之常耳。至于有霪潦之年，必有亢阳之年，则数年总计也。蜀中之漏天，四时多雨；云中之高地，四时多旱；吴下之水乡，黄梅之雨为多，则四方互计也。总之，一个阴阳，一般分数，先有余则后不足，此有余则彼不足，均则各足，是谓太和。太和之岁，九有皆丰。

［译文］

轻清的气为霜露，浓浊的气为云雨。春雨少，是因为薰蒸之气不浓。春多雨则是为了泄夏之气，而夏雨必少；夏多雨者，是因为薰蒸之气有余留。夏少雨则积气有余留，而秋雨必多，这是气的正常变化。至于到了霪潦多雨的年头，之后必然有亢阳之年，这是数年总计的结果。蜀中好像天漏了一样，四时都多雨；云中高原地带四时多干旱；吴地水乡，黄梅雨的时候居多，这是各地方互相比较的结果。总之，天下只有一个阴阳，是同样的分数，先有余则后不足，此有余则彼不足，均衡了各自都足，这叫作太和。太和之岁，天下九州都会丰收。

世运

4.066　势之所在，天地圣人不能违也。势来时即催之未必遽坏，势去时即挽之未必能回。然而圣人每与势忤而不肯甘心从之者，人事宜然也。

[译文]

势存在的时候，天地和圣人不能违背。势来的时候，即使去摧毁它，也未必能立刻将它摧毁；势去的时候，即使尽力挽救它，也未必能挽救成功。然而圣人每次与势相对抗而不肯甘心服从，这是处理人事时应该做的。

4.067　世人贱老，而圣王尊之；世人弃愚，而君子取之；世人耻贫，而高士清之；世人厌淡，而智者味之；世人恶冷，而幽人宝之；世人薄素，而有道者尚之。悲夫！世之人难与言矣。

[译文]

世人轻视老人，但是盛德的君王尊敬老人；世人摒弃愚笨的人，但是君子收留他们；世人以贫穷为耻辱，但是品德高尚的人却以贫为清；世人厌恶清淡，但是智者却能细细品味它；世人讨厌严寒，但是喜欢幽静的人却认为它难能可贵；世人鄙薄朴素的东西，但是有道的人崇尚朴素的东西。可悲啊！难以与世俗之人交谈。

4.068　坏世教者，不是宦官宫妾，不是农工商贾，不是衙门市井，不是夷狄。

[译文]

败坏教化的人，不是宦官宫妾，不是农工商贾，不是衙门市井，也不是边境的少数民族。

4.069　古昔盛时，民自饱暖之外无过求，自利用之外无异好，安身家之便而不恣耳目之欲。家无奇货，人无玩物，余珠玉于山泽而不知宝，赢蚕丝于箱箧而不知绣。偶行于途而知贵贱之等，创见于席而知隆杀之理。农于桑麻之外无异闻，士于礼义之外无羡谈，公卿大夫于劝课训迪[①]之外无簿书。知官之贵而不知为民之难，知贫之可忧而不知人富之可嫉。夜行不以兵，远行不以糇。施人者非欲其我德，施于人者不疑其欲我之德。欣欣浑浑[②]，其时之春乎？其物之胚蘖乎？吁！可想也已。

［注释］

①劝课训迪：前者是养民之事，后者是教民之事。训迪，教训开导。②欣欣浑浑：欣欣，喜悦貌。浑浑，浑厚质朴貌。

［译文］

古代繁盛的时候，人民在温饱之外无所求，在自己应用之外无其他爱好，只求自身和家庭安定和睦，不奢求耳目声色的欲望。家中没有奇珍异宝，人们没有赏玩的器物。多余的珠宝遗留在山泽之中不懂得它的宝贵，盈余的蚕丝放在箱子中不知纺织。偶然在路上行走，知道了贵贱之分；初次在宴席上见到之后，才知道丰盛和俭薄的道理。农民除种植桑麻之外，听不到其他的言论；读书人除礼义之外，不谈论其他的话题；公卿大夫在鼓励人民纳税、教诲民众之外，无其他书文。知道当官尊贵而不知为民艰难，知道贫穷让人忧愁而不知道嫉妒富人。夜行不带兵器，远行不带干粮。对别人施以恩惠并不想让别人报答，接受别人的恩惠的人也不会怀疑对方想要自己报答。这时的人都高高兴兴、浑厚朴实，这个时期就相当于四季中的春天吧？就是万物孕育生长的时期吧？啊！真是让人向往呀！

4.070　伏羲以前是一截世道，其治任之而已，己无所与也。五帝是一截世道，其治安之而已，不扰民也。三王是一截世道，其治正之而已，不使纵也。秦以后是一截世道，其治劫之而已，愚之而已，不以德也。

[译文]

伏羲氏以前是一截世道，其治世之道，就是听凭民众按自己的意愿行事，一切都不干涉。五帝是一截世道，其治世之道，就是使民众安定生活而已，不打扰民众的生活。三王是一截世道，其治世之道，就是使民众按正道生活，不使其放纵。秦以后是一截世道，其治世之道，就是劫掠民众，愚弄民众，不用道德来治理国家。

4.071　世界一般是唐虞时世界，黎民一般是唐虞时黎民，而治不古若，非气化之罪也。

[译文]

世界还是和唐虞时一样的世界，民众也还是和唐虞时一样的民众，但是国家的治理却不如古代，这不是气化的罪过。

4.072　终极与始接，困极与亨接。

[译文]

终极与开始相接，困极与亨通相接。

4.073　三皇是道德世界，五帝是仁义世界，三王是礼义世界，春秋是威力世界，战国是智巧世界，汉以后是势利世界。

[译文]

三皇是道德世界，五帝是仁义世界，三王是礼义世界，春秋是威力世界，战国是智巧世界，汉以后是势利世界。

4.074　士鲜衣美食、浮谈怪说、玩日愒时，而以农工为村鄙；女傅粉簪花、冶容学态、袖手乐游，而以勤俭为羞辱；官盛从丰供、繁文缛节、奔逐世态，而以教养为迂腐。世道可为伤心矣。

[译文]

士大夫整日鲜衣美食、浮谈怪说、玩日废时，却把农工看作乡村的鄙陋；女子则是傅粉簪花、冶容学态、袖手乐游，却以勤俭为羞辱；做官则是丰盛供奉、繁文缛节、奔逐世态，却以教养为迂腐。真是应该为他们感到伤心呀！

4.075　喜杀人是泰，愁杀人也是泰。泰之人昏惰侈肆，泰之事废坠宽罢，泰之风纷华骄蹇，泰之前如上水之篙，泰之世如高竿之顶，泰之后如下坂之车。故否可以致泰，泰必至于否。故圣人忧泰不忧否，否易振，泰难持。

[译文]

人喜欢得要死的是安宁顺泰，人愁得要死的也是安宁顺泰。处于安宁顺泰中的人昏庸懒惰，奢侈放肆。安宁顺泰的事很难办成，安宁顺泰的风气浮夸骄蹇。安宁顺泰之前如逆水而上，安宁顺泰的世道就像处在高竿的顶部，已经达到了顶峰，安宁顺泰之后就如同板车下坡，难以停止。因此说否极泰来，反过来泰也可以致否。所以圣人忧泰不忧否，否时易振作，安泰时难维持。

4.076　世之衰也，卑幼贱微气高志肆而无上，子弟不知有父母，妇不知有舅姑，后进不知有先达，士民不知有官师，郎署不知有公卿，偏裨军士不知有主帅，目空空而气勃勃，耻于分义而敢于陵驾。呜呼！世道至此，未有不乱不亡者也。

[译文]

世道衰败，卑贱、年幼、低微的人飞扬跋扈，眼中没有长幼之分，子弟不知有父母，媳妇不知有舅姑，后进不知有先达，士民不知有官师，郎署不知有公卿，偏将副将不知有主帅，目空一切，心高气傲，不以此为羞耻，反而凌驾尊长之上。呜呼！世道至此，少不了兵荒马乱了。

4.077　节文度数，圣人之所以防肆也。伪礼文不如真爱敬，真简率不如伪礼文。伪礼文犹足以成体，真简率每至于逾闲；伪礼文流而为象恭滔天，真简率流而为礼法扫地。七贤八达[①]，简率之极也，举世牛马而晋因以亡。近世士风崇尚简率，荡然无检，嗟嗟！吾莫知所终矣。

［注释］

①七贤八达：七贤，即竹林七贤，是指魏晋间的嵇康、阮籍、山涛、向秀、阮咸、王戎、刘伶，他们相与为善，狂放不羁，常宴会于竹林之下。八达，指王尼、胡毋辅之、谢鲲、阮放、毕卓、羊曼、桓彝、阮孚整日狂欢，不分昼夜。

［译文］

节制修饰，限制数量，这是圣人用来防止恣意妄为的。虚伪的礼节，不如真心敬爱；真正的简慢轻率，不如虚伪的礼节。虚伪的礼节还能有个体统，真正的简慢轻率会导致过分的闲散；虚伪的礼节虽然内心傲慢，表面看来还算恭敬，真正的简慢轻率就要使礼法扫地。魏晋时期的竹林七贤和八位达士简率到了极点，举世都如同牛马一般，而晋因此灭亡。今世世人崇尚简率，行为放荡，毫不检点。唉！我不知道结果会是怎样。

4.078　天下之势，顿可为也，渐不可为也。顿之来也骤，骤多无根；渐之来也深，深则难撼。顿着力在终，渐着力在始。

［译文］

天下的形势，对于突然发生的问题，还能够挽救，但是对于慢慢衰败的趋势，却是没有办法挽救的。突然发生的来去匆匆，没有根源；慢慢积累的根基深厚，难以撼动。处理突然发生的事情时用力在结果，处理慢慢积累的事情时用力在开始。

4.079　造物有涯而人情无涯，以有涯足无涯，势必争，故人人知足则天下有余。造物有定而人心无定，以无定撼有定，势必败，故人人安分则天下无事。

[译文]

上天创造的物质是有定数的，而人的欲望却是无限的，要以有限的物质满足无限的欲望，必然发生争夺，所以只有人人知足，天下的东西才能有余。上天创造物质是有定数的，而人心是不定的，以不定的人心去动摇有定的物质，其势必败，所以说人人安于天分，天下才能太平。

4.080　天地有真气，有似气，故有凤皇则有昭明[①]，有粟谷则有稂莠[②]。兔葵似葵，燕麦似麦，野菽似菽，槐蓝似槐之类。人亦然。皆似气之所钟也。

[注释]

①昭明：指一种小鸟。与凤凰相对而言。②稂莠：指两种有害庄稼的杂草。

[译文]

天地之间有真气，有似气，所以就有凤凰以及和凤凰相似的昭明鸟，有粟谷就有与其相似的杂草。兔葵与葵相似，燕麦与麦相似，野菽与菽相似，槐蓝与槐相似，都是这类情况。人也是这样。都是由于聚合了相似之气的缘故。

圣贤

4.081　孔子是五行造身，两仪[①]成性。其余圣人，得金气多者则刚明果断，得木气多者则朴素质直，得火气多者则发扬奋迅，得水气多者则明彻圆融，得土气多者则镇静浑厚，得阳气多者则光明轩豁，得阴气多者则沉默精细。气质既有所限，虽造其极，终是一偏底圣人。此七子者，共事多不相合，共言多不相入，所同者大根本、大节目耳。

［注释］

①两仪：指天地。

［译文］

孔子接受了金、木、水、火、土这五行的气质，由天地两仪形成了他的性情。其余的圣人，得金多者则刚明果断，得木多者则朴素质直，得火多者则发扬奋迅，得水多者则明彻圆融，得土多者则镇静浑厚，得阳多者则光明轩豁，得阴多者则沉默精细。气质既然受了限制，虽然修养达到了极点，终究还是偏于某一方面的圣人。这七种人，他们要共事，不会相合；要相互交谈，大多不会投机，相同的只是大方向、大原则而已。

4.082　孔颜穷居，不害其为仁覆天下，何则？仁覆天下之具在我，而仁覆天下之心未尝一日忘也。

［译文］

孔子和颜渊贫困潦倒，一生未受到重用，但这并不妨碍他们的仁德传遍天下，为什么呢？覆盖天下的仁德在他们身上，而且他们一天也没有忘记这样的责任。

4.083　圣人不落气质，贤人不浑厚便直方，便着了气质色相[①]。圣人不带风土，贤人生燕赵则慷慨，生吴越则宽柔，就染了风土气习。

[注释]

①色相：佛教用语。佛教主万物皆空，以无相为归。这里指人或物一时显现于外的形式。

[译文]

圣人不坠入气质与性情的困扰之中，贤人的性格不是浑厚便是耿直方正，这便沾染了气质的色相。圣人不带世俗的习气，贤人生于燕赵之地则慷慨激昂，生于吴越之地则宽厚温柔，这就是沾染了世俗的风气。

4.084 性之圣人只是个与理相忘，与道为体，不待思惟，横行直撞，恰与时中吻合。反之圣人常常小心，循规蹈矩，前望后顾，才执得中字，稍放松便有过不及之差。是以希圣君子心上无一时任情恣意处。

[译文]

天生的圣人忘记了自己，忘记了天理，与道融为一体，不用思虑，横冲直撞就可以与道相得益彰，恰与时中吻合。依靠后天修养而成的圣人，常常是小心谨慎，循规蹈矩，瞻前顾后，才掌握了中道，稍一放松，便出现差错。因此希望自己能够修养成圣人的君子，不能有一刻恣意妄为的时候。

4.085 圣人一[①]，圣人全[②]，一则独诣其极，全则各臻其妙。惜哉！至人有圣人之功而无圣人之全者，囿于见也。

[注释]

①圣人一：朱熹《中庸序》："一则守其本心之正而不离也。"②圣人全：指圣人德全。

[译文]

圣人的身心专一，圣人的才德全面。专一，则会达到最高境界；全面，则各方面都会达到美好的境界。可惜啊！那些道德修养达到了极点的至人，可以建立圣人的功业，却没有圣人那样全面，这是见识束缚了他们啊！

4.086　所贵乎刚者，贵其能胜己也，非以其能胜人也。子路不胜其好勇之私，是为勇字所伏，终不成个刚者。圣门称刚者谁？吾以为恂恂之颜子，其次鲁钝之曾子[1]而已，余无闻也。

［注释］

①鲁钝之曾子：《论语·先进》："柴也愚，参也鲁。"朱熹注："鲁，钝也。"参，即文中所云"曾子"，曾参。

［译文］

刚的品德之所以可贵，是因为刚能够战胜自己，并不是战胜别人。子路不能战胜自己好勇的缺点，被"勇"字所征服，最终也没能成为刚者。圣人门下能成为刚者的是谁呢？我以为信实恭顺的颜渊可以，其次只有笨拙迟钝的曾参而已，其他的就没有听说了。

4.087　天下古今一条大路，曰大中至正，是天造地设的。这个路上，古今不多几人走，曰尧、舜、禹、汤、禹、文、周、孔、颜、曾、思、孟，其余识得的，周、程、张、朱，虽走不到尽头，毕竟是这路上人。将这个路来比较古今人，虽伯夷、伊、惠，也是异端，更那说那佛、老、杨、墨、阴阳、术数诸家。若论个分晓，伯夷、伊、惠是旁行的，佛、老、杨、墨是斜行的，阴阳、星数是歧行的。本原处都从正路起，却念头一差走下路去，愈远愈缪。所以说异端，言本原不异，而发端异也。何也？佛之虚无，是吾道中寂然不动差去；老之无为，是吾道中守约施博差去；为我，是吾道中正静自守差去；兼爱，是吾道中万物一体差去；阴阳家，是吾道中敬授人时差去；术数家，是吾道中至诚前知差去。看来大路上人，时为佛，时为老，时为杨，时为墨，时为阴阳术数，是合数家之所长。岔路上人，佛是佛，老是老，杨是杨，墨是墨，阴阳术数是阴阳术数，殊失圣人之初意。譬之五味不适均，不可以专用也；四时不错行，不可以专令也。

［译文］

天下古今一条大路，曰大中至正，是天造地设的。这个路上，古今没有几个人走，只有尧、舜、禹、汤、周文王、周武王、周公、孔子、颜渊、曾参、子思、孟子，其余知道的，还有周敦颐、二程、张载、朱熹，虽然没有走到尽头，毕竟是在这路上走过的人。用这条路来比较古今人，即使伯夷、伊尹、柳下惠，也是异端，更不用说佛、老、杨朱、墨子、阴阳、术数各家了。若论个分晓，伯夷、伊尹、柳下惠是在大路旁走的，佛、老、杨朱、墨子是斜行的，阴阳、术数走的是歧路。本来的出发点都是从正路开始，却因为一念之差，走下大路，便是愈远愈缪。所以称为异端，是说本原不异，但是开头就不同了。为什么这么说呢？佛教的虚无，就是从儒家的寂然不动出发；老子的无为，就是从儒家的守约施博出发；杨朱的为我，就是从儒家的正静自守出发；墨家的兼爱，就是从儒家的万物一体出发；阴阳家，就是从儒家的敬授人时出发；术数家，就是从儒家的至诚前知出发。看来走在大路上的人，有时为佛，有时为老，有时为杨，有时为墨，有时为阴阳术数，是综合数家之所长。而岔路上的人，佛是佛，老是老，杨是杨，墨是墨，阴阳术数是阴阳术数，背离了圣人当初的意愿。就好比酸、甜、苦、辣、咸这五味没有调好，不能使用一样；又好比春、夏、秋、冬这四季若不分先后而至，就不能成为季节。

4.088　圣人之道不奇，才奇便是贤者。

[译文]

圣人的修养德行的方法一点也不奇特，奇特的就是贤人了。

4.089　战国是个惨酷的气运，巧伪的世道。君非富强之术不讲，臣非功利之策不行。六合正气独钟在孟子身上，故在当时疾世太严，忧民甚切。

[译文]

战国时代是残酷的时代，充斥着巧伪的世道。君主非富强之术不讲，大臣非功利之策不行。天地四方的正气独钟在孟子身上，他认为自己独担天下大任，所以在当时对世俗愤恨得很厉害，对民众的忧虑也最深切。

4.090　“清”“任”“和”“时”是孟子与四圣人[①]议定的谥法。“祖述尧舜，宪章文武，上律天时，下袭水土”，是子思作仲尼的赞语。

[注释]

①四圣人：指伯夷、伊尹、柳下惠、孔子。

[译文]

“清”“任”“和”“时”是孟子对伯夷、伊尹、柳下惠、孔子这四位圣人做的评价。“祖述尧舜，宪章文武，上律天时，下袭水土”，这是子思称赞孔子的话。

4.091　圣贤养得天所赋之理完，仙家养得天所赋之气完。然出阳脱壳，仙家未尝不死，特留得此气常存。性尽道全，圣贤未尝不死，只是为此理常存。若修短存亡，则又系乎气质之厚薄，圣贤不计也。

［译文］

圣贤把上天赋予他们的真理修养得很完全，仙家把上天赋予他们的真气修养得很完全。然而仙家修得出阳脱胎，也未常不死，只是留得上天赋予他们的真气常存罢了。圣贤只能做到尽自己的本性使天道更完整，圣贤也未尝不死，只是使上天赋予他们的真理常存罢了。至于寿命的长短、生命的存亡，又在于气质的厚薄，圣贤是不放在心上的。

4.092　贤人之言视圣人未免有病，此其大较耳。可怪俗儒见说是圣人语，便回护其短，而推类以求通；见说是贤人之言，便洗索其疵，而深文以求过。设有附会者从而欺之，则阳虎、优孟皆失其真而不免徇名得象之讥矣。是故儒者要认理，理之所在，虽狂夫之言不异于圣人，圣人岂无出于一时之感而不可为当然不易之训者哉？

［译文］

用贤人的话来和圣人作比较，不免显得有毛病，这是从整体上来说的。奇怪的是那些俗儒，只要听说是圣人的话，便想方设法护短，类推以求说明自己是正确的；听说是贤人的话，便想方设法吹毛求疵，乱加引证，来证明贤人是错误的。假使有喜欢搞附会的人想欺骗人，就会借着阳虎貌似孔子、优孟貌似孙叔敖来迷惑别人，而别人会因为认错人受到讥笑。因此儒者要认理，只要有理，即使是狂夫的言论，也和从圣人口中说出来的一样。难道圣人没有因一时的所感，说出不能流传千古的话吗？

4.093　尧、舜功业如此之大，道德如此之全，孔子称赞不啻口出。在尧、舜心上有多少缺然不满足处。道原体不尽，心原趁不满，势分不可强，力量不可勉，圣人怎放得下？是以圣人身囿于势分力量之中，心长于势分力量之外，才觉足了，便不是尧、舜。

［译文］

尧、舜的功业如此之大，道德如此之全，孔子对他们的称赞不绝于口。但是在尧、舜心中，还有不少自己不满意之处。道，原本是体会不尽的；心，原本是不会满足的。有时形势不允许，有时是力量做不到，圣人怎能完全满足呢？因此圣人只能身处于势分力量之中，心长于势分力量之外，才觉得满足，这便不是尧、舜了。

4.094　伊尹看天下人无一个不是可怜的，伯夷看天下人无一个不是可恶的，柳下惠看天下人无一个不是可与的。

［译文］

伊尹看天下人没有一个不是可怜的，伯夷看天下人没有一个不是可恶的，柳下惠看天下人没有一个不是可以相交的。

4.095　浩然之气，孔子非无，但用的妙耳。孟子一生受用全是这两字。我尝云："孟子是浩然之气，孔子是浑然之气。浑然是浩然的归宿，浩然是浑然的作用，惜也！孟子未能到浑然耳。"

［译文］

浩然之气，孔子不是没有，而是使用得巧妙罢了。孟子一生受用全是这两字。我曾说："孟子是浩然之气，孔子是浑然之气。浑然是浩然的归宿，浩然是浑然的作用。可惜啊！孟子没有达到浑然呀！"

4.096　圣学专责人事，专言实理。

［译文］

圣人只要求尽到人事，只讲实实在在的道理。

4.097　二女试舜[①]，所谓书不可尽信也。且莫说玄德升闻，四岳共荐。以圣人遇圣人，一见而人品可定，一语而心理相符，又何须试？即帝艰知人，还须一试，假设舜不能谐二女，将若之何？是尧轻视骨肉，而以二女为市货也，有是哉？

［注释］

①二女试舜：语出《史记·五帝本纪》："舜年二十以孝闻，三十而帝。尧问可用者，四岳咸荐虞舜，曰：'可。'于是尧乃以二女妻舜以观其内，使九男与处以观其外。"

［译文］

史书记载，尧把自己两个女儿嫁给舜，来观察他处理家庭事务的才能，然而这就是人常说的"书不可尽信也"啊！且不说舜内在的美好品质尧早已知晓，同时管理四方的诸侯也极力推荐。退一步说，圣人遇到圣人，一见面就可以看清对方的品质，一说话心就相通，又何须试验呢？即使尧不善知人，还需试验，但如果舜与其两个女儿不能和谐相处，那该如何是好？这样做，是尧轻视自己的骨肉，而以她们作为交换条件，能有这样的事情吗？

4.098　自古功业，惟孔、孟最大且久。时雍风动，今日百姓也没受用处，赖孔、孟与之发挥，而尧、舜之业至今在。

［译文］

自古以来的功业，唯孔子和孟子最大且时间最久。尧、舜时代，天下安定，教化所及，如风生水起，四方响应，但今天的百姓却没有享受到那样的好时光。依靠孔子和孟子把尧、舜的功业阐发出来，才使尧、舜的功业流传至今。

4.099　尧、舜、周、孔之道如九达之衢，无所不通；如代明之日月，无所不照。其余有所明必有所昏，夷、尹、柳下惠昏于清、任、和，佛氏昏于寂，老氏昏于啬，杨氏昏于义，墨氏昏于仁，管、商昏于法。其心有所向也，譬之鹘鸼[①]知南；其心有所厌也，譬之盍旦[②]恶夜。岂不纯然成一家人物？竟是偏气。

［注释］

①鹘鸼：鸟名。似山鹊而小，短尾，青黑色，多声。②盍旦：鸟名。郑玄注："盍旦，夜鸣求旦之鸟也。"

［译文］

尧、舜、周、孔之道如四通八达的大道，无所不通，如世代光明之日月，无所不照。其余的人有明也有昏，伯夷、伊尹、柳下惠昏于清、任、和，佛氏昏于寂，老氏昏于啬，杨氏昏于义，墨氏昏于仁，管、商昏于法。他们的心都有所偏向，好比鹘鸼只知南方；他们的心都有厌恶的事情，好比盍旦讨厌黑夜。有人问，难道这不是纯粹代表一家的人物吗？我看这是偏气。

4.100　尧、舜、禹、文、周、孔，振古圣人，无一毫偏倚。然五行所钟，各有所厚，毕竟各人有各人气质。尧敦大之气多，舜精明之气多，禹收敛之气多，文王柔嘉之气多，周公文为之气多，孔子庄严之气多，熟读经史自见。若说天纵圣人，如太和元气流行，略不沾着一些四时之气，纯是德性用事，不落一毫气质，则六圣人须索一个气象，无毫发不同方是。

［译文］

尧、舜、禹、文、周、孔，这些自古以来的大圣人，没有丝毫偏倚。然而他们都是五行所钟，各有所厚，毕竟圣人各有各的气质。尧敦厚大方之气多，舜精明之气多，禹收敛之气多，文王柔嘉之气多，周公文为之气多，孔子庄严之气多，熟读经史自己便会察觉。如果说天生的圣人如同太和元气流动，不沾一点四时之气，纯粹是根据德性来行事，不带丝毫气质之性，那么六位圣人应该是一个气象，没有半点差异才对。

4.101　读书要看圣人气象性情，《乡党》[①]见孔子气象十九。至其七情[②]，如回非助我[③]，牛刀割鸡，见其喜处；由之瑟[④]，由之使门人为臣，怃然于沮溺之对[⑤]，见其怒处；丧予之恸[⑥]，获麟之泣，见其哀处；侍侧言志之问，与人歌和之时，见其乐处；山梁雌雉之叹[⑦]，见其爱处；斥由之佞，答子贡君子有恶之语[⑧]，见其恶处；周公之梦[⑨]，东周之想[⑩]，见其欲处。便见他发而皆中节处。

［注释］

①《乡党》：指《论语·乡党》篇，记孔子容色言行、日常生活。②七情：喜、怒、哀、惧、爱、恶、欲。③回非助我：语出《论语·先进》篇。④由之瑟：语出《论语·先进》篇。⑤怃然于沮溺之对：语出《论语·微子》篇。⑥丧予之恸：语出《论语·先进》篇。⑦山梁雌雉之叹：语出《论语·乡党》篇。⑧答子贡君子有恶之语：语出《论语·阳货》篇。⑨周公之梦：语出《论语·述而》篇。⑩东周之想：语出《论语·阳货》篇。

［译文］

读书要能看到圣人的气象和性情。读《论语·乡党》篇，对孔子的境况可以看出十之八九。至于孔子的七情，如孔子说“回也非助我也”，又说“割鸡焉用牛刀”，可以看出孔子高兴时的样子；子路在孔子门口鼓瑟、子路使门人为臣、孔子对长沮和桀溺的答话感到不悦，这些地方可以看出孔子发怒时的表情；颜渊死后孔子的悲伤，以及鲁哀公时，打猎捕获了麒麟，孔子为之而泣，可以看出孔子悲伤时的表情；弟子在孔子身边侍奉时，孔子让他们每个人谈谈自己的志向，别人唱歌，孔子相和的时候，可以看出孔子快乐时的表情；孔子赞叹山梁上雌雉的美丽，可以看出他喜爱的神态；孔子斥责子路为佞子，回答子贡关于君子是否有厌恶之情的话，可以看出他厌恶的神态；孔子梦见周公，向往东周时代，这里可以看出他的欲望之处。从这些记载中，都可以看出，孔子发出的情感都合乎法度。

4.102　费宰之辞①，长府之止②，看闵子议论，全是一个机轴，便见他和悦而诤。处人论事之法，莫妙于闵子，天生的一段中平之气。

［注释］

①费宰之辞：语出《论语·雍也》篇。②长府之止：语出《论语·先进》篇。

［译文］

孔子的弟子闵子骞，让人为他辞去费宰之任，建议不要翻修长府，从这两件事可以看出闵子的议论，全是从一点出发的，就是以和悦的态度达到规劝的目的。处人论事的方法，没有人比闵子用得更巧妙了，是天生的一股中正平和之气。

4.103　圣人妙处在转移人不觉。贤者以下便露圭角，费声色做出来，只见张皇。

［译文］

圣人的妙处在于转移了人们的视线，但人们却没有察觉。贤人之下便会露出棱角，费心费力地做出来，只见张皇。

4.104　或问："孔、孟周流，到处欲行其道，似技痒的。"曰："圣贤自家看的分数真，天生出我来，抱千古帝王道术，有旋乾转坤手段，只兀兀家居，甚是自负，所以遍行天下以求遇夫可行之君。既而天下皆无一遇，犹有九夷、浮海之思，公山、佛肸之往。夫子岂真欲如此？只见吾道有起死回生之力，天下有垂死欲生之民，必得君而后术可施也。譬之他人孺子入井，与己无干，既在井畔，又知救法，岂忍袖手？”

［译文］

有人问：“孔子、孟子周游各地，到处欲行其道，好像是技痒难忍似的。”回答说：“圣贤把自己本来应该做的事看得真切，认为天之生我，使我怀有辅佐帝王之术，有旋转乾坤的手段，如果只是静静地坐在家中，便辜负了这身才能，所以遍行天下以求遇到能施行其道的君主，但普天之下没有一个这样的君主，所以还想要去九夷、浮海和公山、佛肸。孔子是真心要到哪里去吗？他期望自己的治国之道能有起死回生之力，看到天下到处有垂死的民众，但必须受到君主的任用，这所有的一切才能实施，民众才有救。这就好比别人的孩子掉入井中，本来与自己无关，但自己身在井边，又知救助的办法，岂能袖手旁观呢？”

4.105　明道答安石能使愧屈[①]，伊川答子由遂激成三党[②]，可以观二公所得。

［注释］

①明道答安石能使愧屈：明道，程颢号。安石，王安石，北宋时期的改革家。②伊川答子由遂激成三党：伊川，指程颐。程颐人称“伊川先生”。子由，苏辙字。此处疑误，应为“子瞻”，“子瞻”为苏轼字。

［译文］

王安石执政时，议论更改法令，有的大臣反对此事，王安石想要发怒，脸色很难看。程颢说：“天下事非一家私议，愿平气以听。”王安石感到十分惭愧。程颐以天下为己任，议论褒贬，无所顾虑，与苏轼政见不同，遂分为三个党派，由此可以看出程颢、程颐两人在修养上的差别。

4.106　休作世上另一种人，形一世之短。圣人也只是与人一般，才使人觉异样，便不是圣人。

[译文]

不要做世上另一种人，用自己来显示别人的短处。圣人也只是与一般人一样，刚使人觉出异样，便不是圣人。

4.107　平生不作圆软态，此是丈夫。能软而不失刚方之气，此是大丈夫。圣贤之所以分也。

[译文]

一生不作圆软态，这是丈夫。能软而不失刚方之气，这是大丈夫。这就是圣人和贤人的区别。

4.108　圣人于万事也，以无定体为定体，以无定用为定用，以无定见为定见，以无定守为定守。贤人有定体，有定用，有定见，有定守。故圣人为从心所欲，贤人为立身行己自有法度。

[译文]

圣人对于世上的万事，以无定体为定体，以无定用为定用，以无定见为定见，以无定守为定守。贤人有定体，有定用，有定见，有定守。所以圣人能随心所欲，贤人立身行事都有自己的法度。

4.109　圣贤之私书可与天下人见，密事可与天下人知，不意之言可与天下人闻，暗室之中可与天下人窥。

[译文]

圣贤的私人书信可以让天下人看，圣贤的机密事情可以让天下人知道，不经意说出的话可以让天下人听，内室可以让天下人看。

4.110　好问好察[①]时，着一“我”字不得，此之谓能忘；执两端时，着一“人”字不得，此之谓能定；欲见之施行，略无人己之嫌，此之谓能化。

［注释］

①好问好察：语见《中庸》第六章。

［译文］

喜欢发问和省察，这是不带主观的见解，这叫作能忘；执两端而用中的时候，不要考虑太多的意见，这叫作能定；把自己的主张付诸行动的时候，没有任何嫌疑，这叫作能化。

4.111　无过之外更无圣人，无病之外更无好人。贤智者于无过之外求奇，此道之贼也。

［译文］

从没有过错的人之外寻找圣人，是找不到的；从没有毛病的人之外寻找好人，是找不到的。贤者、智者在没有过失的人之外寻找奇人，这是对道的歪曲。

4.112　积爱所移，虽至恶不能怒，狃与爱故也；积恶所习，虽至感莫能回，狃于恶故也。惟圣人之用情不狃。

［译文］

由于长期的喜爱，以至改变了性情，此后喜爱的事物虽然达到了令人厌恶的地步，也不会发怒，这是已经爱习惯的缘故；由于长期的厌恶，已经形成了习惯，此后即使受到深切的感动，也无济于事，这是已经厌恶习惯的缘故。只有圣人用情能不拘泥于一端。

4.113　圣人有功于天地，只是“人事”二字。其尽人事也不言天命，非不知回天无力，人事当然，成败不暇计也。

［译文］

圣人有功于天地，只是“人事”二字。圣人只要求尽到人为的努力而不讲天命，并不是不知道回天乏力，而是因为人事必须这么做，顾不上再计较成败。

4.114　或问：“狂者动称古人而行不掩言[①]，无乃行不顾言乎？孔子奚取焉？”曰：“此与行不顾言者人品悬绝，譬之于射，立拱把于百步之外，九矢参连，此养由基[②]能事也。孱夫[③]拙射，引弦之初，亦望拱把而从事焉，即发，不出十步之远，中不近方丈之鹄[④]，何害其为志士？又安知日关弓、月抽矢，白首终身，有不为由基者乎？是故学者贵有志，圣人取有志。狷者[⑤]言尺行尺，见寸守寸，孔子以为次者，取其守之确而恨其志之隘也。今人安于凡陋，恶彼激昂，一切以行不顾言沮之，又甚者以言是行非谤之，不知圣人岂有一蹴可至之理？希圣人岂有一朝径顿之术？只有有志而废于半途，未有无志而能行跬步者。”或曰：“不言而躬行何如？”曰：“此上智也。中人以下须要讲求博学、审问、明辩，与同志之人相砥砺奋发，皆所以讲求之也，安得不言？若行不顾言，则言如此，而行如彼，口古人，而心衰世，岂得与狂者同日语哉？”

［注释］

①狂者动称古人：语出《论语·子路》。②养由基：春秋时楚大夫，善射，百步射柳叶，百发百中。③孱夫：懦弱的人。孱，音缠。④鹄：箭靶的中心。⑤狷者：《论语·子路》：“狂者进取，狷者有所不为也。”朱熹注：“狷者，智未及而守有余。”

[译文]

有人问："努力进取的所谓狂人动不动就讲古人如何如何，而他自己却不能言出必行，这不是行不顾言吗？孔子为什么还要对这种人有所肯定呢？"回答说："这种人和行不顾言的人人品是不同的，比如射箭，把靶子立在百步之外，九矢连发都能射中，这是养由基能做到的。如果一个身体虚弱而又不善射的人来射，开始拉弓的时候，他也希望能射中靶心，可是箭射不到十步远，连一丈见方大的目标也射不到，但怎能说他就没有射中的志向呢？如果他日日拉弓，月月练习，练到头发都白的时候，又怎知他不能成为养由基那样的好射手呢？因此学者贵在有志，圣人也赞赏有志的人。狷介的人说多少就做多少，见识有多少就坚持多少，孔子认为这种人是次一等的，他们不如努力进取的狂人，认为他们可取之处就是认识到的都能坚持，遗憾的是志向不够远大。现在的人安于凡陋之地，还讨厌那些有进取心的人，把他们的所说所做说成是行不顾言，甚至诽谤他们言是行非，不知修养成为圣人不是一蹴而就，想要成为圣人，哪能一个早晨就会成功？哪有捷径和快速方法呢？有志的人可能会半途而废，没志的人连半步都迈不动。"又问："不说话，只是身体力行，怎么样？"回答说："这是上智的人才可以做到的。中等以下的都要讲求博学、审问、明辩，与志同道合的人相互鼓励，这也是讲求的一种方法，怎能不说话呢？如果是行不顾言，说的一套，做的一套，口中谈的是古人，心中想的是衰世，这种人怎能与努力进取的所谓狂人同日而语呢？"

4.115　君子立身行己，自有法度，此有道之言也。但法度自尧、舜、禹、汤、文、武、周、孔以来只有一个，譬如律令一般，天下古今所共守者。若家自为律，人自为令，则为伯夷、伊尹、柳下惠之法度。故以道为法度者，时中之圣；以气质为法度者，一偏之圣。

[译文]

君子立身行己，自有法度，这是很有道理的话。但法度自尧、舜、禹、汤、文、武、周、孔以来只有一个，譬如律令一般，是天下古今都要共同遵守的。如果每一家自定法律，每一个人自有法令，这就是伯夷、伊尹、柳下惠之类人的法度了。所以说以道为法度的人，是任何时候都能按中道而行的时中圣人；以气质为法度的人，就是一偏之圣人。

4.116　圣人是物来顺应，众人也是物来顺应。圣人之顺应也，从廓然大公来，故言之应人如响，而吻合乎当言之理；行之应物也，如取诸宫中，而吻合乎当行之理。众人之顺应也，从任情信意来，故言之应人也，好莠自口[①]，而鲜与理合；事之应物也，可否惟欲，而鲜与理合。君子则不然，其不能顺应也，不敢以顺应也。议之而后言，言犹恐尤也；拟之而后动，动犹恐悔也。却从存养省察来。噫！今之物来顺应者，人人是也，果圣人乎？可哀也已。

[注释]

①好莠自口：语出《诗经·小雅·正月》。好，好话。莠，坏话。

[译文]

圣人是事情来临了就顺应自然，众人也是事情来临了就顺应自然。圣人的顺应，是从廓然大公来，所以答应别人的问话时，应之如响，而又合乎常理；有所行动时，如同从宫中取物品，又符合当行之道。众人的顺应，从任情信意来，所以回答别人的问话时就胡言乱语，很少与理相合。君子则不是这样，不能顺应的时候，就不去强求，商议之后才发表意见，说了之后仍怕有错；计划好才行动，行动开始了，仍怕会后悔。这些都是从修养和省察中得出来的。唉！现在事来顺应，人人都能做到，果然都是圣人吗？真是可悲呀！

4.117　圣人与众人一般，只是尽得众人的道理，其不同者，乃众人自异于圣人也。

[译文]

圣人与众人是一样的，圣人只是完全得到了众人的道理，所不同的是，众人自己要表现得和圣人不同。

4.118　天道以无常为常，以无为为为。圣人以无心为心，以无事为事。

[译文]

天道是以无常为常，以无为为为。圣人是以无心为心，以无事为事。

4.119　万物之情各求自遂者也，惟圣人之心则欲遂万物而忘自遂。

[译文]

万物都希望自己的要求能够实现，只有圣人的心希望万事顺利，而忘记了使自己的要求实现。

4.120　为宇宙完人甚难，自初生以至属纩[①]，彻头彻尾无些子破绽尤难，恐亘古以来不多几人。其余圣人都是半截人，前面破绽后来修补，比至终年晚岁才得干净，成就了一个好人，还天付本来面目，故曰汤、武反之也。曰反，则未反之前便有许多欠缺处。今人有过便甘自弃，以为不可复入圣人境域，不知盗贼也许改恶从善，何害其为有过哉？只看归宿处成个甚人，以前都饶得过。

［注释］

①属纩：人将死，在口鼻上放上纩，以观察呼吸，叫属纩。后也称病重为属纩。纩，新丝绵，质轻，遇气即动。

［译文］

要做宇宙间的完人很难，从出生到死亡，做到彻头彻尾没有一点破绽更难，恐怕自古以来这样的人没有几个。其余的圣人都是半截人，前面有破绽，后来修补，到了晚年才干干净净，成为一个圣人，回归到上天赋予他的本来面目。所以说汤、武是靠后天修养而成的圣人。没有修养成圣人以前，也有许多欠缺之处。现在的人有了错误便自暴自弃，以为不能修养到圣人的境地，不懂得盗贼也允许改过自新，有了错误有什么可怕呢？只要看最后是一个什么样的人，以前的过错都可以原谅。

4.121　圣人低昂气化，挽回事势，如调剂气血，损其侈不益其强，补其虚不甚其弱，要归于平而已。不平则偏，偏则病，大偏则大病，小偏则小病。圣人虽欲不平，不可得也。

［译文］

圣人参与气化，挽回事势，如同调剂气血，减损其多余的地方而不使得其更强，补其虚弱的地方而不使得其更弱，只求归于平衡而已。不平衡就会出现偏差，出现偏差就会生病，大偏则大病，小偏则小病。圣人即使想不平，也是不可能的。

4.122　圣人绝四[①]，不惟纤尘微障无处着脚，即万理亦无作用处，所谓顺万事而无情也。

［注释］

①绝四：《论语·子罕》："子绝四：毋意，毋必，毋固，毋我。"

[译文]

圣人克服了四种毛病，这就是不凭空猜测、不绝对肯定、不拘泥固执、不唯我独尊。能够做到这样不仅纤尘微障无处落脚，即使万理也无法起作用。这就是所说的顺万事，而不带感情色彩。

4.123　圣人胸中万理浑然，寂时则如悬衡鉴，感之则若决江河，未有无故自发一善念。善念之发，胸中不纯善之故也。故惟有旦昼之梏亡，然后有夜气之清明。圣人无时不夜气，是以胸中无无，故自见光景。

[译文]

圣人胸中万理都混在一起，寂静的时候，如同秤和镜悬在空中，感动时如江河决堤，但不会无故发一个善念。发善念，是因为胸中不是纯善的缘故。因此只有白天消失才会有夜气的清明。圣人无时无刻不处在清明的夜气之中，因而胸中没有一点空缺，自然能看清万物。

4.124　法令所行，可以使土偶奔趋；惠泽所浸，可以使枯木萌蘖；教化所孚，可以使鸟兽伏驯；精神所极，可以使鬼神感格，吾必以为圣人矣。

[译文]

法令所行，可以使土人木偶也遵照执行；惠泽所浸，可以使枯木发新芽；教化推行，可以使鸟兽顺服；精神所感，可以使鬼神感同，我认为能做到这些的一定是圣人。

4.125　圣人不强人以太难，只是拨转他一点自然底肯心。

[译文]

圣人不强人所难，只是拨动他那一点肯自我努力的心。

4.126　参赞化育底圣人，虽在人类中，其实是个活天，吾尝谓之人天。

［译文］

参与、协助天地孕育教化万物的圣人，虽生活在人类中，其实是个活天，我曾赞他为人天。

4.127　孔子只是一个通，通外更无孔子。

［译文］

孔子只是一个贯通，贯通之外就不会有孔子了。

4.128　圣人不随气运走，不随风俗走，不随气质走。

［译文］

圣人不跟随气数和命运走，不跟随风俗走，不跟随气质走。

4.129　圣人平天下不是夷山填海，高一寸还他一寸，低一分还他一分。

［译文］

圣人平定天下不是移山填海，高一寸还它一寸，低一分还它一分。

4.130　“圣而不可知之之谓神[①]。”不可知，可知之祖也。无不可知，做可知不出；无可知，则不可知何所附属。

［注释］

①圣而不可知之之为神：语出《孟子·尽心下》。

［译文］

圣人到了神妙不可知的地步就叫作神了。不可知，是可知之祖。无不可知，就不能做到可知；无可知，则不可知无所附属。

4.131　只为多了这知觉，便生出许多情缘，添了许多苦恼。落花飞絮岂无死生？他只恁委和委顺而已。或曰："圣学当如是乎？"曰："富贵贫贱、寿夭宠辱，圣人未尝不落花飞絮之耳，虽有知觉心，不为知觉苦。"

［译文］

世人因为有了知觉，便生出许多情缘，增添了许多苦恼。落花飞絮就没有生死吗？它只是任凭自然的安排而已。有人问："圣人的主张也该这样吗？"回答说："对于富贵贫贱、寿夭宠辱，圣人也任凭其来去自然，虽然有知觉，但不被知觉所苦恼。"

4.132　圣人心上再无分毫不自在处。内省不疚，既无忧惧；外至之患，又不怨尤。只有一段不释然，却是畏天命、悲人穷也。

［译文］

圣人心上没有丝毫不自在的地方。反省内心没有愧疚之处，也就没有忧愁与恐惧；外面有了祸患，不怨天尤人。圣人只有一件事不能放宽胸怀，这就是敬畏天命、悲伤人穷。

4.133　定静安虑，圣人无一刻不如此。或曰："喜怒哀乐到面前何如？"曰："只恁喜怒哀乐，定静安虑胸次无分毫加损。"

［译文］

定、静、安、虑，圣人无一刻不是如此。有人问："喜怒哀乐来到面前会怎么样呢?”回答说:“任凭它喜怒哀乐,圣人那定静安虑的胸怀不会有分毫增加和减少。”

4.134　有相予者,谓面上部位多贵,处处指之。予曰:“所忧不在此也。汝相予一心要包藏得天下理,相予两肩要担当得天下事,相予两脚要踏得万事定,虽不贵,予奚忧?不然予有愧于面也。”

[译文]

有一个人给我相面,说我的脸上有很多贵相,并一一指出来。我说:“我的忧虑不在这里。你要能相出我这颗心包藏了天下的道理,相出我的两肩能担当起天下的大事,相出我的两脚能在万事面前站得坚定,即使不会富贵,我还有什么好忧愁的呢?不然的话,就愧对这张脸了。”

4.135　物之入物者染物,入于物者染于物,惟圣人无所入,万物亦不得而入之。惟无所入,故无所不入;惟不为物入,故物亦不得而离之。

[译文]

两物相交必有一物被染,另一物也会被染,只有圣人不会沾染任何东西,万物也不会沾染圣人。所以说只有无所入,没有无所不入;只有不被物入,物才不会离开。

4.136　人于吃饭穿衣,不曾说我当然不得不然,至于五常百行,却说是当然不得不然,又竟不能然。

[译文]

人对于吃饭穿衣,从来不说我当然不得不这样做,但对于仁、义、理、智、信这五常和自己的行为,却说当然不得不这么做,可是又做不到。

4.137　孔子七十而后从心[1]，六十九岁未敢从也。众人一生只是从心，从心安得好？圣学战战兢兢只是降服一个“从”字，不曰“戒慎恐惧[2]”，则曰“忧勤惕励[3]”，防其从也。岂无乐时？乐也只是乐天。众人之乐则异是矣。任意若不离道，圣贤性不与人殊，何苦若此？

［注释］

①孔子七十而后从心：《论语·为政》：“子曰：‘吾十有五而志于学，三十而立，四十而不惑，五十而知天命，六十而耳顺，七十而从心所欲，不逾矩。’”②戒慎恐惧：语出《中庸》第一章。③忧勤惕励：语出《周易》。

［译文］

孔子说他七十岁之后才能做到从心所欲，任何念头也不会越轨，六十九岁还不能做到这一点。普通人一生只是从心所欲，那怎能学好呢？圣人学问战战兢兢，只是为了克服一个“从”字，不是戒慎恐惧，就是忧勤惕厉，就是要防止随心所欲。难道没有快乐的时候吗？乐也是乐知天命。普通人的快乐则和圣人不同。如果能做到随心所欲又不离道，那么人的本性和普通人不一样，又何苦还要苦心修炼呢？

4.138　日之于万形也，鉴之于万象也，风之于万籁也，尺度权衡之于轻重长短也，圣人之于万事万物也，因其本然，付以自然，分毫我无所与焉。然后感者常平，应者常逸。喜亦天，怒亦天，而吾心之天如故也。万感劻勷[1]，众动轇轕[2]，而吾心之天如故也。

［注释］

①劻勷：急迫不安的样子。②轇轕：纵横交错貌。

[译文]

日光对于万种形体，镜子对于万种景象，风对于万种声音，尺度权衡对于轻重长短，圣人对于万事万物，顺着他们的本性，交付给自然，分毫不予干涉。然后感受到的人常常平静，相应的人常常安闲。喜悦也自然，发怒也自然，而我心中的自然依然如故。万种事物因受到感动而急迫不安，万众躁动而矛盾纵横交错，但我心之自然依然如故。

4.139　平生无一事可瞒人，此是大快乐。

[译文]

一生没有一件事欺瞒别人，这是一大快乐。

4.140　尧、舜虽是生知安行[①]，然尧、舜自有尧、舜工夫学问。但聪明睿智，千百众人岂能不资见闻、不待思索？朱文公云："圣人生知安行，更无积累之渐。"圣人有圣人底积累，岂儒者所能测识哉！

[注释]

①生知安行：语出《中庸》。朱熹注："不思而得，生知也；不勉而中，安行也。"

[译文]

尧、舜虽然是生而知之、安而行之的圣人，然而尧、舜也有自己的功夫和学问。但是他们的聪明才智超过普通人百倍，岂能不需要广博的见闻和缜密的思索？朱文公说："圣人生知安行，更无积累之渐。"圣人有圣人的积累，这哪是儒者所能知道的呢？

4.141　圣人不矫。

[译文]

圣人从不故意违背人情，以示与众不同。

4.142　圣人一无所昏。

[译文]

圣人没有昏惑的时候。

4.143　孟子谓文王取之，而燕民不悦则勿取[①]，虽非文王之心，最看得时势定。文王非利天下而取之，亦非恶富贵而逃之，顺天命之予夺，听人心之向背，而我不与焉。当是时，三分天下才有其二，即武王亦动手不得。若三分天下有其三，即文王亦束手不得。《酌》之诗[②]曰："遵养时晦，时纯熙矣，是用大介。"天命人心，一毫假借不得。商家根深蒂固，须要失天命人心到极处；周家积功累仁，须要收天命人心到极处。然后得失界限决绝洁净，无一毫粘带，如瓜熟自落，栗熟自坠，不待剥摘之力。且莫道文王时动得手，即到武王时，纣又失了几年人心，武王又收了几年人心，《牧誓》《武成》[③]取得何等费唇舌，《多士》《多方》[④]守得何等耽惊怕，则武王者生摘劲剥之所致也。又辟之疮落痂、鸡出卵，争一刻不得。若文王到武王时定不犯手，或让位微、箕，为南河、阳城之避[⑤]，徐观天命人心之所属，属我我不却之使去，不属我我不招之使来，安心定志，任其自去来耳。此文王之所以为至德。使安受二分之归，不惟至德有损，若纣发兵而问叛人，即不胜，文王将何辞？虽万万出文王下者亦不敢安受商之叛国也。用是见文王仁熟智精，所以为宣哲之圣也。

[注释]

①孟子谓文王取之，而燕民不悦则勿取：语出《孟子·梁惠王下》。

②《酌》之诗：即《诗经·周颂·酌》。③《牧誓》《武成》：皆《尚书·周书》篇名。④《多士》《多方》：皆《尚书·周书》篇名。⑤南河、阳城之避：事见《史记·五帝本纪》。

[译文]

孟子说如果有国家想要吞并燕国，而燕国的百姓不高兴，那就不要吞并，周文王就是按照这个法则去做的。孟子的话虽然不一定符合周文王的本心，但对时势却分析得很清楚。文王不是为了对天下有利才去进攻的，也不是为了厌恶富贵而要去逃避，只是顺应天命，听从人心的向背，自己却不置身其间。在当时，如果三分天下才有二分，即使是武王也不敢动手。如果三分天下有三分，文王也不会束手不动。《诗经·周颂·酌》说："遵养时晦，时纯熙矣，是用大介。"意思是说要退而养精蓄锐，等待时机，时机成熟，天下就可大定。天命人心一毫不能假借别的。商朝根深蒂固，一定要失去天命人心到极点；周朝积功累仁，也一定要收天命人心到极点。然后得失界限才能绝对分明，没有一毫粘带，就如同瓜熟自落，栗熟自坠，不用剥摘之力。且不说文王时能不能动手，即使到了武王的时候，商纣王又失了几年民心，武王又收了几年民心，《尚书》中《牧誓》《武成》二篇记载武王欲讨伐纣的事，费了多少口舌去动员民众。《多士》《多方》二篇记载守业的情况，又是多么担惊受怕。这都是由于武王在时机还没有成熟时生摘劲剥所致。又好比疮落痂、鸡出卵，早一刻也不行。如果文王处于武王的时代，定然不会下手，或者会让位给微子、箕子，像尧、舜那样自己避居到南河、阳城去，慢慢观察天命人心之所属。属于我，我一定要抓牢；不属于我，我也不会招之使来。只是安心定志，任其自去来罢了。这就是文王为至德的原因所在。假使文王安受二分的人心归向，不只是至德有损，如果纣发兵质问背叛他的人，即使不胜，文王将怎么辞掉叛变的罪名呢？即使是和文王比相差万倍的人也不敢接受背叛商朝的罪名呀！以此可见文王的仁熟智精，所以他是宣哲的圣人。

4.144　汤祷桑林[①]，以身为牺[②]，此史氏之妄也。按汤世十八年旱，至二十三年祷桑林，责六事，于是旱七年矣，天乃雨。夫农事冬旱不禁三月，夏旱不禁十日，使汤待七年而后祷，则民已无孑遗矣，何以为圣人？即汤以身祷而天不雨，将自杀与，是绝民也；将不自杀与，是要天也。汤有一身，能供几祷？天虽享祭，宁欲食汤哉？是七年之间，岁岁有旱，未必不祷；岁岁祷雨，未必不应。六事自责，史臣特纪其一时然耳。以人祷，断断乎其无也。

[注释]

①汤祷桑林：《淮南子·主术训》："汤之时，七年旱，以身祷于桑林之际，而四海之云凑，千里之雨至。"②牺：古代祭祀用的纯色牲畜。这里指汤以身为祭品。

[译文]

史书记载，商汤曾在桑林中祈祷，许愿以身为祭品，求天降雨。这是史书记载的错误。商汤十八年时天旱，到二十三年的时候汤才在桑林中祈祷，责备自己犯了六种错误，那么天是旱了七年才下雨。农耕之事冬旱经不住三个月，夏旱经不住十天，假如汤等旱了七年才去求雨，人民早就饿死了，他怎么能称得上圣人呢？如果汤以身许愿而天不下雨，他要自杀，这是自绝于民；如果不自杀，则是要挟上天。他只有一个身体，能供几次祈祷呢？上天虽愿意享受祭品，但能以汤为祭品吗？看来七年之间年年都有旱灾，汤未必不是年年祈祷；岁岁求雨，但未必都不回应。以六事自责的事，可能只是史臣记载某一次祈祷罢了。以身为祷，一定是没有的事。

4.145　伯夷见冠不正，望望然去之，何不告之使正？柳下惠见袒裼裸程，而自由与偕，何不告之使衣？故曰不夷不惠，君子居身之珍也。

[译文]

伯夷看到一个人的帽子不正，看一看就离开了，为什么不告诉他要戴正呢？柳下惠看见一位女子赤身裸体，还安定地与她待在一起，为什么不告诉她穿上衣服呢？所以说，既不要像伯夷那样，也不要像柳下惠那样，才是君子的立身之道。

4.146　亘古五帝、三王不散之精英铸成一个孔子，余者犹成颜、曾以下诸贤，至思、孟而天地纯粹之气索然一空矣。春秋、战国君臣之不肖也，宜哉！后乎此者无圣人出焉，靳[①]孔、孟诸贤之精英而未尽泄与？

[注释]

①靳：吝惜。

[译文]

从古至今，五帝三王不散之精英铸成了一个圣人孔子，其余之气成就了颜、曾以下的一些贤人，到了子思和孟子，天地纯粹之气就完全没有了。春秋战国时期，君臣都没有才德，也是和这种情况相合的呀！从此以后就没有圣人的出现，是上天吝惜形成孔、孟的精英之气，而不让它四泄吗？

品藻

4.147　独处看不破，忽处看不破，劳倦时看不破，急遽仓卒时看不破，惊忧骤感时看不破，重大独当时看不破，吾必以为圣人。

[译文]

一个人在他独处的时候看不破，在疏忽的时候看不破，在疲倦的时候看不破，在仓促的时候看不破，在受惊的时候看不破，在独担重任的时候看不破，我必定以为他是圣人。

4.148　圣人做出来都是德性，贤人做出来都是气质，众人做出来都是习俗，小人做出来都是私欲。

[译文]

圣人做事都是从德行体现出来，贤人做事都是从气质体现出来，众人做事都是从习俗体现出来，小人做事完全都是私欲。

4.149　汉儒杂道，宋儒隘道。宋儒自有宋儒局面，学者若入道，且休着宋儒横其胸中，只读“六经”“四书”而体玩之，久久胸次自是不同。若看宋儒，先看濂溪、明道[①]。

[注释]

①濂溪、明道：濂溪，指宋代学者周敦颐。明道，指宋代学者程颢。

[译文]

汉儒使道繁杂，宋儒使道狭隘。宋儒自有宋儒局面，如果学者要学道，先不要把宋儒放在心中，而是要对“六经”“四书”仔细揣摩，时间长了，体会自然不同。若要学宋儒，先要学周敦颐、程颢。

4.150　一种人难悦亦难事，只是度量褊狭，不失为君子；一种人易事亦易悦，这是贪污软弱，不失为小人。

[译文]

有一种人很难让他高兴，也难与其共事，但只是度量褊狭，仍不失为君子；有一种人很容易共事，也容易让他高兴，这种人却贪婪软弱，是个小人。

4.151　为小人所荐者辱也，为君子所弃者耻也。

[译文]

被小人所推荐的人应该感到耻辱，被君子所摒弃的人同样应该感到耻辱。

4.152　小人有恁一副邪心肠，便有一段邪见识；有一段邪见识，便有一段邪议论；有一段邪议论，便引一项邪朋党，做出一番邪举动。其议论也，援引附会，尽成一家之言，攻之则圆转迁就而不可破。其举动也，借善攻善，匿恶济恶，善为骑墙之计。击之则疑似牵缠而不可断。此小人之尤而借君子之迹者也，此藉君子之名而济小人之私者也。亡国败家，端是斯人。若明白小人，刚戾小人，这都不足恨，所以《易》恶阴柔。阳只是一个，惟阴险伏而多端，变幻而莫测，驳杂而疑似。譬之光天化日，黑白分明，人所共见；暗室晦夜，多少埋伏，多少类象，此阴阳之所以别也。虞廷黜陟，惟曰幽明，其以是夫？

[译文]

小人有怎样的一副邪心肠，便有怎样一段邪见识；有一段邪见识，便有怎样一段邪议论；有一段邪议论，便引一些邪朋党，做出一番邪举动。小人的言论，援引附会，尽成一家之言，如果反驳他，他就圆转迁就，不被驳倒。小人的举动，借善攻善，藏恶助恶，善为骑墙之计。然而攻击他，这些事又似是而非，牵连诸多，难以解决。这是小人中善于用君子之迹的人，这是借用君子之名来成就小人私利的人。亡国败家，都是他们所为。若说这些明白的小人、刚戾的小人，这些人还不够可恨，所以《周易》最讨厌阴柔的人。阳只有一个，唯有阴险下埋伏了太多的东西，变化莫测，驳杂难分。比如在光天化日之下，黑白分明，人人共见；而在暗室黑夜之中，有多少埋伏、多少危险，就看不清楚了，这就是阴阳的区别。舜在决定官吏升降的时候，退幽者，升明者，大概就是因为这个道理吧。

4.153　富于道德者不矜事功，犹矜事功，道德不足也；富于心得者不矜闻见，犹矜闻见，心得不足也。文艺自多，浮薄之心也；富贵自雄，卑陋之见也。此二人者皆可怜也，而雄富贵者更不数于丈夫行。彼其冬烘[①]盛大之态，皆君子之所欲呕者也。而彼且志骄意得，可鄙孰甚焉？

［注释］

①冬烘：迂腐。

［译文］

有道德的人不夸事功，如果夸耀，则说明他修养仍然不够。有心得的人不夸见闻，如果夸耀，则说明他的心得仍然不足。因为有写作的才能就自负，这是浅薄之心；因为有钱有势就傲视他人，这更是卑鄙浅陋的见识。这两种人都是可怜虫，而依靠自己富贵就轻视他人的人，更是不在君子之列。那种糊涂迂腐的样子，君子看到简直要呕吐，而他却自己扬扬得意，还有比这更鄙陋的吗？

4.154　士君子在尘世中摆脱得开，不为所束缚；摆脱得净，不为所污蔑，此之谓天挺人豪。

［译文］

士君子在尘世中摆脱得开，不为世俗所束缚；摆脱得净，不为世俗所污蔑，这就是顶天立地的人中豪杰。

4.155　藏名远利，夙夜汲汲乎实行者，圣人也；为名修，为利劝，夙夜汲汲乎实行者，贤人也；不占名标，不寻利孔，气昏志惰，荒德废业者，众人也；炫虚名、渔实利，而内存狡狯之心，阴为鸟兽之行者，盗贼也。

［译文］

藏名远利，整夜不辞劳苦地做那些不求名利的事，这是圣人；为名声而修养，为利益而努力，整夜不辞劳苦地实现这一目标的人，这是贤人；没有目标，不求利益，气昏志惰，荒德废业，这是众人；炫耀虚名，贪图利益，内心狡诈，暗地里行为如同禽兽的，这是盗贼。

4.156　圈子里干实事，贤者可能；圈子外干大事，非豪杰不能。或曰："圈子外可干乎？"曰："世俗所谓圈子外，乃圣贤所谓性分内也。人守一官，官求一称，内外皆若人焉，天下可庶几矣，所谓圈子内干实事者也。心切忧世，志在匡时，苟利天下，文法所不能拘；苟计成功，形迹所不必避，则圈子外干大事者也。识高千古，虑周六合，挽末世之颓风，还先王之雅道，使海内复尝秦、汉以前之滋味，则又圈子以上人矣。世有斯人乎？吾将与之共流涕矣。乃若硁硁狃众见，惴惴循弊规，威仪文辞灿然可观，勤慎谦默，居然寡过，是人也，但可为高官耳，世道奚赖焉？"

［译文］

在世俗的圈子里能干实事的人是贤人；在世俗的圈子外能干大事的，非豪杰莫属。有人问："圈外的事可以干吗？"回答说："世俗所谓圈子外就是圣贤所谓的分内。一个人担当了一定的官职，能够做到尽忠职守，这样的人随地可寻，天下差不多都是这样的人，也就是所谓圈子内干实事的人。心切忧世，志在匡时，如果对天下人有利，即使法令条文也不能拘束他；如果为了成功，即使有嫌疑也不避讳，这就是圈子外干大事的人。识高千古，虑周六合，挽末世的颓风，回先王的正道，使海内人都能体会到秦、汉以前世道的滋味，这又是圈子以上的人了。世上还有这样的人吗？我要和他们一起为现今的世道大声痛哭啊！如果固执地守着众人的见识，小心地遵循陋规，表面看起来威仪文辞灿然可观，勤慎谦默，独自生活，这种人只可以做高官，但是挽救世道能够依赖他们吗？”

4. 157　达人落叶穷通，浮云生死；高士睥睨[1]古今，玩弄六合；圣人古今一息，万物一身；众人尘弃天真，腥集世味。

[注释]

①睥睨：斜视，看不起的样子。

[译文]

豁达的人看待贫困显达，如同浮云一般；高雅之士贯通古今，玩弄六合；圣人看待古今如一呼一吸的瞬间，看待万物如与自己合为一体；众人则摒弃天真，趋向世俗。

4. 158　阳君子取祸，阴君子独免；阳小人取祸，阴小人得福。阳君子刚正直方，阴君子柔嘉温厚；阳小人暴戾放肆，阴小人奸回智巧。

[译文]

秉直坦荡的君子容易遭祸，阴柔含蓄的君子则能免祸；猖狂的小人容易遭祸，阴险的小人却能得福。秉直坦荡的君子刚烈端方正直，阴柔含蓄的君子柔和美善温良；猖狂的小人粗暴任性放肆，阴险的小人奸诈狡猾。

4.159　古今士率有三品：上士不好名，中士好名，下士不知好名。

［译文］

故今往来士有三等：上士不好名，中士好名，下士不知好名。

4.160　上士重道德，中士重功名，下士重辞章，斗筲之人[①]重富贵。

［注释］

①斗筲之人：比喻见识短浅、气量狭小之人。《论语·子路》："斗筲之人，何足算也？"

［译文］

上士重道德，中士重功名，下士重辞章，见识短浅、气量狭小的人重富贵。

4.161　人流品格以君子小人定之，大率有九等：有君子中君子，才全德备，无往不宜者也。有君子，优于德而短于才者也。有善人，徇雅温朴，仅足自守，识见虽正，而不能自决，躬行虽力，而不能自保。有众人，才德识见俱无足取，与世浮沉，趋利避害，碌碌风俗中，无自表异。有小人，偏气邪心，惟己私是殖，苟得所欲，亦不害物。有小人中小人，贪残阴狠，恣意所极，而才足以济之，敛怨怙终[①]，无所顾忌。外有似小人之君子，高峻奇绝，不就俗检，然规模弘远，小疵常类，不足以病之。有似君子之小人，老诈浓文，善藏巧借，为天下之大恶，占天下之大名，事幸不败，当时后世皆为所欺，而竟不知者。有君子小人之间，行亦近正而偏，语亦近道而杂，学圆通便近于俗，尚古朴则入于腐，宽便姑息，严便猛鸷。是人也，有君子之心，有小人之过者也，每至害道。学者戒之。

[注释]

①怙终：就是仗持奸邪而终不悔改。

[译文]

人流品格以君子和小人的标准判定，大概有九等：有君子中的君子，才全德备，无往不宜。有君子，有德而短才。有善人，文雅质朴，仅足自守，见识虽正，但不能自决，躬行虽力，但不能自保。有众人，才德识见都没有可取之处，在世上浮沉，趋利避害，碌碌风俗中，没有什么表现。有小人，偏气邪心，总是想着自己的私利，苟且得到想要的东西，对事情也没有危害。有小人中的小人，贪残阴狠，恣意所极，然而才足以帮助自己作恶，仗势欺人，无所顾忌。外有似小人之君子，高峻奇绝，不为世俗所束缚，规模弘远，有小疵但不足以影响他的人品。有似君子之小人，老练奸诈，善藏巧借，为天下之大恶，占天下之大名，有幸事情不败，当时、后世都为其所欺骗，都被蒙在鼓里，不为人所知。有在君子、小人之间，行动看似正而实际上已经偏了，言论看似近道而实际上驳杂，学问圆通便近于俗，崇尚古朴则入于迂腐，宽便姑息，严便猛鸷。这样的人有君子之心，但也有小人的错误，每每害道。学者应该引以为戒。

4.162　有俗检，有礼检。有通达，有放达。君子通达于礼检之中，骚士放达于俗检之外。世之无识者，专以小节细行定人品，大可笑也。

[译文]

有世俗的一套约束，有礼法的一套约束。有通达，有放达。君子通达于礼法的约束之中，文人骚客放达于世俗的约束之外。无见识的人专门以细小的礼节判定人的品行，实在是太可笑了。

4.163　上才为而不为，中才只见有为，下才一无所为。

［译文］

上才之人有所为而又有所不为，中才之人只是有所作为，下才之人一无所为。

4.164　心术平易，制行诚直，语言疏爽，文章明达，其人必君子也。心术微暖，制行诡秘，语言吞吐，文章晦涩，其人亦可知矣。

［译文］

心平气和，行为真诚正直，语言爽快，文章明达，这样的人必定是君子。心术不正，行为诡异，言语吞吐，文章晦涩，这种人的品格可想而知。

4.165　有过不害为君子，无过可指底，真则圣人，伪则大奸，非乡愿[①]之媚世，则小人之欺世也。

［注释］

①乡愿：指外似谨顺，实同流合污的人。

［译文］

虽然有过失，但是不妨碍他成为君子。没有过错可以指责的，不是真正的圣人，就是虚伪的奸诈之人。这种人不是谄媚的奸人，就是欺骗世人的小人。

4.166　从欲则如附膻，见道则若嚼蜡，此下愚之极者也。

［译文］

追逐欲望则如同蝇蚁附逐腥膻，见到道义则味如嚼蜡，这是愚蠢之极的人所为。

4.167　有涵养人心思极细，虽应仓卒而胸中依然暇豫，自无粗疏之病。心粗便是学不济处。

[译文]

有涵养的人心思极细，虽然应对仓促，但胸中依然有所准备，自然没有粗疏的毛病。心粗便是学问修养不到家。

4.168　功业之士，清虚者以为粗才，不知尧、舜、禹、汤、皋、夔、稷、契[①]功业乎？清虚乎？饱食暖衣而工骚墨之事[②]，话玄虚之理，谓勤政事者为俗吏，谓工农桑者为鄙夫，此敝化之民也，尧、舜之世无之。

[注释]

①皋、夔、稷、契：皋，传说为舜时主管刑狱的大臣。夔，舜时乐官。稷，舜时农官。契，舜时主管教化的官员。②骚墨之事：即骚人墨客之事，如登高赋诗之类的风流雅事。

[译文]

对建立功业的人，主张清虚无为的人认为这些人是粗才，不知道尧、舜、禹、汤、皋、夔、稷、契这些人到底是建功业的人呢？还是清虚无为的人呢？饱食暖衣之后，吟诗作赋、高谈阔论玄虚之理的人，称努力于政事的为俗吏，称田间的劳动者为鄙夫，其实他们才是败坏世道的人，尧、舜时代没有这样的人。

4.169　观人括以五品：高、正、杂、庸、下。独行奇识曰高品，贤智者流。择中有执曰正品，圣贤者流。有善有过曰杂品，劝惩可用。无短无长曰庸品，无益世用。邪伪二种曰下品，慎无用之。

[译文]

观人有五等：高、正、杂、庸、下。具有独行奇识的人为高品，这是贤智一类的人物。处理任何事情都要合乎中道的人为正品，这是贤圣一类的人物。有善德善行，也有过失的人为杂品，这类人鼓励他向善，惩戒他的过失，还可以对社会有用。没有短处也没有长处的人为庸品，这类人在世上没有一点儿用处。奸诈的人、虚伪的人为下品，对这类人一定要谨慎，不要任用他们。

4.170　气节信不过人，有出一时之感慨，则小人能为君子之事；有出于一念之剽窃，则小人能盗君子之名。亦有初念甚力，久而屈其雅操；当危能奋，安而丧其平生者。此皆不自涵养中来。若圣贤学问，至死更无破绽。

［译文］

在危难之时表现出来的气概和节操，不能让人完全相信，因为小人有时出于一时的感慨，也能做出君子才能做出的事情；小人一时有了冒充君子的念头，也会盗用君子的名义。但时间长了，这样的念头就会松懈；也有些人在危难时候奋起，但在安定中丧失了平常的志向。这些人的气概和操守都不是长期修养而来的。至于圣贤的学问，至死也不会有破绽。

4.171　无根本底气节，如酒汉殴人，醉时勇，醒时索然无分毫气力。无学问底识见，如庖人炀灶[①]，面前明，背后左右无一些照顾。而无知者赏其一时，惑其一偏，每击节叹服，信以终身。吁！难言也。

［注释］

①炀灶：在灶前烤火。炀，音洋，烘烤。

［译文］

没有根本的气节，如同醉汉打人，醉时勇，清醒的时候没有丝毫力气。没有扎实功底的见识，如同厨师在灶前烤火，前面一片光亮，背后却无法顾及。无知的人赞赏一时的行为，被片面的学问迷惑，每次都鼓掌称道，信以为真。唉！真是难说呀。

4.172　众恶必察是仁者之心，不仁者闻人之恶喜谈乐道，疏薄者闻人之恶深信不疑。惟仁者知恶名易以污人，而作恶者之好为诬善也，既察为人所恶者何人，又察言者何心，又察致恶者何由，耐心留意，独得其真。果在位也，则信任不疑；果不在位也，则举辟无贰；果如人所中伤也，则扶救必力。呜呼！此道不明久矣。

[译文]

对众恶必察，这是仁者的用心；不仁者听到别人的长短，喜欢津津乐道；疏薄者听到别人的坏话，就深信不疑。只有仁者知道这些坏话可以轻易地诽谤好人，而说坏话的人以诬蔑好人为乐，所以仁者要调查被诬蔑的人是什么样的人，又要明白诬蔑的人是什么样的居心，以及事情的缘由，耐心留意，就会得出正确的结论。被诬蔑的人如若位居高官，则深信不疑；如果是平常布衣，则要极力荐举；如果确实被人诬蔑，则要尽力挽救。呜呼！这个道理已经很久没有人知道了。

4.173　党锢诸君，只是褊浅无度量。身当浊世，自处清流，譬之泾渭，不言自别。正当遵海滨而处，以待天下之清也。却乃名检自负，气节相高，志满意得，卑视一世而践踏之，讥谤权势而狗彘之，使人畏忌。奉承愈炽愈骄，积津要之怒，溃权势之毒，一朝而成载胥之凶[①]，其死不足惜也。《诗》称“明哲保身[②]”，孔称“默足有容”“免于刑戮”[③]，岂贵货清市直，甘鼎镬如饴哉？申、陈二子得之郭林宗几矣[④]，“顾”“厨”“俊”

“及”[⑤]，吾道中之罪人也，仅愈于卑污耳。若张俭则又李膺、范滂之罪人[⑥]，可诛也夫！

［注释］

①成载胥之凶：指遭受胥吏的杀戮。胥，古代官府中的小吏。②明哲保身：语见《诗经·大雅·烝民》。③“默足有容”“免于刑戮”：语出《论语·公冶长》。④申、陈二子得之郭林宗几矣：事见《后汉书》卷六十八《郭符许列传》。申，古国名，在今陕西、山西一带。陈，古国名，在今山西一带。⑤“顾”“厨”“俊”“及”：指八顾、八厨、八俊、八及，东汉党锢时对名士的称号。事见《后汉书·党锢传》。⑥张俭则又李膺、范滂之罪人：张俭是东汉名士，被逮入狱，释放后终身禁锢。李膺、范滂都因张俭案而死，所以吕坤认为张俭是李膺、范滂之罪人。

［译文］

因议论朝政而被污为朋党、遭受禁锢的这些君子，只是一些见识、度量褊狭的人。出生在浊世，自己独守清白，就如同泾水清、渭水浊一样，不用说话就能分辨得很清楚。所以这些君子应当隐居海滨，等待天下清明。而他们自负有名声和操守，互相推崇气节高尚，志满意得，鄙视世上的任何恶人恶行，想要把他们都踩在脚下，讥谤权势，认为这些人连狗都不如。他们的做法使人畏惧而又有所顾忌。人们对他们大加奉承，他们的气势也就越来越壮。这样激起了当权者早就积蓄在胸中的怒火，一旦发泄出来，党锢的君子们被杀戮或是流放，他们的死真不足让人可惜呀！《诗经》说“明哲保身”，意思是说要用自己的智慧保护自身。孔子称“默足有容”，“免于刑戮”，意思是用沉默的办法来保全自己，免于杀戮。岂能为了换取清白正直的名声，去遭受鼎镬烹煮的酷刑，却又甘之如饴呢？能像申、陈二子得到郭林宗这样高尚人士教诲的人太少了，“八顾”“八厨”“八俊”“八及”，这些东汉时期的名士，都是儒家的罪人，仅比卑污的人高出一点而已。张俭又是危害李膺、范滂的罪人，真该杀啊！

4.174　问："严子陵[①]何如?"曰："富贵利达之世不可无此种高人。但朋友不得加于君臣之上，五臣与舜同僚友，今日比肩，明日北面而臣之，何害其为圣人？若有用世之才，抱忧世之志，朋时之所讲求，正欲大行竟施以康天下，孰君孰臣，正不必尔。如欲远引高蹈，何处不可藏身？便不见光武也得。既见矣，犹友视帝而加足其腹焉，恐道理不当如是。若光武者，则大矣。"

[注释]

①严子陵：即严光，东汉初会稽余姚（今属浙江）人，字子陵，少曾与光武帝刘秀同学，有高名。刘秀即位后，派人寻觅，征召到京，夜与之同床而眠，严把脚架在刘秀腹上。授谏议大夫，不受，归隐富春山。

[译文]

有人问："严子陵是怎样一个人？"回答说："在富贵利达之世不能没有这样的高人。但朋友的关系不可高于君臣的关系，舜的五位大臣和他原为旧友，今日还并肩而行，明日就要行君臣之礼，但并不妨碍舜成为圣人。如果是有用之才，抱忧世之志，做朋友时的志向和言论正好和时局适应，能够造福天下，谁是君谁是臣都是没有关系的。如果想远行隐身，什么地方不能藏身呢？不见光武帝也可以。既然见了仍视他做朋友，还把脚放在他的肚子上，这恐怕不在情理之中。若说起光武帝这个人，胸怀够广阔了。"

4.175　见是贤者就着意回护，虽有过差，都向好边替他想。见是不贤者，就着意搜索，虽有偏长，都向恶边替他想。自宋儒以来，率坐此失，大段都是个偏识见，所谓好而不知其恶，恶而不知其美者。惟圣人便无此失，只是此心虚平。

［译文］

见是贤人，就多方回护，虽有过错，也向好的一面替他着想。见是不贤之人，就故意找毛病，虽有长处，也向坏的一面想。自宋儒以来，大都犯此毛病，只是因为有个偏见识，说好就不知有坏，说坏就不知有好。只有圣人没有这样的失误，原因在于圣人的心都是公平的。

4.176　蕴藉之士深沉，负荷之士弘重，斡旋之士圆通，康济之士精敏。反是皆凡才也，即聪明辩博无补焉。

［译文］

含蓄宽容的人深沉，肩负重担的人弘重，懂得斡旋的人圆通，能安民济事的人精敏。反之都是凡才，即使聪明博学、有口才也没有用。

4.177　君子之交怕激，小人之交怕合。斯二者，祸人之国，其罪均也。

［译文］

君子交往怕激，小人交往怕合。这二者，都是有害于国家的，罪过是一样的。

4.178　圣人把得定理，把不得定势。是非，理也；成败，势也。有势不可为而犹为之者，惟其理而已。知此，则三仁①可与五臣比事功，孔子可与尧、舜较政治。

［注释］

①三仁：指殷代的微子、箕子、比干。

［译文］

圣人能够把握住真理，把握不住局势。是非，是道理；成败，是局势。局势不允许，但是仍然做到的，只是因为合乎道理而已。知道了这一点，那么殷代的三位仁者微子、箕子、比干就可与舜的五位大臣禹、稷、契、伯益、皋陶论事功，孔子就可以与尧、舜论政治。

4.179　未试于火皆纯金也，未试于事皆完人也。惟圣人无往而不可。下圣人一等，皆有所不足，皆可试而败。夫三代而下人物岂甚相远哉？生而所短不遇于所试，则全名定论，可以盖棺。不幸而偶试，其所不足则不免为累。夫试不试之间不可以定人品也。故君子观人不待试，而人物高下终身事业不爽分毫，彼其神识自在世眼之外耳。

［译文］

未经过火炼的都可以说是纯金，未经过事情考验的都可说是完人。只有圣人无往不可。比圣人低一等的都有不足，都可能在考验中失败。三代以后的人物难道是很久远的事吗？他们活着的时候，短处没有遇到考验，因而保全了名声。如果不巧遇到考验，他们不免会为不足所累。在试与未试之间是不可以定人品的。因此君子观察人，不必等待检验，人物的高下和终身事业就看得不差分毫，他们的慧眼自然是世人无法比拟的。

4.180　世之颓波，明知其当变，狃于众皆为之而不敢动；事之义举，明知其当为，狃于众皆不为而不敢动，是亦众人而已。提抱之儿得一果饼未敢辄食，母尝之而后入口，彼不知其可食与否也。既知之矣，犹以众人为行止，可愧也夫。惟英雄豪杰不徇习以居非，能违俗而任道，夫是之谓独复。呜呼！此庸人智巧之士所谓生事而好异者也。

[译文]

世道衰败，明知当变，却拘泥于众人都是那样做而不敢有所作为；合于道义的事，明知当做，却拘泥于众人都不去做而不敢做，这样的人也只是普通人而已。抱在怀中的小孩子得到一个果饼，不敢马上吃，而是等到母亲尝过之后才敢入口，这是因为他不知道果饼能不能吃。既然已经知道能吃，仍然看着众人的行动决定自己的行动，真让人感到惭愧呀！只有英雄豪杰不因循守旧，宁愿身受非议，也要打破世俗，承担重任，这叫作独行。唉！这都是被庸人和智巧的人称为爱标新立异的人。

4.181　士气不可无，傲气不可有。士气者，明于人己之分，守正而不诡随。傲气者，昧于上下之等，好高而不素位。自处者每以傲人为士气，观人者每以士气为傲人。悲夫！故惟有士气者能谦己下人，彼傲人者昏夜乞哀，或不可知矣。

[译文]

士气不可无，傲气不可有。士气，就是划分他人和自己的界限，坚持真理而不妄跟他人。傲气，就是不明上下的差别，喜欢高位但不愿从低位做起。看待自己总以傲人为士气，观察别人总以士气为傲人。可悲呀！因此只有有士气的人能够谦虚地居于人下，那些有傲气的人可能在黑夜乞求别人的哀怜，也未可知。

4.182　体解神昏，志消气沮，天下事不是这般人干底。攘臂抵掌，矢志奋心，天下事也不是这般人干底。干天下事者，智深勇沉，神闲气定。有所不言，言必当；有所不为，为必成。不自好而露才，不轻试以幸功，此真才也，世鲜识之。近世惟前二种人，乃互相讥，识者胥笑之。

［译文］

体解神昏，志消气沮，天下事不是这样的人干的。攘臂抵掌，矢志奋心，天下事也不是这样的人干的。做天下大事的人，必定智深勇沉，神闲气定。他们有些话不一定说，但说了必然恰如其分；有的事不一定做，但做了必然成功。不喜欢显露自己的才华，不为了成功而轻易做事，这才是真正的人才，世人却很少能识别。世上只有前两种人互相讥笑，明白的人都觉得他们可笑。

4.183　贤人君子，那一种人里没有？鄙夫小人，那一种人里没有？世俗都在那爵位上定人品，把那邪正却作第二着看。今有仆隶乞丐之人，特地做忠孝节义之事，为天地间立大纲常，我当北面师事之，环视达官贵人似俯首居其下矣。论到此，那富贵利达与这忠孝节义比来岂直太山鸿毛哉？然则匹夫匹妇未可轻，而下士寒儒其自视亦不可渺然小也。故论势分，虽抱关之吏亦有所下以伸其尊；论性分，则尧、舜与途人可揖让于一堂。论心谈道，孰贵孰贱，孰尊孰卑？故天地间惟道贵，天地间人惟得道者贵。

［译文］

贤人君子在哪一种人里没有？鄙夫小人在哪一种人里没有？世俗都用官爵的大小来判定人品，却把正邪放在第二位。现今有奴仆乞丐等做了忠孝节义的事，为天地间立了大纲常，我应该把他们当作老师来看待，环视周围的达官贵人，他们应该俯首甘居其下。说到这里，富贵利达和忠孝节义相比，简直不就如同鸿毛与泰山吗？所以不能轻视普通的老百姓，下士寒儒也不要小看自己。因此从地位上看，即使是守关的下吏，也有展示他尊严的地方；从性分上看，即使是尧、舜，也可以与同路的人在一屋中交谈。论心谈道，哪里有谁贵谁贱，谁尊谁卑呢？因此天地间只有道最为贵，天地间的人只有得道者最为贵。

4.184　山林处士常养一个傲慢轻人之象，常积一腹痛愤不平之气，此是大病痛。

［译文］

山林隐士常给人一种傲慢、看不起人的样子，并且常常心存不满、愤愤不平。这是他们的一大毛病。

4.185　好名之人充其心，父母兄弟妻子都顾不得，何者？名无两成，必相形而后显，叶人证父攘羊[①]，陈仲子恶兄受鹅[②]，周泽奏妻破戒[③]，皆好名之心为之也。

［注释］

①叶人证父攘羊：语出《论语·子路》。②陈仲子恶兄受鹅：语出《孟子·滕文公下》。③周泽奏妻破戒：事见《后汉书·儒林列传》。

［译文］

人要是有了好名之心，连父母兄弟妻子都顾不得，为什么呢？名不能双方都得到，必须相比才能显示出来。《论语》记载，一个叶地的人证明他的父亲偷了别人的羊。《孟子》记载，陈仲子反对他的兄弟接受别人的鹅。《后汉书》记载，周泽向皇帝上奏，说他的妻子干涉他斋戒。这都是因为有好名之心才做出来的事。

4.186　世之人常把好事让与他人做，而甘居己于不肖，又要掠个好名儿在身上，而诋他人为不肖。悲夫！是益其不肖也。

［译文］

世上的人常常把好事让给别人做，而自己甘居于不肖的地位，可是又要抢个好名声，而诋毁别人不肖。可悲啊！这反而增加了他的不肖。

4.187　理圣人之口易，理众人之口难。圣人之口易为众人，众人之口难为圣人。岂直当时之毁誉，即千古英雄豪杰之士、节义正直之人，一入议论之家，彼臧此否，各骋偏执，互为雌黄。譬之舞文吏出入人罪，惟其所欲，求其有大公至正之见，死者复生而向服者几人？是生者肆口而死者含冤也。噫！使臧否人物者而出于无闻之士，犹昔人之幸也。彼擅著作之名，号为一世人杰，而立言不慎，则是狱成于廷尉，就死而莫之辩也，不仁莫大焉。是故君子之论人，与其刻也宁恕。

［译文］

调理圣人的口容易，调理众人的口困难。圣人之口可以变为众人之口，众人之口难以变成圣人之口。不仅当世人的毁誉，即便是千古英雄豪杰和节义正直的人，一被人议论，也是这个赞扬那个批评，各执己见，互为雌黄。就如同那些玩弄法令条文来给人定罪的文吏，只根据他的需要来解释条文，想要他们有大公无私的见解，如令死者复生，能对他的判决表示心服口服的，又能有几个人呢？这样做只能使活着的人议论纷纷，而死的人含冤九泉而已。唉！假使品评人物的人是些无名之辈，这还是被评人的幸事。那些享有名声、为一世豪杰的人，如果写文章不慎重，那就如同案子经廷尉审讯一样，被审的人到死都无法辩白，再没有比这更不仁的了。因此君子评论人，与其刻薄，不如宽恕。

4.188　正直者必不忠厚，忠厚者必不正直。正直人植纲常，扶世道；忠厚人养和平，培根本。然而激天下之祸者，正直之人；养天下之祸者，忠厚之过也。此四字兼而有之，惟时中之圣。

［译文］

正直者必不忠厚，忠厚者必不正直。正直人立纲常，扶植世道；忠厚人维持和平，培养根本。但是引起天下大乱的人，是正直的人；滋养天下大祸的人，却是忠厚的人。如若一个人的品质能既正直又忠厚，这样的人只能是圣人。

4.189　露才是士君子大病痛，尤莫甚于饰才。露者不藏其所有也，饰者虚剽其所无也。

［译文］

喜爱炫耀才能是君子的一大毛病，但比假装有才好一些。喜爱炫耀的人对他的才能不加掩藏，假装有才的人则是用欺骗的办法使自己显得有才。

4.190　士有三不顾：行道济时人顾不得爱身，富贵利达人顾不得爱德，全身远害人顾不得爱天下。

［译文］

读书人有三不顾：追求真理、救济众人的人顾不上爱惜自己的身体，富贵利达的人不把道德放在眼中，想要全身而退的人顾不上兼爱天下。

4.191　其事难言而于心无愧者，宁灭其可知之迹，故君子为心受恶，太伯①是已。情有所不忍而义不得不然者，宁负大不韪之名，故君子为理受恶，周公②是已。情有可矜而法不可废者，宁自居于忍以伸法，故君子为法受恶，武侯③是已。人皆为之而我独不为，则掩其名以分谤，故君子为众受恶，宋子罕④是已。

［注释］

①太伯：古公亶父子。事见《史记·周本纪》。②周公：周武王之弟，名旦，亦称叔旦。事见《史记·周本纪》。③武侯：即诸葛亮，封武乡侯。事见《三国志·蜀书·诸葛亮传》。④宋子罕：即司城子罕，名乐喜，字子罕。事见《左传》。

［译文］

事情难以对别人说，而心中无愧的，宁可消磨痕迹，所以君子为了隐藏内心的事而受到误解或是诽谤，太伯就是这样的。情有所不忍而义不得不然的，宁愿背负天下的大不韪的名声，所以君子为了坚持真理而受到误解或是诽谤，周公就是这样的。事情有可以商量的余地，但是在法不可废的情况下，宁愿自居残忍之名也要伸张法度，所以君子会因为依法办事而受到误解或是诽谤，武侯诸葛亮就是这样的。人们都去做只有我不做，宁愿掩饰美名也要分担诽谤之名，所以君子会因为保护众人而受到误解或是诽谤，宋国的子罕就是这样的。

4.192　不欲为小人，不能为君子，毕竟作甚么人？曰：众人。既众人，当与众人伍矣，而列其身名于士大夫之林，可乎？故众人而有士大夫之行者荣，士大夫而为众人之行者辱。

［译文］

既不想当小人，也不能成为君子，那么究竟要做什么样的人呢？回答说：普通人。既然选择做普通人，就要与普通人为伍，却要把自己列为士大夫之中，可以吗？因此说，普通人具有士大夫的品德是光荣的，而士大夫只有普通人的品德是耻辱的。

4.193　天之生人，虽下愚亦有一窍之明。听其自为用而极致之，亦有可观，而不可谓之才。所谓才者，能为人用，可圆可方，能阴能阳，而不以己用者也。以己用皆偏才也。

［译文］

上天所造就的人，虽然愚笨但总有一些过人之处。听凭他自己发挥运用，也会有所作为，但不能称他为人才。所谓人才，是能被别人拿来所用，可圆可方，能阴能阳，但不是为自己所用。为自己所用的都是偏才。

4.194　心平气和而有强毅不可夺之力，秉公持正而有圆通不可拘之权，可以语人品矣。

［译文］

心平气和而又具有坚毅不可夺的力量，秉公持正而有圆通可变的能力，这种人可以说是有人品的人。

4.195　从容而不后事，急遽而不失容，脱略而不疏忽，简静而不凉薄，真率而不鄙俚，温润而不脂韦[①]，光明而不浅浮，沉静而不阴险，严毅而不苛刻，周匝而不烦碎，权变而不谲诈，精明而不猜察，亦可以为成人矣。

［注释］

①脂韦：比喻阿谀圆滑。

［译文］

从容又不耽误事情，匆忙但面不改色，洒脱但不疏忽，简静但不薄情，真率但不粗俗，温润但不圆滑，光明但不浅浮，沉静但不阴险，严毅但不苛刻，周密但不烦琐，权变但不欺诈，精明但不多疑，这样的人可以算是成熟的人了。

4.196　厚德之士能掩人过，盛德之士不令人有过。不令人有过者体其不得已之心，知其必至之情而预遂之者也。

[译文]

厚德的人能够替别人掩盖错误，盛德的人不让人出错。不让人出错的人能体会别人不得已的心情，能知道别人心中的事，从而预先使他的愿望实现。

4.197 烈士死志，守士死职，任士死怨，忿士死斗，贪士死财，躁士死言。

[译文]

烈士为志向而死，守士为职守而死，任士为怨愤而死，忿士为斗争而死，贪士为钱财而死，躁士为言语而死。

4.198 知其不可为而遂安之者，达人智士之见也。知其不可为而犹极力以图之者，忠臣孝子之心也。

[译文]

知道事情不能做到而安于现状的，这是达人智士的见识。知道事情不能做到而要极力去做的人，有着忠臣孝子的心。

4.199 无识之士有三耻：耻贫、耻贱、耻老。或曰："君子独无耻与?"曰："有耻。亲在而贫，耻；用贤之世而贱，耻；年老而德业无闻，耻。"

[译文]

没有见识的人有三耻：耻贫、耻贱、耻老。有人问："难道君子没有感到羞耻的事情吗?"回答说："有。父母还健在时，自己贫穷，这是羞耻；处于任贤用才的世道，但地位卑贱，这是羞耻；年纪大了却无所作为，这也是羞耻。"

4.200 初开口便是煞尾语，初下手便是尽头着，此人大无含蓄，大不济事，学者戒之。

[译文]

一开口就是结束语，一下手就是尽头处，这样的人毫无含蓄可言，做不了大事，学者应该以此为戒。

4.201 一个俗念头，一双俗眼目，一口俗话说，任教聪明才辩，可惜错活了一生。

[译文]

一个俗念头，一双俗眼目，一口俗话说，就算是再聪明有口才，也是白活了一辈子。

4.202 或问："君子小人辩之最难。"曰："君子而近小人之迹，小人而为君子之态，此诚难辩。若其大都，则如皂白不可掩也。君子容貌敦大老成，小人容貌浮薄琐屑。君子平易，小人跷蹊[①]。君子诚实，小人奸诈。君子多让，小人多争。君子少文，小人多态。君子之心正直光明，小人之心邪曲微暧。君子之言雅淡质直、惟以达意；小人之言鲜浓柔泽、务于可人。君子与人亲而不昵，直谅而不养其过；小人与人狎而致情，谀悦而多济其非。君子处事可以盟天质日，虽骨肉而不阿；小人处事，低昂世态人情，虽昧理而不顾。君子临义，慷慨当前，惟视天下国家人物之利病，其祸福毁誉了不关心；小人临义，则观望顾忌，先虑爵禄身家妻子之便否，视社稷苍生漫不属己。君子事上礼不敢不恭，难使枉道；小人事上身不知为我，侧意随人。君子御下防其邪，而体其必至之情；小人御下遂吾欲，而忘彼同然之愿。君子自奉节俭恬雅，小人自奉汰侈弥文。君子亲贤爱士，乐道人之善；小人嫉贤妒能，乐道人之非。如此类者，色色顿殊。孔子曰：‘患不知人[2]。’吾以为终日相与，其类可分，虽善矜持，自有不可掩者在也。”

[注释]

①跷蹊：奇怪，可疑。②患不知人：语出《论语·学而》。

[译文]

有人问：“君子和小人最难区别的是什么？”回答说：“君子有近似于小人的行迹，小人故意装出君子的样子，这确实难辨。若说大概，则如同黑白一样分明。君子的容貌敦大老成，小人的容貌浮薄琐屑。君子平易，小人跷蹊。君子诚实，小人奸诈。君子多让，小人多争。君子很少说话，小人做出很多样子。君子的心正直光明，小人的心邪曲微暧。君子之言雅淡质直，只是为了达意；小人之言鲜浓柔泽，目的是为了可人。君子与人亲而不昵，直接原谅而不纵容过错；小人与人狎而致情，谀悦而多助长错误。君子处事可以盟天质日，虽骨肉而不阿；小人处事，随着世态人情的变化而变化，虽昧理而不顾。君子临义，慷慨当前，只看到天下、国家、人物的利病，不关心祸福毁誉；小人临义，则是观望顾忌，先考虑爵禄、身家、妻子之方便，对社稷苍生漠不关心。君子对待上司，礼不敢不恭，但难以让他做不合道义的事；小人对待上司，身不知为我，只会顺从奉承。君子治理部下，防止其走邪路，而能够体谅其内心之情；小人治理部下，随心所欲，而忘记彼此有相同之愿。君子自奉节俭恬雅，小人自奉汰侈弥文。君子亲贤爱士，乐道人之善；小人嫉贤妒能，乐道人之非。像这一类的，样样不同。孔子说：‘患不知人。’我认为终日相处是能够分辨出一个人是君子还是小人的，小人虽然善于掩饰，但也有掩饰不住的时候。”

4.203　今之论人者，于辞受，不论道义，只以辞为是，故辞宁矫廉而避贪爱之嫌。于取与，不论道义，只以与为是，故与宁伤惠而避吝啬之嫌。于怨怒，不论道义，只以忍为是，故礼虽当校而避无量之嫌。义当明分，人皆病其谀，而以倨傲矜陵为节概。礼当持体，人皆病其倨，而以过礼足恭为盛德。惟俭是取者，不辩礼有当丰；惟默是贵者，不论事有当言。此皆察理不精，贵贤知而忘其过者也。噫！与不及者诚有间矣，其贼道均也。

［译文］

现在品论他人的人，对于他人赠送的物品一味地推辞，认为如果接受是不合情理的，因此拼命地推辞，害怕落下不廉的名声，也要避免贪爱之嫌。对于收取和给予，不论是否合乎道义，只认为给予是对的，因此宁肯显示大方，也要避吝啬的嫌疑。对于怨和怒，也不管是否合乎道义，只认为忍就对了，因此按理应该计较的事也不计较，为的是避免没有度量的嫌疑。根据道义应该明确本分，人们认为说好话奉承别人是不好的，因此就傲慢自大，夸耀自己的气节。按照礼节应该保持尊严，人们认为傲慢是不好的，结果就以过度的礼节和谦恭为盛德。人们认为只有节俭是可取的，就不问礼节有应当丰厚的时候；人们认为只有沉默才是可贵的，就不论有时当讲，有时不当讲。这些都是对于道义不清醒的认识，以贤智为可贵，但却超过了应有的界限。唉！超过和不及是有差别的，但对道义的危害都是一样的。

4.204　狃浅识狭闻，执偏见曲说，守陋规俗套，斯人也，若为乡里常人不足轻重，若居高位有令名，其坏世教不细。

［译文］

拘泥于浅识狭闻，偏执于偏见曲说，遵守陋规俗套，这种人呀，如果是乡下的普通人倒无足轻重，如果居高位又有好名声，那对教化的损害真是不小。

4.205　以粗疏心看古人亲切之语，以烦躁心看古人静深之语，以浮泛心看古人玄细之语，以浅狭心看古人博洽之语，便加品骘[①]，真孟浪[②]人也。

［注释］

①品骘：评定。骘，音至。②孟浪：轻率，疏略。

［译文］

用粗疏心看古人亲切之语，用烦躁心看古人静深之语，用浮泛心看古人玄细之语，用浅狭心看古人博洽之语，这样便加以品论，真是个鲁莽轻率的人呀！

4.206　文姜与弑桓公[①]，武后灭唐子孙，更其国庙，此二妇者，皆国贼也，而祔葬于墓，祔祭于庙，礼法安在？此千古未反一大案也。或曰："子无废母之义。"噫！是言也，闾阎市井儿女之识也。以礼言，三纲之重，等于天地，天下共之。子之身，祖庙承继之身，非人子所得而有也。母之罪，宗庙君父之罪，非人子所得而庇也。文姜、武后，庄公、中宗[②]安得而私之以情？言弑吾身者与我同丘陵，易吾姓者与我同血食，祖父之心悦乎？怒乎？对子而言，则母尊；对祖父而言，则吾母臣妾也。以血属而言，祖父我同姓，而母异姓也。子为母忘身可也，不敢仇；虽杀我可也，不敢仇。宗庙也，父也，我得而专之乎？专祖父之庙以济其私，不孝；重生我之恩而忘祖父之仇，亦不孝；不体祖父之心，强所仇而与之共土同牢，亦不孝。二妇之罪当诛，吾为人子不忍行，亦不敢行也。有为国讨贼者，吾不当闻，亦不敢罪也。不诛不讨，为吾母者逋戮之元凶也。葬于他所，食于别宫，称后夫人而不系于夫，终身哀悼，以伤吾之不幸而已。庄公、中宗皆昏庸之主，吾无责矣。吾恨当时大臣陷君于大过而不顾也。或曰：“葬我小君文姜[③]。夫子既许之矣，子何罪焉？”曰：“此胡氏[④]失仲尼之意也。仲尼盖伤鲁君臣之昧礼而特著其事以示讥尔。曰‘我’言不当我而我之也。曰‘小君’言不成小君而小君之也。与历世夫人同书而不异其词，仲尼之心岂无别白至此哉？不然姜氏会齐侯，每行必书其恶，恶之深如此，而肯许其为‘我小君’邪？”或曰：“子狃于母重而不敢不尊，臣狃于君命而不敢不从，是亦权变之礼耳。”余曰：“否！否！宋桓夫人出耳，襄公立而不敢迎其母，圣人不罪襄公之薄恩而美夫人之守礼。况二妇之罪弥漫宇宙，万倍于出者。臣子忘祖父之重，而尊一罪大恶极之母以伸其私，天理民彝灭矣。道之不明一至是哉？余安得而忘言。”

［注释］

①文姜与弑桓公：事见《左传》桓公十八年。②庄公、中宗：庄公，指鲁庄公，文姜之子。中宗，唐中宗，武则天之子。③葬我小君文姜：语出《春秋经》庄公二十二年。④胡氏：指胡安国，字康侯，宋崇安人，著《春秋传》《资治通鉴举要补遗》。

［译文］

鲁桓公的夫人文姜参与了杀害桓公的事，武则天杀了不少李唐宗室子孙，还更改了国号和庙号，这两个妇人都是国家的奸贼，而死后还和丈夫葬在一起，合祭祖庙，这样做，礼法何在？这是千古没有翻过来的一个大案。有人说：“没有儿子废母亲的道理。”唉！这种话是民间市井小人的见识。以礼来说，君为臣纲，父为子纲，夫为妻纲，这三纲之重等于天地，天下人要共同遵守。人子之身是要继承祖庙的，不是人子自己所有的。母之罪，是对宗庙君父的冒犯，不是人子应该庇护的。对于文姜、武后，鲁庄公、唐中宗怎能以私人的感情来庇护他们呢？如果是杀我的人可以和我埋葬在同一墓穴，更改我的国号的人可以与我同享祭祀，祖先和父亲的心会高兴呢？还是会发怒呢？对于儿子，母亲是值得尊敬的人；对祖宗和父亲来说，我的母亲只是个臣妾。从血统而言，祖宗和父亲是和我同姓的人，而母亲则是异姓。儿子为了母亲可以忘记自身，不敢与母亲为仇。母亲即使杀了儿子，儿子也不敢仇恨。但是对于宗庙的事，对于父亲的事我能做主吗？以个人的情感来决定宗庙和父亲的事，这是不孝；只看中母亲生我的恩情，而忘记了祖宗、父亲的仇恨，也是不孝；不体恤祖宗、父亲的心，强使他们与仇人同一墓穴，也是不孝。两个妇人的罪行应当被诛杀，但作为人子不忍心这样做，也不敢这样做。有人为了国家而讨伐我的母亲，我不应当过问这件事，也不敢给他们加罪名。因为如果过问了而对讨伐者不诛不罚，就成了帮助杀我母亲的元凶。所以只能将母亲葬于他地，在那里祭祀她，称作后或夫人，而不将她与父亲合葬，终生都哀悼她，只是为我的不幸伤心而已。鲁庄公、唐中宗都是昏庸的君主，我不责备他们。我只恨当时的大臣使国君陷于大过之中，而不管不顾。有人问："《春秋》记载'葬我小君文姜'，是孔子都认可的事，你为什么还要责怪呢？"我回答说："这是胡安国误解了孔子的意思。孔子为鲁国君臣不懂礼法而忧伤，特意这样写，是用来表示讽刺的。称'我'是说不配当我的小君，才用了'我'字。称'小君'是说称不起是小君，才用了'小君'。如果用与历代同样的称呼而不改变，孔子的内心不能分辨是非到了这样的地步了吗？事实并非如此，文姜每次与齐侯相会，每写到这里孔子必书写其恶行，孔子对文姜厌恶得如此厉害，而肯称她为'我小君'吗？"有人问："有时儿子拘泥于对母亲的尊重，而不敢有不尊的表示；臣子拘泥于国君的命令，而不敢不服从。这也是权变的礼节呀！"我说："不是这样！不是这样！宋桓公夫人被赶出国门，她的儿子襄公继承了王位也不敢把她接回来。圣人不以襄公的薄恩为错误，反而赞美夫人能够守礼。况且文姜和武后这两个妇人的罪恶弥漫这个宇宙，比宋桓公夫人的罪恶大一万倍。臣子如果忘记了祖父的重要而尊崇一个罪大恶极的母亲，用来表示个人的爱心，连天理伦常都没有了，道的不明已经到这种地步了吗？我怎么能不把这个道理讲出来呢？”

4.207　平生无一人称誉，其人可知矣。平生无一人诋毁，其人亦可知矣。大如天，圣如孔子，未尝尽可人意。是人也，无分君子小人皆感激之，是在天与圣人上，贤耶？不肖耶？我不可知矣。

［译文］

一生中没有一个人赞赏，这个人的人品就可想而知了。一生中没有一个人诋毁，这个人的人品也可以知道。大如天，圣如孔子，也不能完全尽如人意。而一个人，不管小人还是君子都感激他，这个人就在天和圣人之上了，这种人是贤呢？还不贤呢？我就不知道了。

4.208　寻行数墨是头巾见识，慎步矜趋是钗裙见识，大刀阔斧是丈夫见识，能方能圆、能大能小是圣人见识。

［译文］

只会背诵书本而不明事理，这是书生的见识；谨慎地走路，矜持地快行，这是妇人的见识；大刀阔斧，这是丈夫的见识；能方能圆、能大能小，这是圣人的见识。

4.209　春秋人计可否，畏礼义，惜体面。战国人只是计利害、机械变诈，苟谋成计得，顾甚体面，说甚羞耻。

[译文]

春秋时代的人，要计划一件事是否可行，要考虑是否合乎礼仪，还要顾及体面。战国时代的人，只是计算利害，利用狡诈的手段，如能使计谋得逞，还顾及什么体面，说什么羞耻。

4.210　太和中发出，金石可穿，何况民物，有不孚格者乎？

[译文]

阴阳会合发出来的太和之气，可以穿透金石，更何况民和物呢？民众如能感受到太和之气，能不诚心吗？

4.211　自古圣贤孜孜汲汲，惕励忧勤，只是以济世安民为己任，以检身约己为先图。自有知以至于盖棺，尚有未毕之性分，不了之心缘。不惟孔、孟，虽佛、老、墨翟、申、韩皆有一种毙而后已念头，是以生不为世间赘疣之物，死不为幽冥浮荡之鬼。乃西晋王衍[①]辈一出，以身为懒散之物，百不经心，放荡于礼法之外，一无所忌，以浮谈玄语为得圣之清，以灭理废教为得道之本，以浪游于山水之间为高人，以衔杯于糟曲之林为达士。人废职业，家尚虚无，不止亡晋，又开天下后世登临题咏之祸，长惰慢放肆之风，以至于今。追原乱本，盖开衅于庄、列，而基恶于巢、由[②]。有世道之责者，宜所戒矣。

[注释]

①王衍：西晋人，字夷甫，官至尚书令、太尉，后被石勒所杀。据《晋书·王衍传》载："衍既有盛才美貌，明悟若神，常自比子贡。兼声名藉甚，倾动当世。妙善玄言，唯谈老庄为事。"②巢、由：指巢父、许由。

[译文]

自古以来，圣贤们孜孜不倦，忧心忡忡，以济事安民为己任，以省身约己为首务，从有知到盖棺，不停地努力，尚未能圆满完成分内之事，尚有不了的内心愿望。不只孔子、孟子，即使佛、老、墨翟、申不害、韩非也都有一种死而后已的念头，使活的时候不成为累赘，死之后不成为阴间的野鬼。自从西晋王衍之辈出现，认为身体是懒散之物，做任何事情都漫不经心，放荡于礼法之外，肆无忌惮，以为浮谈玄语就是圣人清高的品德，以为灭礼废教就是得到了道的根本，以为浪荡于山水之间就是高人，以为无节制地狂饮就是放达之士。这样一来，世人荒废事业，家家崇尚虚无，这种风气不仅使晋朝灭亡了，还开启了后世登临题咏的祸害，滋长了傲慢放肆的风气，直到如今。追究混乱的根本祸端，开始于庄子、列子，最早基于巢父与许由。对世道负有责任的人，应该有所戒惧。

4.212　微子[①]抱祭器归周，为宗祀也。有宋之封，但使先王血食，则数十世之神灵有托，我可也，箕子[②]可也，但属子姓者一人亦可也。若曰事异姓以苟富贵而避之嫌，则浅之乎其为识也。惟是箕子可为夷、齐，而《洪范》之陈[③]，朝鲜之封，是亦不可以已乎。曰：系累之臣，释囚访道，待以不臣之礼，而使作宾，固圣人之所不忍负也。此亦达节之一事，不可为后世宗臣借口。

［注释］

①微子：周代宋国的始祖，名启（一作开），商纣王庶兄。《史记·宋微子世家》载："微子开者，殷帝乙之首子而帝纣之庶兄也。纣既立，不明，淫乱于政，微子数谏，纣不听。……遂亡。"②箕子：商代贵族，纣王叔父。纣淫乱，箕子谏，不听，乃被发佯狂而为奴。武王克殷，访问箕子，封于朝鲜。事见《史记·宋微子世家》。③《洪范》之陈：《洪范》，《尚书》篇名。传说箕子所作，以此向周武王陈述天地之大法。近人以为是战国时的伪作。

［译文］

殷纣王的哥哥微子，在殷灭亡之后，抱着宗庙的祭器归顺了周武王，是为了祖宗有人祭祀。微子被封到宋地，使殷的祖宗有人祭祀，那么数十世的神灵就有了托身之地。这样做微子可以，箕子可以，其他同姓的人都可以。如果认为微子侍奉异姓是为了贪图荣华富贵，避免嫌疑，这样的见识就太浅陋了。箕子本来可以像伯夷、叔齐那样避于深山，但他写了一篇《洪范》，向周武王陈述天地大法，被封到朝鲜，是不是也有不得已的苦衷呢？回答说，被拘囚的异朝臣子被释放以后，国君向他询问治国之道，不用君臣的礼节，而是作为宾客以礼相待。因此作为圣人不忍辜负这种善意，所以会有像箕子那样的做法。这也是通情达理的表现，但不应该成为后世同宗大臣归附他朝的借口。

4.213　无心者公，无我者明。当局之君子不如旁观之众人者，有心、有我之故也。

[译文]

有着平常之心的人就会公平；不存成见，摆脱自我的人就会明晰事理。当事的君子反倒不如旁观的众人清醒，这是有私心、有自我的缘故。

4.214　君子豪杰战兢惕励，当大事勇往直前；小人豪杰放纵恣睢，拼一命横行直撞。

[译文]

君子中的豪杰，平时谨慎小心，遇到大事则勇往直前；小人中的豪杰，平时肆无忌惮，遇事只会横冲直撞。

4.215　老子犹龙不是尊美之辞，盖变化莫测，渊深不露之谓也。

[译文]

赞赏老子像龙一样矫健，这不是赞美之辞，而是指老子之道变幻莫测，深藏不露。

4.216　乐要知内外。圣贤之乐在心，故顺逆穷通，随处皆泰。众人之乐在物，故山溪花鸟遇境才生。

[译文]

快乐要分个内外。圣贤的快乐在内心，因此不论顺境逆境，不论贫穷腾达，都是一样快乐。普通的人快乐表现在物，因此遇到山溪花鸟的美景才会产生快乐。

4.217　可恨读底是古人书，做底是俗人事。

[译文]

可恨读的是古人书，做的是俗人事。

4.218　言语以不肖而多。若皆上智人，更不须一语。

[译文]

没有才能的人话就是多。如果是智慧之人根本不需要多说话。

4.219　能用天下而不能用其身，君子惜之。善用其身者，善用天下者也。

[译文]

能够利用天下的人才、事物，而不能很好地利用自己的才能，君子为之惋惜。能够充分利用自己才能的人，才能兼济天下。

4.220　粗豪人也自正气，但一向恁底便不可与入道。

［译文］

粗疏豪放的人也自有他的正气，但一贯如此，便不能进入理性的境界。

4.221　学者不能徙义改过，非是不知，只是积慵久惯，自家由不得自家，便没一些指望。若真正格致了，便由不得自家，欲罢不能矣。

［译文］

学者不能徙义改过，不是不知道，而是时间久了慵懒惯了，由不得自己了，这样的人就没有什么指望了。如果真正懂得了徙义改过的真义，就会不由自主努力向善，欲罢不能。

4.222　孔、孟以前人物只是见大，见大便不拘挛。小家势人寻行数墨，使杀了，只成就个狷者。

［译文］

孔子、孟子之前的人物都是从大处着眼，从大处着眼便不会拘泥。那种小家子气的人只会循规蹈矩，即使杀身致死，也只是个拘谨自守的狷介之人。

4.223　终日不歇口，无一句可议之言，高于缄默者百倍矣。

［译文］

整日不停地说话，却没有一句话是能够引起大家争论的，这要比沉默不言的人道行高百倍。

4.224　越是聪明人越教诲不得。

［译文］

越是聪明人越不能教诲。

4.225　强恕须是有这恕心才好。勉强推去，若视他人饥寒痛楚，漠然通不动心，是恕念已无，更强个甚？还须是养个恕出来，才好与他说强。

[译文]

勉强别人去推行恕道是行不通的，一定是要他自己有这样的心才好。如果看到别人饥寒交迫，却无动于衷，这时恕的念头已经没有了，还强求什么呢？还是先培养推己及人的心，才好去勉强别人。

4.226　盗莫大于瞒心昧己，而窃劫次之。

[译文]

最大的盗贼莫过于自己欺骗自己，盗窃才是其次。

4.227　明道受用处，阴得之佛、老，康节[①]受用处，阴得之庄、列，然作用自是吾儒。盖能奴仆四氏[②]，而不为其所用者。此语人不敢道，深于佛、老、庄、列者自然默识得。

[注释]

①康节：邵雍，字尧夫，谥康节。②四氏：指佛、老、列、庄。

[译文]

程颢的学问暗中受益于佛、老，邵雍的学问暗中受益于庄子、列子，然而从用功上看，自然还是儒学第一。他们两人是能运用佛、老、庄、列，而又不会被这四家所支配的人。这样的话别人不敢说，对佛、老、庄、列了解深刻的人自然会有体会。

4.228　乡原是似不是伪，孟子也只定他个“似”字[①]。今人却把“似”字作“伪”字看，不惟欠确，且末减了他罪。

[注释]

①孟子也只定他个“似”字：事见《孟子·尽心下》。

[译文]

与流俗合污的乡原所表现出来的样子与忠厚老实相似，而不是伪装出来的忠厚老实，孟子也只定了他个“似”字。现在的人却把“似”字改为“伪”字，不只是欠确切，而且没有减他的罪。

4.229　不当事，不知自家不济。才随遇长，识以穷精。坐谈先生，只说好理耳。

[译文]

不遇事，不知道自己不行。才能是随着经历的增多而增多的，见识只有深入研究才能精进。坐而论道的先生，只是喜欢空谈而已。

4.230　沉溺了，如神附，如鬼迷，全由不得自家，不怕你明见真知。眼见得深渊陡涧，心安意肯底直前撞去。到此翻然跳出，无分毫粘带，非天下第一大勇不能。学者须要知此。

[译文]

沉溺于其中，如同有神灵附体，如同鬼迷心窍，完全由不得自己，哪怕你有真知灼见。眼看前面是万丈深渊，却甘心情愿前进。如果到了这种地步，还能摆脱干净，没有丝毫犹豫，非天下第一等的大勇士不能做到。学者一定要知道这个道理。

4.231　巢父、许由，世间要此等人作甚？荷蒉、晨门、长沮、桀溺知世道已不可为[①]，自有无道则隐一种道理。巢、由一派有许多人皆污浊尧、舜，唠吐皋、夔，自谓旷古高人，而不知不仕无义，洁一身以病天下，吾道之罪人也。且世无巢、许，不害其为唐虞；无尧、舜、皋、夔，巢、许也没安顿处，谁成就你个高人？

［注释］

①荷蒉、晨门、长沮、桀溺知世道已不可为：荷蒉、晨门、长沮、桀溺皆指当时的隐士。事见《论语·宪问》和《论语·微子》等篇。

［译文］

像巢父、许由这样的人，世间要他们有什么用呢？《论语》中说的荷蒉、晨门、长沮、桀溺这些人知道世道已不能改变，本身体现了无道则隐的这样一种原则。巢父、许由这一派人，有许多人认为尧、舜是污浊的，皋、夔是肮脏的，自认为自己是旷世高人，而不知道在无义的世道去做官来改变天下，只知道洁身自好，这是儒道的罪人。况且世上没有巢父、许由这样的人并不妨害成就唐虞盛世；如果没有尧、舜、皋、夔这样的圣贤来治理天下，巢父、许由连个安身的地方都没有，谁还能成就你个高人？

4.232　而今士大夫聚首时，只问我辈奔奔忙忙、熬熬煎煎，是为天下国家、欲济世安民乎？是为身家妻子、欲位高金多乎？世之治乱，民之死生，国之安危，只于这两个念头定了。嗟夫！吾辈日多而世益苦，吾辈日贵而民日穷，世何贵于有吾辈哉！

［译文］

现在士大夫聚会的时候，应该问一问：我们这些人天天忙忙碌碌，到底是为了救国安民呢？还是为了自己妻儿和高官厚禄呢？世道的混乱，民众的生死，国家的安危，就系在这两个念头上。唉！像我们这一类的人，如果一天天增加的话，世人就更加困苦；我们这一类的人，如果一天天富贵的话，世人就更加难以生活。世上有了我们这些人又有什么好处呢？

4.233　只气盛而色浮，便见所得底浅。邃养之人安详沉静，岂无慷慨激切、发强刚毅时？毕竟不轻恁的。

[译文]

不仅气盛，面上又露出浮躁的神色，这便轻易地看出他修养的深浅。有深邃修养的人安详沉静。难道他没有神情激昂、慷慨陈词的时候吗？有是有，只是他不会轻易这样做。

4.234 以激为直，以浅为诚，皆贤者之过。

[译文]

以激动为直率，以肤浅为坦诚，这都是贤者的过失。

4.235 评品古人，必须胸中有段道理，如权平衡直，然后能称轻重。若执偏见曲说，昧于时不知其势，责其病不察其心，未尝身处其地，未尝心筹其事，而曰某非也，某过也，是瞽指星，聋议乐，大可笑也。君子耻之。

[译文]

评品古人，必须心中有个标准，要如同秤那样平，要如同衡器那样直，这样才能准确称量。如果采用的是偏见曲说，看不清当时的时势，只是责备其毛病，却不考察其真正用心，自己未能身处其境，未能亲自参与谋划，而妄加对古人评论。那样的错，如同瞎子指天上的星星，聋子谈论音乐一样，未免太可笑了。君子认为这是可耻的事。

4.236 小勇噉燥，巧勇色笑，大勇沉毅，至勇无气。

[译文]

小勇大声叫喊，巧勇面带微笑，大勇沉着刚毅，至勇无声无息。

4.237　为善去恶是趋吉避凶，惑矣，阴阳异端之说也。祀非类之鬼，禳自致之灾，祈难得之福，泥无损益之时日，宗趋避之邪术，悲夫！愚民之抵死而不悟也。即悟之者，亦狃天下皆然而不敢异，至有名公大人尤极信尚。呜呼！反经以正邪慝[①]，将谁望哉？

［注释］

①邪慝：奸恶。慝，音特，邪恶。

［译文］

认为为善去恶是趋吉避凶，这是糊涂的看法，它只算是阴阳异端之说罢了。祭祀那些与自己不同类的鬼神，妄图避免即将到来的灾祸，乞求根本不可能得到的富贵，拘泥于固定不变的时日，遵从所谓趋吉避凶的邪术，可悲呀！愚蠢的民众到死也没有从中悔悟。即使有悔悟的人，看到天下人都是如此也不敢有所改变，甚至那些有名望的人对此也深信不疑。唉！想要回到正道上，改变邪恶的做法，要依靠谁呢？

4.238　夫物，愚者真，智者伪；愚者完，智者丧。无论人，即乌之返哺，雉之耿介，鸤鸠均平专一，雎鸠和而不流，雁之贞静自守，驺虞之仁，獬豸之秉正嫉邪，何尝有矫伪哉？人亦然，人之全其天者皆非智巧者也。才智巧则其天漓矣，漓则其天可夺。惟愚者之天不可夺。故求道真，当求之愚；求不二心之臣以任天下事，亦当求之愚。夫愚者何尝不智哉？愚者之智，纯正专一之智也。

［译文］

那些物，愚蠢的真诚，聪明的虚伪；愚蠢的能保护自己，聪明的容易丧命。不要说人类，即使乌鸦的反哺，野雉的耿介，鸤鸠的均平专一，雎鸠的和而不流，雁的贞静自守，驺虞的仁爱，獬豸的秉正嫉邪，何尝有掩饰和伪装？人也是这样，人能够保持其天性的都不是智巧的人。一旦运用智巧，心就离开了天性；离开了天性，先天具有的善良就会改变。只有愚者的善良不会改变。所以真心求道要向愚者请教，寻求没有二心的忠臣也要在愚者中挑选。那些愚者何尝没有智慧呢？愚者的智慧是纯正专一的智慧。

4.239　面色不浮，眼光不乱，便知胸中静定，非久养不能。《礼》曰："俨若思，安定辞[①]。"善形容有道气象矣。

［注释］

①俨若思，安定辞：语出《礼记·曲记上》。

［译文］

面色不浮，眼光不乱，便知胸有成竹，不是长时间的修养是做不到的。《礼记》说："俨若思，安定辞。"意思是说思考时要面容庄重，说话时要言语谨慎。真是善于形容品德高尚的人的神情呀！

4.240　于天理汲汲者，于人欲必淡；于私事耽耽者，于公务必疏；于虚文烨烨者，于本实必薄。

［译文］

汲汲追求真理的人，他的欲望必然淡薄；沉溺于私事的人，他的公事必然疏忽；崇尚虚文的人，对实际的事不放在心上。

4.241　圣贤把持得"义"字最干净，无分毫"利"字干扰。众人才有义举，便不免有个"利"字来扰乱，"利"字不得，便做"义"字不成。

［译文］

圣贤对"义"字把握得最好，无分毫"利"字干扰。众人才有义举，便不免有个"利"字来扰乱，没有利，则没有义。

4.242　道自孔、孟以后，无人识三代以上面目。汉儒无见于精，宋儒无见于大。

［译文］

对于道，自孔、孟之后，就没有人清楚夏、商、周三代以前的真面目。汉儒没有体会到其精深之处，宋儒没有体会到其博大之处。

4.243　有忧世之实心，泫然欲泪；有济世之实才，施处辄宜。斯人也，我愿为曳履执鞭。若聚谈纸上微言，不关国家治忽，争走尘中众辙，不知黎庶死生，即品格有清浊，均于宇宙无补也。

［译文］

有忧世的真心，不禁潸然泪下；有救世的实才，关键是要实施。这种人即使为他提鞋执鞭，我也心甘情愿。如果只是聚谈书本上的精深之处，不关心国家的治理与忽怠，争走众人的后尘，不顾黎民的死活，这种人不论品格清浊，都对世道无补。

4.244　安重深沉是第一美质。定天下之大难者，此人也。辩天下之大事者，此人也。刚明果断次之。其他浮薄好任，翘能自喜，皆行不逮者也。即见诸行事，而施为无术，反以偾事，此等只可居谈论之料耳。

［译文］

安重深沉是第一美德。定天下大难的正是具有这种品质的人，办天下大事的也是具有这种品质的人。其次是刚明果断。其他浮躁浅薄，自以为是，沾沾自喜，都是办不成大事的人所具有的品质。即使见之于行动，但办事无方，反而会败坏事情，这些人只会高谈阔论。

4.245　任有七难，繁任要提纲挈领，宜综核之才；重任要审谋独断，宜镇静之才；急任要观变会通，宜明敏之才；密任要藏机相可，宜周慎之才；独任要担当执持，宜刚毅之才；兼任要任贤取善，宜博大之才；疑任要内明外朗，宜驾驭之才。天之生人，各有偏长；国家之用人，备用群长。然而投之所向辄不济事者，所用非所长，所长非所用也。

［译文］

有七种困难的责任，繁任要提纲挈领，宜综核之才；重任要审谋独断，宜镇静之才；急任要观变会通，宜明敏之才；密任要藏机相可，宜周慎之才；独任要担当执持，宜刚毅之才；兼任要任贤取善，宜博大之才；疑任要内明外朗，宜驾驭之才。天之生人，各有偏长；国家用人，要储备有各种专长的人才。但是委任其事却不能成功的，是所用非所长，所长非所用。

4.246　操进退用舍之权者要知大体，若专以小知观人，则卓荦奇伟之士都在所遗。何者？敦大节者不为细谨，有远略者或无小才，肩巨任者或无捷识。而聪明材辩、敏给圆通之士，节文习熟、闻见广洽之人，类不能裨缓急之用。嗟夫！难言之矣。士之遇不遇，顾上之所爱憎也。

［译文］

掌握任用和罢免大权的人要识大体，如果用小智小识的人，则卓越出众、奇特杰出的人就会被遗漏。为什么呢？注重修养的人不注重小节，有远见卓识的人也许没有小才，肩负重任的人也许缺少敏捷的反应能力。而那些具有聪明才智、敏捷圆通的人，礼仪习熟、见闻广博的人，紧急时都不堪重用。唉！真是难说呀！读书的人能不能遇到赏识自己的人，要看居高位人的爱憎了。

4.247　居官念头有三用：念念用之君民，则为吉士；念念用之套数，则为俗吏；念念用之身家，则为贼臣。

［译文］

居于官位的人，他们的念头有三种用处：每个念头都是为了国家和人民，这是吉士；每个念头都是为了用在世俗的套数上，这是俗吏；每个念头都是为了私欲，这是贼臣。

4.248　小廉曲谨之士，循途守辙之人，当太平时使治一方、理一事，尽能奉职。若定难决疑，应卒蹈险，宁用破绽人，不用寻常人。虽豪悍之魁，任侠之雄，驾御有方，更足以建奇功，成大务。噫！难与曲局者道。

［译文］

在小处廉洁谨慎、循规蹈矩的人，在太平年代让他治理一个地方，处理一件事情，是能够尽忠职守的。如果要是去平定叛乱、解决疑难问题，或是应对突发事件，宁可用有小毛病的人，也不用这种寻常人。有小毛病的人，即使是最强横霸道的人，即使是狂放的豪侠，如果驾驭有方，则足以建立奇功，成就大事。唉！这点难与没有远见、墨守成规的人说。

4.249　圣人悲时悯俗，贤人痛世疾俗，众人混世逐俗，小人败常乱俗。呜呼！小人坏之，众人从之，虽悯虽疾，竟无益矣。故明王在上则移风易俗。

［译文］

圣人悲时悯俗，贤人痛世疾俗，众人混世逐俗，小人败常乱俗。啊！小人败坏世道，众人追逐世俗，虽然哀怜，虽然痛恨，却毫无用处。所以圣明的君主治理国家要移风易俗。

4.250　观人只谅其心。心苟无他，迹皆可原。如下官之供应未备，礼节偶疏，此岂有意简傲乎？简傲上官以取罪，甚愚者不为也。何怒之有？供应丰溢，礼节卑屈，此岂敬我乎？将以悦我为进取之地也。何感之有？

［译文］

观察一个人，要体察他的用心。只要他的用心是好的，其他问题都可以原谅。比如处于下级的官吏供给不够完备，礼节偶有疏忽，这哪是他故意做出来的呢？有意对上级傲慢无礼、供给不周全，再愚蠢的人也不会这样做。因此，为什么要大怒呢？对上级供给完备，礼节上卑躬屈膝，这难道就是为了表示尊敬吗？这是为了讨好上级，希望被提拔。因此为什么要感动呢？

4.251　今之国语乡评，皆绳人以细行。细行一亏，若不可容于清议。至于大节都脱略废坠，浑不说起。道之不明亦至此乎？可叹也已。

［译文］

现在朝野之中对人的评价，都是看细微小节。小节上有不恰之处，就好像被社会的舆论所不容。至于大节，即使败坏颓废，也不曾被提起。道德不明到了这种地步了吗？真让人可叹可悲呀！

4.252　凡见识出于道理者第一，出于气质者第二，出于世俗者第三，出于自私者为下。道理见识可建天地，可质鬼神，可推四海，可达万世。正大公平，光明易简，此尧、舜、禹、汤、文、武、周、孔相与授受者是也。气质见识，仁者谓之仁，智者谓之智。刚气多者为贤智、为高明，柔气多者为沉潜、为谦忍。夷、惠、伊尹、老、庄、申、韩各发明其质之所近是已。世俗见识狃于传习之旧，不辩是非，安于耳目之常，遂为依据，教之则藐不相入，攻之则牢不可破，浅庸卑陋而不可谈王道。自秦、汉、唐、宋以来，创业中兴往往多坐此病。故礼乐文章因陋就简，纪纲法度缘势因时，二帝三王旨趣漫不曾试尝，邈不入梦寐，可为流涕者。此辈也，己私见识利害荣辱横于胸次，是非可否迷其本真，援引根据亦足成一家之说，附会扩充尽可眩众人之听。秦皇本游观也，而托言巡狩四岳；汉武本穷兵也，而托言张皇六师。道自多歧，事有两端，善辩者不能使服，不知者皆为所惑。是人也设使旁观，未尝不明，惟是当局，便不除己，其流之弊，至于祸国家、乱世道而不顾，岂不大可忧、大可惧哉？故圣贤蹈险履危，把自家搭在中间；定议决谋，把自家除在外面，即见识短长不敢自必，不害其大公无我之心也。

[译文]

凡是见识从道理中来的是第一，见识从气质中来的是第二，见识从世俗中来的是第三，见识出于自私的目的属最下。道理见识可以建立天地，可以质问鬼神，可以推及四海，可以达于万世。正大公平，光明易简，这是尧、舜、禹、汤、周文王、周武王、周公、孔子所传授给我们的。从气质中来的见识，仁者称为仁，智者称为智。刚气多的为贤智、为高明，柔气多的为沉潜、为谦忍。伯夷、柳下惠、伊尹、老子、庄子、申不害、韩非子各自发扬他们的气质形成的主张就接近这种见识。世俗见识拘泥于传习的旧套，不辨是非，安心于日常的见闻，就以为依据，传授其他的道理听不进去，批判它则牢不可破，浅庸卑陋，不能与其谈王道。自秦、汉、唐、宋以来，创业中兴往往多犯这个毛病。因此礼乐文章因陋就简，纪纲法度缘势因时，对二帝三王的治国之道一点也不愿去尝试，连做梦都不去想一想，真让人为之伤心流泪呀！这种人把自己的浅见和利害荣辱放在心中，而对是非可否则认识不清。援引根据也足成一家之说，附会扩充还迷惑众人。秦始皇本来游玩观赏，而假托巡狩四岳；汉武帝本来穷兵黩武，而假托是为了扩大兵力。道路本来就有很多歧路，事情本来就有两端，即使善辩的人也不能使人信服，不知道的人会被迷惑。这种人如果是个旁观者，未尝看不清楚，只因是当事人便不能不考虑自己，这样做的流弊，会祸国家、乱世道，但他们仍不管不顾，这不是太让人忧虑、太可怕了吗？因此圣贤之人，在有危险的时候把自己放在中间；在定议决谋的时候，把自家排除在外面。即使不敢肯定他们的见识是否正确，也不妨害他们有一颗大公无我的心呀！

4.253　凡为外所胜者，皆内不足也；为邪所夺者，皆正不足也。二者如持衡，然这边低一分，那边即昂一分，未有毫发相下者也。

[译文]

凡是被外物所支配的，就是内部有不足的地方；凡是被邪妄改变的，都是正确的一面不足。双方如同用秤称物一样，这边低一点，那边就高一点，不会有分毫差错。

4.254　善为名者，借口以掩真心；不善为名者，无心而受恶名。心迹之间，不可以不辩也。此观人者之所忽也。

[译文]

善于为名的人，用借口以掩真心；不善于为名的人，无心却遭受恶名。心迹之间，不可以不分辩。这是观察人的人所疏忽的地方。

4.255　自中庸之道不明，而人之相病无终已。狷介之人病和易者为熟软，和易之人病狷介者为乖戾。率真之人病慎密者为深险，慎密之人病率真者为粗疏。精明之人病浑厚者为含糊，浑厚之人病精明者为苛刻。使质于孔子，吾知其必有公案矣。孔子者，合千圣于一身，萃万善于一心，随事而时出之，因人而通变之，圆神不滞，化裁无端。其所自为不可以教人者也。何也？难以言传也。见人之为，不以备责也。何也？难以速化也。

［译文］

自从中庸之道不明，人们互相指责就没完没了。狷介的人指责和易的人熟软，和易的人指责狷介的人乖戾。率真的人指责慎密的人深险，慎密的人指责率真的人粗疏。精明的人指责浑厚的人含糊，浑厚的人指责精明的人苛刻。如果向孔子请教，我知道一定会有公平的判断。孔子这个人，合千圣于一身，萃万善于一心，随时而变，因人而变，圆神不滞，化裁无端。自己的所为又不能教给别人。这是什么原因呢？是因为难以用语言表达出来。看到别人的所作所为，又不求全责备。这是什么原因呢？因为他知道难以让别人迅速变化。

4.256　观操存在利害时，观精力在饥疲时，观度量在喜怒时，观存养在纷华时，观镇定在震惊时。

［译文］

观察一个人的操守、志向，要在其利害攸关的时候；观察一个人的精力，要在其饥饿疲劳的时候；观察一个人的度量，要在其大喜或大怒的时候；观察一个人的修养程度，要在其得意的时候；观察一个人是否镇定，要在其受到惊吓的时候。

4.257　人言之不实者十九，听言而易信者十九，听言而易传者十九。以易信之心，听不实之言，播喜传之口，何由何跖[①]？而流传海内，纪载史册，冤者冤，幸者幸。呜呼！难言之矣。

[注释]

①何由何跖：由指许由，跖指盗跖。

[译文]

人的话十有八九是假的，然而听话的人十人中有九人会轻易相信，听话之后喜欢传播的十人中又有九人。以轻信的心理去听假话，再从喜欢传播的人口中传播出来，那么被传的人是许由还是盗跖就弄不清楚了。而那些话四海流传，记载在史册，被冤者不能翻身，侥幸者得逃脱。唉！真是难说呀！

4.258　孔门心传惟有颜子一人，曾子便属第二等。

[译文]

孔门心传只有颜渊一人，曾参便属于第二等了。

4.259　名望甚隆，非大臣之福。如素行无愆，人言不足仇也。

[译文]

名望享誉四海，并不是大臣的福气。如果平时的行为没有过失，对人们的议论就不必理会。

4.260　尽聪明底是尽昏愚，尽木讷底是尽智慧。

[译文]

聪明到头了就是愚蠢，木讷到头了就是智慧。

4.261　透悟天地万物之情，然后可与言性。

[译文]

透悟天地万物之情之后，才可与他谈性情。

4.262　僧道、宦官、乞丐，未有不许其为圣贤者。我儒衣儒冠且不类儒，彼顾得以嗤之，奈何以为异类也而鄙夷之乎？

[译文]

僧道、宦官、乞丐，没有不许他们成为圣贤。我们这些儒生穿戴着儒者的衣冠，又和儒家之道背道而驰，僧道、宦官、乞丐当然可以耻笑我们，怎能把他们看作异类而鄙视他们呢？

4.263　盈山宝玉，满海珠玑，任人恣意采取，并无禁厉榷夺。而束手裹足，甘守艰难，愚亦至此乎？

[译文]

遍山都是宝藏，满海都是珠玑，允许人随意采取，既不禁止也不收专卖税。但是人却裹足不前，甘守原地，已经愚蠢到了这种地步了吗？

4.264　告子许大力量，无论可否，只一个不动心。岂无骨气人所能？可惜只是没学问，所谓“其至尔力也[①]”。

[注释]

①其至尔力也：语出《孟子·万章下》。

[译文]

告子有没有那么大的力量，不论可否，只一个不动心。岂是没有骨气的人所能做到的？可惜告子只是没学问，如孟子所说的那样，不动心只是依靠力量而已。

4.265　千古一条大路，尧、舜、禹、汤、文、武、孔、孟由之。此是官路古路，乞人、盗跖都有分，都许由，人自不由耳。或曰：“须是跟着数圣人走。”曰：“各人走各人路，数圣人者走底是谁底路？肯实在走，脚踪儿自是暗合。”

［译文］

千古一条大路，尧、舜、禹、汤、周文王、周武王、孔子、孟子都是经由这条路。这既是一条官路也是一条古路，乞丐和盗贼都有份，都允许通过，只是有人不走罢了。有人问：“必须跟着这几个圣人走吗？”回答说：“各人走各人的路，这几个圣人又是跟随谁的道路呢？如果肯实实在在地做，自然与圣人的脚步吻合。”

4.266　功士后名，名士后功，三代而下真功名之士绝少。圣人以道德为功名者也，贤人以功名为功名者也，众人以富贵为功名者也。

［译文］

注重功绩的人把名声放在后面，注重名声的人把功绩放在后面，夏、商、周三代之后真正注重功绩和名声的人很少。圣人以道德为功名，贤人以功名为功名，一般人以富贵为功名。

4.267　建天下之大事功者，全要眼界大，眼界大则识见自别。

［译文］

做天下大事的人，一定要眼界开阔，眼界开阔则自然与一般人不同。

4.268　谈治道，数千年来只有个唐、虞、禹、汤、文、武，作用自是不侔。衰周而后直到于今，高之者为小康，卑之者为庸陋。唐虞时光景，百姓梦也梦不着。创业垂统之君臣，必有二帝五臣之学术而后可。若将后世眼界立一代规模，如何是好！

［译文］

谈论治国之道，数千年只有唐尧、虞舜、禹、汤、周文王、周武王，他们的作为各有不同。自从周衰落之后直到今天，高明一点的君主可以使国家达到小康，低等的只是庸俗糊涂之辈而已。尧、舜时代的光景，百姓连梦都梦不到。艰苦创业并期望万世流传的君臣，一定要有二帝五臣的治国本领才行。如果能按后世眼界建立一种治世的程式，那该有多好！

4.269　一切人为恶犹可言也，惟读书人不可为恶，读书人为恶更无教化之人矣。一切人犯法犹可言也，做官人不可犯法，做官人犯法更无禁治之人矣。

［译文］

其他人作恶还可以说得过去，只有读书人不能作恶，如果读书人作恶，则世上就没有懂教化的人了。其他人犯法还可以说得过去，只有做官的人不能犯法，如果做官的人犯法，则世上就没有严惩犯法之人的人了。

4.270　自有书契[①]以来，穿凿附会，作聪明以乱真者，不可胜纪。无知者借信而好古之名以误天下后世苍生，不有洞见天地万物之性情者出而正之，迷误何有极哉？虚心君子宁阙疑可也。

［注释］

①书契：指文字。《经典释文》："书者，文字。契者，刻其木而书其侧。"

［译文］

自有文字以来，穿凿附会、自作聪明、以假乱真的情况，真是不可胜数。无知的人借用信和古人的名义贻误后世之人，如果没有能够透彻地看清天地万物性情的人出来纠正，迷误什么时候能够终止呢？所以虚心的君子宁肯对那些疑难不解的地方不做评论，也不会误导别人。

4.271　君子当事则小人皆为君子，至此不为君子，真小人也。小人当事则中人皆为小人，至此不为小人，真君子也。

［译文］

在君子掌权的时候，小人都成了君子，到这时候还不能成为君子的，就是真正的小人了。在小人掌权的时候，平常人都成了小人，到这时候还不成为小人的，就是真正的君子了。

4.272　小人亦有好事，恶其人则并疵其事；君子亦有过差，好其人则并饰其非，皆偏也。

［译文］

小人也有做好事的时候，因为讨厌这个人就夸大事实；君子也有做错事的时候，因为喜欢这个人就替他掩饰，这都是有所偏的。

4.273　无欲底有，无私底难。二氏能无情欲而不能无私。无私无欲，正三教之所分也。此中最要留心理会，非狃于闻见、章句之所能悟也。

［译文］

没有欲望的人有，没有私念的人难有。释、道两家可以做到没有情欲，但是不能做到没有私念。无私无欲，正是儒、释、道三家的分水岭。对这点一定要用心体会，这不是拘泥于书本的人所能顿悟的。

4.274　道理中作人，天下古今都是一样；气质中作人，便自千状万态。

[译文]

按道理做人，天下古今都是一样；听凭气质做人，便有千状万态。

4.275　论造道之等级，士不能越贤而圣，越圣而天。论为学之志向，不分士、圣、贤，便要希天[①]。

[注释]

①希天：即理学所谓尽心、知性、知天。

[译文]

若论达道的等级，士人不能超越贤人而成为圣人，不能超越圣人而知天。若论为学的志向，不分士人、圣人、贤人都要向知天的境界努力。

4.276　颜渊透彻，曾子敦朴，子思缜细，孟子豪爽。

[译文]

颜渊透彻，曾子敦朴，子思缜细，孟子豪爽。

4.277　多学而识，原是中人以下一种学问。故夫子自言"多闻，择其善而从之，多见而识之[①]"，教子张"所闻阙疑"，"多见阙殆"[②]，教人"博学于文[③]"，教颜子博之以文。但不到一贯地位，终不成究竟，故顿渐两门[④]各缘资性。今人以一贯为入门，上等天资自是了悟，非所望于中人，其误后学不细。

[注释]

①多闻，择其善而从之，多见而识之：此句语出《论语·述而》。②"所闻阙疑"，"多见阙殆"：语出《论语·为政》。③博学于文：语出《论语·颜渊》。④顿渐两门：原是佛教用语，这里指两种修炼方法。顿，即顿悟，指无须长期的修炼，一旦把握佛教真理，即可突然觉悟。渐，即渐悟，与顿悟相

对，指需长期修炼才能达到对佛教真理的觉悟。

[译文]

多学习多牢记，这是普通人以下的人的一种学问。孔子说自己是多听，选择其中好的加以接受；多看，全记在心里。他教导子张多听，有怀疑的地方要加以保留；多看，有怀疑的地方要加以保留。教导人们要广泛地学习古代文献，教导颜渊用各种文献来丰富自己的知识。但如果不能达到贯通一致的地步，也就没有到达终点，因此是顿悟还是渐悟要看每个人的资质和性情。现在的人把贯穿事物之中的方法叫作入门的学问，具有上等资质的人还可以领悟，但对于中等资质的人就不能这样要求，这样做，贻误后世不浅。

4.278　无理之言不能惑世诬人，只是他聪明才辩，附会成一段话说，甚有滋味。无知之人欣然从之，乱道之罪不细。世间此种话十居其六七，既博且久，非知道之君子孰能辩之！

[译文]

没有道理的话不能惑世诬人，只是因他聪明才辩，附会成一种说法，听起来很有滋味。无知的人欣然跟从，惑乱世道的罪名不小。世间这样的话居十之六七，广为流传，除了对道有深刻认识的君子，谁能辩驳？

4.279　间中都不容发，此智者之所乘而愚者之所昧也。

[译文]

细小的间隙小到容不下一根头发，但智者能利用这个间隙，愚者却浑然不知。

4.280　明道在朱、陆之间。

［译文］

程颢的学问在朱熹所主张的“性即理”和陆九渊所主张的“心即理”之间。

4.281　明道不落尘埃[1]，多了看释、老。伊川终是拘泥，少了看庄、列。

［注释］

①不落尘埃：指程颢的学识超凡脱俗。

［译文］

程颢的学问不落尘埃，在于他对佛、老看得比较多。程颐的学问终究还是有些拘泥，在于他对庄子、列子看得少了一些。

4.282　迷迷易悟，明迷难醒。明迷愚，迷明智。迷人之迷，一明则跳脱；明人之迷，明知而陷溺。明人之明，不保其身；迷人之明，默操其柄。明明可与共太平，明迷可与共患忧。

［译文］

迷惑人之迷容易醒悟，明白人之迷难以醒悟。明白人的迷惑是愚蠢的，迷惑人的明白是明智的。迷惑人之迷，一旦明白，就可以从迷中跳出来。明白人之迷，明知迷之所在，还要陷在其中。明白人的明不能护身，迷惑人的明能够掌握自身的命运。明白人的明可以共享太平，迷惑人的明白可以共度患忧。

4.283　巢、由、披、卷[1]、佛、老、庄、列，只是认得“我”字真，将天地万物只是成就我。尧、舜、禹、汤、文、武、孔、孟，只是认得“人”字真，将此身心性命只是为天下国家。

［注释］

①披、卷：披，披衣，一作“被衣”，传说中尧时的贤者。卷，善卷，传

说中的古代隐者。

［译文］

巢父、许由、披衣、善卷、佛、老、庄、列，只是对“我”字认真，把天地万物都用来成就我。尧、舜、禹、汤、周文王、周武王、孔、孟，只是对“人”字认真，把自己的身心性命都用于天下国家。

4.284　闻毁不可遽信，要看毁人者与毁于人者之人品。毁人者贤，则所毁者损；毁人者不肖，则所毁者重。考察之年，闻一毁言如获珙璧，不暇计所从来，枉人多矣。

［译文］

听到别人的坏话，不要马上相信，要看看说的人和被说的人人品如何。如果说话的人是贤者，那么被说的人就应该受到指责；如果说话的人是小人，则被说的人应该受到重视。考察官吏的时候，听到一句指责的话就像得到了一大块宝玉，从而顾不上考虑话的渊源，这样受冤枉的人就多了。

4.285　是众人即当取其偏长，是贤者则当望以中道。

［译文］

是众人则应该取其所擅长的地方，是贤者则应该望以中道。

4.286　士君子高谈阔论，语细探玄，皆非实际，紧要在适用济事。故今之称拙钝者曰“不中用”，称昏庸者曰“不济事”。此虽谚语口头，余尝愧之。同志者盍亦是务乎？

［译文］

士君子高谈阔论，缓缓而言，探微勾玄，都与实际无关，但关键在于能成事。因此现在把拙钝的人称作“不中用”，把昏庸的人称作“不济事”。虽然是口头语，我对此也感到愧疚。同道之人为什么不朝着大方向努力呢？

4.287　秀雅温文，正容谨节，清庙明堂[①]所宜。若蹈汤火，衽金革，食牛吞象之气，填海移山之志，死孝死忠，千捶百折，未可专望之斯人。

[注释]

①清庙明堂：清庙，宗庙的统称。明堂，古代帝王明政宣教之处。

[译文]

秀雅温文，正容谨节，适宜在宗庙和宣明正教的地方任职。若是要有赴汤蹈火、金戈铁马的雄心，有气吞牛象的气概，有填海移山的志向，能为忠孝死而后已，千捶百折而不气馁，则不要把希望寄托在这类人身上。

4.288　不做讨便宜底学问，便是真儒。

[译文]

全心全意地做学问，才是真儒。

4.289　千万人吾往，赫杀老子，老子是保身学问。

[译文]

千万人挡住了我的去路，我仍然奋勇直前，这样会吓坏了老子，因为他主张明哲保身之道。

4.290　亲疏生爱憎，爱憎生毁誉，毁誉生祸福。此智者之所耽耽注意，而端人正士之所脱略而不顾者也。此个题目，考人品者不可不知。

[译文]

对人有亲疏就会产生爱憎，爱憎会产生毁誉，毁誉会产生祸福。这是智者应该加以注意的，而端人正士对此却漫不经心。这个问题，考察人品的人应该知道。

4.291　精神只顾得一边，任你聪明智巧，有所密必有所疏。惟平心率物，无毫发私意者，当疏当密，一准于道，而人自相忘。

[译文]

一个人的精神只能顾一边，任凭你如何聪明智巧，有所密必有所疏忽。只有以平和的心情，因循事物的规律而行，不要掺杂一点个人的私意，应当疏，应当密，都以道为标准，自然会人我相忘。

4.292　读书要看三代以上人物是甚学识、甚气度、甚作用。汉之粗浅便着世俗，宋之局促便落迂腐，如何见三代以前景象？

[译文]

读书要看夏、商、周三代以上的人物是什么学识，是什么气度，起什么作用。汉代学者学识粗浅，便沾染了世俗之气，宋代学者显得拘束窘迫，便沾染了迂腐之气，这样一来怎能看到三代以前的景象呢？

4.293　真是真非，惟是非者知之，旁观者不免信迹而诬其心，况门外之人，况千里之外、百年之后乎？其不虞之誉，求全之毁，皆爱憎也，其爱憎者皆恩怨也。故公史易，信史难。

[译文]

真是真非，只有处在是非之中的人知道，旁观的人不免相信一些外在的痕迹，而使其心接受错误的影响，何况门外之人，更何况千里之外、百年之后呢？那些出人意料的赞誉，求全的责备，都是从爱与憎的感情出发，他们的爱与憎也是当时恩怨造成的。因此要写一部正史容易，写部信史就困难了。

4.294　或问："某公如何？"曰："可谓豪杰英雄，不可谓端人正士。"问："某公如何？"曰："可谓端人正士，不可谓达节通儒。"达节通儒乃端人正士中豪杰英雄者也。

［译文］

有人问："某公如何？"回答说："此人可谓豪杰英雄，不可谓端人正士。"又问："某公如何？"回答说："此人可谓端人正士，不可谓达节通儒。"达节通儒乃是端人正士中的豪杰英雄。

4.295　名实如形影。无实之名，造物所忌，而矫伪者贪之，暗修者避之。

［译文］

名和实如同形和影。没有实际的名声，连造物主也要忌讳，但那些虚伪的人却贪图它，闭门修养的人却要避开它。

4.296　"遗葛牛羊，亳众往耕[①]"，似无此事。圣人虽委曲教人，未尝不以诚心直道交邻国。桀在则葛非汤之属国也，奚问其不祀？即知其无牺牲矣。亳之牛羊，岂可以常遗葛伯耶？葛岂真无牛羊耶？有亳之众自耕不暇，而又使为葛耕，无乃后世市恩好名、沾沾煦煦者之所为乎？不然，葛虽小，亦先王之建国也，宁至无牛羊粢盛哉？即可以供而不祭，当劝谕之矣。或告之天子，以明正其罪矣，何至遗牛羊、往为之耕哉？可以不告天子而灭其国，顾可以不教之自供祭事而代之劳且费乎？不然，是多彼之罪，而我得以藉口也。是伯者假仁义济贪欲之所为也。孟子此言，其亦刘太王好货好色之类与②？

［注释］

①遗葛牛羊，亳众往耕：语出《孟子·滕文公下》。②孟子此言，其亦刘太王好货好色之类与：事见《孟子·梁惠王下》。

［译文］

《孟子》一书记载，商汤把牛羊送给邻国葛伯，还派亳地的百姓为他耕田，历史上恐怕没有这样的事。圣人虽然善于使用婉转的方法教导人但未尝不以诚心直道结交邻国。夏桀当时还在，葛国不是商汤的属国，商汤怎么会过问它是否祭祀的事情呢？即使知道葛伯没有祭品，亳地的牛羊能够送给葛伯吗？葛伯真的没有牛羊吗？亳地的民众自己的土地还来不及耕种，而又派他们为葛伯种地，这种事恐怕是后世那些用小恩惠换点好名声就沾沾自喜的人干的吧。不然的话，葛国虽小，也是先王的封国，至于没有祭祀用的牛羊吗？既然有可供祭祀的祭品，葛伯不祭祀就应当规劝他，给他讲道理，或是上告天子，让天子惩罚他，何至于送他牛羊、让百姓为他种地呢？能够做出不告天子，就消灭了他的国家的事，难道不能叫他自己准备祭祀，而要费人费物去代劳吗？不然的话，这样做就是为了加重葛伯的罪名，而有了攻打他的借口。这是主张霸道的人假借仁义之名，而实现自己贪欲的做法。孟子这样说，也和把刘太王说成是好财好色之人是相同的。

4.297　汉以来儒者一件大病痛，只是是古非今。今人见识、作为不如古人，此其大都。至于风会所宜，势极所变，礼义所起，自有今人精于古人处。二帝者，夏之古也；夏者，殷之古也；殷者，周之古也。其实制度文为三代不相祖述，而达者皆以为是。宋儒泥古，更不考古昔真伪，今世是非。只如祭祀一节，古人席地，不便于饮食，故尚簠簋笾豆[①]，其器皆高。今祭古人用之，从其时也。子孙祭祖考只宜用祖考常用所宜，而簠簋笾豆是设，可乎？古者墓而不坟，不可识也，故不墓祭。后世父母体魄所藏，巍然丘垅。今欲舍人子所睹记者而敬数寸之木，可乎？则墓祭似不可已也。诸如此类甚多，皆古人所笑者也。使古人生于今，举动必不如此。

［注释］

①簠簋笾豆：簠，音府，古代祭祀宴享时盛稻粱的器皿。簋，音鬼，祭祀时盛黍稷的器皿。笾，音边，祭祀时盛果脯的竹编食器。豆，古代食器，形似高足盘。

［译文］

汉代以来的儒者有一大毛病，就是认为一切都是古时的好，今天的什么都不如古代的。现在人的见识、作为不如古时，这只是从大体而言。至于风云汇聚，时势变幻，礼仪的兴起，今人自有比古人优秀之处。尧、舜二帝的时候，对夏朝来说就是古代；夏朝，对商朝来说就是古代；商朝又是周朝的古代。这些朝代实行的各种制度以及法律，也不是完全效仿前代的，而好古的人认为前代的做法都是正确的。宋儒认为古时的东西都是好的，不知变通，更不考察那些东西是真是伪，也不考察现在的做法是错是对。比如祭祀这件事，古人是席地而坐，饮食很不方便，所以崇尚簠、簋、笾、豆，因为这些器皿都是有高座的。现在祭祀古人仍然用这些器皿，是顺从古代的习俗。子孙祭祀祖先应该用祖先常用的器皿就可以了，使用簠、簋、笾、豆这些古代的器皿，合适吗？在古代，死者只有埋葬的墓地而没有坟头，不能识别哪个是祭祀的对象，所以多不举行墓祭。后世在埋葬父母的地方堆一个高大的坟头，现在如果不让子孙到能辨能识的坟头上祭祀，而去祭祀数寸长的木牌位，合适吗？所以到坟墓祭祀的做法是不会停止的。诸如此类的事例很多，都是使古人感到可笑的事。假使古人生活在今天，他们的做法也许会和古代不同。

4.298　儒者惟有建业立功是难事。自古儒者成名多是讲学著述。人未尝尽试所言，恐试后纵不邪气，其实成个事功，不狼狈以败者，定不多人。

［译文］

对儒者来说，唯有建立功业是难事。自古以来，儒者能够成名的大多是讲学和著书立说的人。人们没有对他们的言论加以试验，恐怕试验之后，即使不走火入魔，真正能成就个事功，又不狼狈失败的，也一定没有几个人。

卷五　外篇　书集

治道

5.001　庙堂之上以养正气为先，海宇之内以养元气为本。能使贤人君子无郁心之言，则正气培矣；能使群黎百姓无腹诽之语，则元气固矣。此万世帝王保天下之要道也。

［译文］

君主治理天下，在朝廷，应该以养正气为先；在民间，应该以养元气为本。能够使贤人君子没有闷在心里的话，正气就可得到培养了；能够使黎民百姓心中没有怨言，元气就巩固了。这是历代帝王确保天下太平的首要方法。

5.002　六合之内，有一事一物相凌夺假借，而不各居其正位，不成清世界；有匹夫匹妇冤抑愤懑，而不得其分愿，不成平世界。

［译文］

天地四方之内，有一事一物相争夺欺凌而不安常乐业，就成不了清静世界；有一个平民百姓冤抑愤懑而得不到他应得的东西，就难成太平世界。

5.003　天下万事万物皆要求个实用，实用者与吾身心关损益者也。凡一切不急之物，供耳目之玩好，皆非实用也。愚者甚至丧其实用以求无用。悲夫！是故明君治天下，必先尽革靡文而严诛淫巧。

[译文]

天下的万事万物都要讲求个实用，实用是指对我的身心有益的东西。凡是一切不急需的东西，专供耳听目视的玩好，都不是实用的。愚昧的人们甚至抛弃实用的东西而寻求无用的东西。真是太可悲了！因此，贤明的君主治理天下，必须先除掉繁文缛节而严厉制裁那些制造过分奇巧东西的人。

5.004　当事者若执一簿书寻故事，循弊规，只用积年书手也得。

[译文]

主持政事的官吏，如果只是拿着一本文书，寻找那些已做过的事例，遵循错漏百出的陈规陋习的话，只要用一个任职多年的书记官就行了。

5.005　兴利无太急，要左视右盼；革弊无太骤，要长虑却顾①。

[注释]

①却顾：反顾。

[译文]

兴利不要操之过急，要认清周围的情况；除弊不要进行得太快，要从长计议。

5.006　苟可以柔道理，不必悻直也；苟可以无为理，不必多事也。

[译文]

如果能用温和的方法解决问题，就不要太固执；如果事情不必做，就不要再多事了。

5.007　经济之士，一居言官，便一建白，此是上等人，去缄默保位者远。只是治不古，若非前人议论不精，乃今人推行不力。试稽旧牍，今日我所言，昔人曾道否？若只一篇文章了事，虽奏牍如山，只为纸笔作孽障，架阁上添鼠食耳。夫士君子建白，岂欲文章奕世哉？冀谏行而民受其福也。今诏令刊布遍中外，而民间疾苦自若，当求其故。故在实政不行而虚文搪塞耳。综核不力，罪将谁归？

[译文]

经世济民者当上谏官忠直进言，这是上等的人，同那些缄口不言只想保住官位的人相去甚远。这时天下治理得仍不理想，不是前人的见解不正确，就是今人推行得不力。试查过去的文书档案，看我今天所说的，从前的人讲过没有？如果只作一篇文章便算了事，即便上的奏章堆积如山，只不过是糟蹋纸笔，给架阁上的老鼠多放一些食物罢了。士君子建言，难道只是想使文章传世吗？是希望进谏的事能够推行，使老百姓得到好处。现在的诏书到处颁布，而民间疾苦却一如从前，我们应当找一下原因了。我看原因就在于做官的不肯踏实做事，只是用一纸虚文来搪塞罢了。对这种状况考察不力，这些罪责应归于谁呢？

5.008　为政之道，以不扰为安，以不取为与，以不害为利，以行所无事为兴废起敝。

[译文]

处理政事的原则，应该以不扰民为安定的基础，以不榨取民脂民膏为给予民众的根本，以不祸害民众为有利的大事，以不劳民伤财为兴利除弊。

5.009　从政自有个大体，大体既立，则小节虽有抵牾[1]，当别作张弛，以辅吾大体之所未备，不可便改弦易辙。譬如待民贵有恩，此大体也，即有顽暴不化者，重刑之，而待民之大体不变。待士有礼，此大体也，即有淫肆不检者，严治之，而待士之大体不变。彼始之宽也，既养士民之恶，终之猛也，概[2]及士民之善，非政也，不立大体故也。

[注释]

①抵牾：不一致。②概：关涉。

[译文]

从政要有个原则，原则既立，即使一些小节与原则有抵触，可以另想些或松或紧的办法，用来辅助原则，原则不能改变。譬如对待百姓，要有恩惠，这就是原则。即使对那些罪大恶极的人处以重刑，对待百姓的原则也并没有因此而变。对读书人要尊重，这是原则。即使对那些淫肆不检点的读书人进行严厉制裁，原则也没有因此而改变。如果一开始就无原则地宽大，就会纵容士民的陋习，结果形成一种势力，关涉危害人们仁善的观念，这不是正确的从政方法，其原因是不能坚持原则。

5.010　为政先以扶持世教为主。在上者一举措间而世教之隆污、风俗之美恶系焉。若不管大体何如而执一时之偏见，虽一事未为不得，而风化所伤甚大，是谓乱常之政。先王慎之。

［译文］

处理政事应该首先扶持教化。居官者的一举一动都关系着教化的兴衰、风俗的好坏。如果不考虑大原则，固守一时的偏见，即便做成了眼前之事，却很伤风化。这就是所谓乱常之政。历代帝王对此十分慎重。

5.011　人情之所易忽莫如渐，天下之大可畏莫如渐。渐之始也，虽君子不以为意。有谓其当防者，虽君子亦以为迂。不知其极重不反之势，天地圣人亦无如之奈何，其所由来者渐也。周、郑交质[①]，若出于骤然，天子虽孱懦甚，亦必有恚心。诸侯虽豪横极，岂敢生此念？迨积渐所成，其流不觉至是。故步视千里为远，前步视后步为近。千里者，步步之积也。是以骤者举世所惊，渐者圣人独惧。明以烛之，坚以守之，毫发不以假借[②]，此慎渐之道也。

［注释］

①周、郑交质：指春秋时周王朝和郑国相互以对方太子为人质的事。质，人质。②假借：宽容。

［译文］

人们最容易忽视的就是“渐”，世界上最可怕的也是“渐”。“渐”开始时，即使是君子也不在意，认为防微杜渐是迂腐之见。殊不知渐渐积累到积重难返的地步，天地圣人也无可奈何。春秋时期周王朝和郑国相互交换人质，如果突然发生，周天子虽然十分懦弱，当会有羞愧之心；诸侯虽然极端蛮横，怎敢有这种念头！这种形势是渐渐积累成的，不知不觉地到了这种程度。以走路来说，一千里的路程十分遥远，而前步看后步却很接近。千里的路程，是靠一步步走过来的。因此，对突然发生的事，举世皆感震惊；对渐渐形成的事，唯圣人才会担忧害怕。对累渐之事要明察审辨，坚守原则，丝毫不让步，这是防微杜渐的谨慎之道。

5.012 君子之于风俗也，守先王之礼而俭约是崇，不妄开事端以贻可长之渐。是故漆器不至金玉，而刻镂之不止；黼黻[1]不至庶人，锦绣被墙屋不止。民贫盗起不顾也，严刑峻法莫禁也。是故君子谨其事端，不开人情窦而恣小人无厌之欲。

［注释］

①黼黻：古代绘、绣着黑白相间花纹的礼服。

［译文］

君子对待风俗，应坚守先王之礼而崇尚节俭，不妄开事端而助长恶习的潜移默化。所以漆器比不上金玉，就会有人想办法在漆器上镂刻不止；礼服上绘绣的花纹不成为普通人的服饰，不用来装饰屋墙，就不会停止。民众贫穷、盗贼蜂起，无所顾忌，严刑峻法无法禁止。因此君子对待事情的开端极为注意，不开启人情以纵容小人贪得无厌的欲望。

5.013 著令甲[1]者，凡以示天下万世，最不可草率，草率则行时必有滞碍；最不可含糊，含糊则行者得以舞文[2]；最不可疏漏，疏漏则出于吾令之外者无以凭藉，而行者得以专辄[3]。

［注释］

①令甲：原指法令的第一篇，后泛指法令。②舞文：玩弄法令条文而为奸作弊。③专辄：专断，擅自裁决。

［译文］

制定的法令，凡是要流传天下万世的，最不可草率，如果草率，实行时就会遇到阻碍；最不可含糊，如果含糊，实行的人就会根据自己的理解任意发挥；最不可有疏漏，如果有疏漏，在处理事情时就没有根据，而实行者就可以独断专行。

5.014　筑基树臬[①]者，千年之计也；改弦易辙者，百年之计也；兴废补敝者，十年之计也；垩白黝青[②]者，一时之计也。因仍苟且，势必积衰；助波覆倾，反以裕蛊[③]。先天下之忧者可以审矣。

［注释］

①树臬：立门橛。臬，门橛，在地及门中者为臬。②垩白黝青：刷上青色或白色。垩，白土。黝，微青黑色。③裕蛊（gǔ）：宽纵小人。

［译文］

打好基础，定好标准，是千年大计；改弦易辙，是百年之计；兴废补敝，是十年之计；而粉饰太平，只是一时权宜之计。因循旧规，苟且度日，必然日益衰败；推波助澜，反而纵容小人做成坏事。这是远见卓识之人应该明察的。

5.015　气运怕盈，故天下之势不可使之盈。既盈之势，便当使之损。是故不测之祸，一朝之忿，非目前之积也，成于势盈。势盈者不可不自损，捧盈卮者徐行不如少挹[①]。

［注释］

①捧盈卮者徐行不如少挹：捧着装满酒的杯子慢慢走，不如少倒点酒好。卮，酒杯。挹，舀。

［译文］

气数和世运忌讳过于满盈，因此天下之势不可过于满盈。对于过于满盈之势，应当使它消损。因此那些不测之祸，骤然的愤怨，并不是现在才有的，而是成于势盈之时。凡是过于满盈的，都应当使它消减一些。拿着装满酒的酒杯慢慢走，不如开始时少倒一点。

5.016　微者正之，甚者从之。从微则甚，正甚愈甚。天地万物，气化人事，莫不皆然。是故正微从甚，皆所以禁之也。此二帝三王之所以治也。

[译文]

衰微了的事物，还想扶植起来；事情已过头了，还听凭它发展。任凭事情衰微下去，事情就越来越坏；想纠正越变越坏的事，只能助长其发展。天地万物、气的变化、人为的事情，莫不如此。因此扶植衰微的事物、听任形势恶化发展，都应该禁止。这是二帝三王能使天下大治的道理所在。

5.017　圣人治天下，常令天下之人精神奋发，意念敛束。奋发则万民无弃业，而兵食足，义气充，平居可以勤国，有事可以捐躯；敛束则万民无邪行，而身家重，名检[①]修。世治则礼法易行，国衰则奸盗不起。后世之民，怠惰放肆甚矣。臣民而怠惰放肆，明主之忧也。

[注释]

①名检：名声规矩。

[译文]

圣人治理天下，常常使天下人精神奋发，意念收敛。精神奋发则民众各安其业，就能兵壮粮足，意气风发，平时可以努力于国事，战时勇于为国捐躯；意念收敛则民众没有邪恶的行为，这样就会注重性命、名声和修养。世道兴盛时礼法就容易推行，国势衰微时奸盗则不会兴起。后世的民众过于怠惰放肆。臣子和民众都怠惰放肆，正是英明君主最大的忧虑。

5.018　能使天下之人者，惟神、惟德、惟惠、惟威。神则无言无为，而妙应如响。德则共尊共亲，而归附自同。惠则民利其利，威则民畏其法。非是则动众无术矣。

[译文]

能够统治天下的，只有精神、品德、恩惠、威严。精神没有言词和行为，但对人们的影响很大。品德可使人们共尊、共亲，产生共同的观念。恩惠使百姓得到利益，威严使百姓遵守法律。如果不这样，就没有办法统治百姓。

5.019　只有不容已[①]之真心，自有不可易之良法。其处之未必当者，必其思之不精者也；其思之不精者，必其心之不切者也。故有纯王之心，方有纯王之政。

[注释]

①不容已：不停止。

[译文]

只要有孜孜不倦之心，自会有不可替代的好方法。行为不妥当之处，必然是思考的不够周密；思考的不够周密，必然是用心不够恳切。因此只有实行王道的诚挚之心，才会有纯粹符合王道的政治。

5.020　《关雎》[①]是个和平之心，《麟趾》[②]是个仁厚之德。只将和平、仁厚念头行政，则仁民爱物，天下各得其所。不然，《周官》[③]法度以虚文行之，岂但无益，且以病民。

[注释]

①《关雎》：《诗经·国风·周南》之首篇。②《麟趾》：即《麟之趾》，《诗经·国风·周南》之末篇。③《周官》：即《周礼》。

[译文]

《关雎》是出于平和的心境，《麟趾》则出于仁厚的品德。只要把这种和平、仁厚的思想用于治理国家，则会惠民爱物，天下就能各得其所。否则，将《周礼》的法度只作为一纸空文行事，不仅没有益处，反而会使人民疲惫。

5.021 “民胞物与[①]”，子厚[②]胸中合下有这段着痛着痒心，方说出此等语。不然只是做戏的一般，虽是学哭学笑，有甚悲喜？故天下事只是要心真。二帝三王亲亲、仁民、爱物，不是向人学得来，亦不是见得道理当如此。曰亲、曰仁、曰爱，看是何等心肠？只是这点念头，恳切殷浓，至诚恻怛[③]，譬之慈母爱子，由不得自家。所以有许多生息爱养之政。悲夫，可为痛哭也已。

[**注释**]

①民胞物与：语出张载《正蒙·乾称》篇。意思是人类都是天地所生的亲兄弟，其他万物都是人类的朋友。与，党与。②子厚：张载的字。张载，宋代著名哲学家。③恻怛：忧伤。

[**译文**]

“民胞物与”，即把民众看作同胞，把万物看作朋友，张载胸中因为有这种关切百姓的心，所以才能说出这样的话。否则，就如同演戏一样，表面上有哭有笑，心中哪有什么真挚的感情呢？因此做事应该真心实意。二帝三王亲亲、仁民、爱物，既不是向人学来的，也不见得理应如此。所谓亲、仁、爱，看是什么样的出发点？只要这种心情恳切诚挚，为民众的痛苦而忧伤，就如同慈母爱子女，是不由自主的，就会有许多生息爱养的办法。可悲啊，现在的当政者真可让人为之痛哭。

5.022 为人上者，只是使所治之民个个要聊生，人人要安分，物物要得所，事事要协宜，这是本然职分。遂了这个心，才得畅然一霎欢，安然一觉睡。稍有一民一物一事不妥贴，此心如何放得下？何者？为一郡邑长，一郡邑皆待命于我者也；为一国君，一国皆待命于我者也；为天下主，天下皆待命于我者也。无以答其望，何以称此职？何以居此位？夙夜汲汲图惟之不暇，而暇于安富尊荣之奉，身家妻子之谋，一不遂心而淫怒是逞耶？夫付之以生民之寄，宁为盈一己之欲哉？试一反思，便当愧汗。

[译文]

当官的人，应该使治下之民个个要能维持生活，人人要安守本分，物物要得其所用，事事要协调适宜，这是起码的职务要求。做到这些，才能感到欢畅，睡得安稳。稍有一民一物一事不妥当，心里如何能够放得下？为什么？作为一个郡邑的长官，一郡邑都得听从我的管理；作为一国之君，一国人都得听我的管理；作为天下之君主，天下都得听从我的管理。如果不能满足民众的愿望，怎么能称职呢？怎么还能坐在这个位置上呢？日夜想方设法把事情干好都来不及，哪有空暇去享受尊荣富贵呢？哪有时间去考虑身家妻子呢？哪能一不顺心就大逞淫威呢？民众把希望寄托在我的身上，难道只为满足自己的私欲吗？这样一反思，就会惭愧得流汗。

5.023　王法上承天道，下顺人情，要个大中至正，不容有一毫偏重偏轻之制。行法者要个大公无我，不容有一毫故出故入之心，则是天也。君臣以天行法，而后下民以天相安。

[译文]

王法是上承上天的旨意，下顺民情，应中正光大，不容有一毫偏差。执行法律的人，要大公无私，不容有任何借口违法，这才符合天道。君王和臣子以天道行法，统治百姓，天下就会太平。

5.024　人情天下古今所同，圣人惧其肆，特为之立中以防之，故民易从。有乱道者从而矫[①]之，为天下古今所难为之事，以为名高，无识者相与骇异之、崇奖之，以率天下。不知凡于人情不近者，皆道之贼也。故立法不可太激，制礼不可太严，责人不可太尽，然后可以同归于道。不然，是驱之使畔②也。

［注释］

①矫：改变。②畔：通“叛”。

［译文］

人情天下古今是相同的，圣人恐其过于放肆，所以特地制定中庸之道加以防范，因此民众易于遵从。有扰乱者改变它，做天下古今难以做到的事，以为声誉很高，见识短浅的人对此惊异、崇敬，加以褒奖，而影响天下百姓。殊不知凡是不近人情的事，都是危害中庸之道的。因此立法不可太偏激，制礼不可太严格，责备人不可太苛刻。这才符合原则，否则就是使人反叛。

5.025　振玩兴废用重典，惩奸止乱用重典，齐众摧强用重典。

［译文］

振奋士气，兴利除弊，要用严厉的法律；惩治奸恶，治理混乱，要用严厉的法律；调动民众的力量，摧毁强大的势力，也要用严厉的法律。

5.026　民情有五，皆生于便：见利则趋，见色则爱，见饮食则贪，见安逸则就，见愚弱则欺，皆便于己故也。惟便则术不期工而自工，惟便则奸不期多而自多。君子固知其难禁也，而德以柔之、教以谕之、礼以禁之、法以惩之，终日与便为敌而竟不能衰止。禁其所便与强其所不便，其难一也。故圣人治民如治水，不能使不就下，能分之使不泛溢而已。堤之使不决，虽尧、舜不能。

［译文］

有五种民情，都是出于自私自利之心：见到利益就追逐，见到女色就爱恋，见到美味佳肴就贪婪，见到安逸就享乐，见到愚笨和软弱的就欺负，都是出于私欲。有了自私自利之心，其权术就会狡猾多端，其虚伪奸诈就越来越甚。君子知道很难加以禁止，就以道德来柔化之，用教化来明谕之，用礼仪来禁忌之，用法律来惩罚之，始终同自私自利做斗争，尚不能使之衰退、禁止。禁止人有私心，是非常困难的。所以圣人统治百姓，就像治水一样，不能制止它不往下流，只能使它分流而不泛滥成灾。建筑大堤使水流不决口，就是尧、舜也做不到。

5.027　尧、舜无不弊之法，而恃有不弊之身，用救弊之人，以善天下之治，如此而已。今也不然，法有九利不能必其无一害，法有始利不能必其不终弊。嫉才妒能之人，惰身利口之士，执其一害终弊者讪笑之。谋国不切而虑事不深者从而附和之，不曰“天下本无事，安常袭故何妨”，则曰“时势本难为，好动喜事何益”。至大坏极弊、瓦解土崩，而后付之天命焉。呜呼！国家养士何为哉？士君子委质[①]何为哉？儒者以宇宙为分内何为哉？

［注释］

①委质：也作委贽、委挚。向君主献礼，表示献身。

［译文］

尧、舜没有毫无弊病的方法，只有坚持不染弊病的身心，使用挽救弊病之人，以利于天下的治理，仅此而已。现在则不然，法令有九分有利的成分，也不能避免那一分有害的地方；法令在开始时是好的，也不能保证最终没有弊病。而嫉贤妒能的人，夸夸其谈的人，就会抓住法令的弊病讪笑嘲讽。目光短浅、虑事不周的人，就随声附和，不是说："天下本来没事，安于常规、因袭过去又有何妨？"就是说："时势本来难以改变，喜欢变动多事又有何益？"到法律弊端百出、土崩瓦解时又说是天命决定的。唉！国家养了这么多的官吏干什么？士君子献身国家又是为什么呢？儒者为什么以天下国家为己任？

5.028　官多设而数易，事多议而屡更，生民之殃未知所极。古人慎择人而久任，慎立政而久行。一年如是，百千年亦如是。不易代不改政，不弊事不更法。故百官法守一，不敢作聪明以擅更张；百姓耳目一，不至乱听闻以乖[①]政令。日渐月渍，莫不遵上之纪纲法度以淑[②]其身，习上之政教号令以成其俗。譬之寒暑不易，而兴作者[③]岁岁有持循焉；道路不易，而往来者年年知远近焉。何其定静，何其经常，何其相安，何其易行，何其省劳费！或曰："法久而弊，奈何？"曰："寻立法之本意而救偏补弊耳。善医者去其疾不易五脏，攻本脏不及四脏。善补者缝其破不剪余完，浣其垢不改故制。"

［注释］

①乖：违背，不一致。②淑：美好，漂亮。这里用如动词，引申为保全的意思。③兴作者：指从事农业生产的人。

［译文］

官职设立很多却经常改变，事情讨论很多次却屡屡更改，会给百姓造成很大的灾难。古时候选拔人才时很慎重，一旦选中就长久使用；制定政策、法律很慎重，一旦制定就长久施行。一年是这样，上千年也是这样，不改朝换代，政策就不会改变，事理不变，法律就不会改变。这样各级官员就会坚守一种法律，而不敢自作聪明擅自更改；百姓所看到、听到的也是一种法律，不至于道听途说引起混乱。日积月累，人们都遵守法律以保全自身、遵守政策号令以成为风俗。譬如寒暑易变的规律从不改变，耕作者年年都有可以因循的规律；道路没有改变，往来的人走得久了，就知路途的远近。这是多么定静、多么持久、多么相安、多么易行、多么一劳永逸。或许有人会问："一种法律施行久了，产生弊端怎么办呢？"回答是："按照立法的本意去纠正偏差就行了。医术高明的人，只治疗疾病而不去触动五脏，治疗有疾病的内脏而不涉及其他健康的内脏。善于补衣服的人，只缝补破的地方而不损坏好的地方，浣洗脏衣服时不改变衣服的形制。"

5.029　圣明之世，情、礼、法三者不相忤也。末世，情胜则夺法，法胜则夺礼。

[译文]

在政治清明的世道，情、礼、法这三者是不抵触的。到了衰败的世道，人情胜过了法律，而法律不起作用；法律胜过了礼制，而礼制就不起作用。

5.030　汤、武之《诰》《誓》，尧、舜之所悲，桀、纣之所笑也。是岂不示信于民而白己之心乎？尧、舜曰："何待哓哓尔！"示民，民不忍不从。桀、纣曰："何待哓哓尔！"示民，民不敢不从。观《书》之《诰》《誓》而知王道之衰矣。世道至汤、武，其势必有桀、纣，又其势必至有秦、项、莽、操也。是故维持世道者不可不虑其流。

[译文]

商汤、周武王的《诰》《誓》，如果尧、舜看到了会觉得可悲，桀、纣看到会感到可笑。这不正是为了取信于民而在表白吗？尧、舜会说："何必这样又劝说又恐吓！"民众不忍心不遵从。桀、纣会说："何必要说这么多废话！"民众不敢不服从。看一看《尚书》

中的《汤诰》《汤誓》和《泰誓》，就可以知道当时王道已经衰微了。世道到了汤、武的时代，势必会出现桀、纣这样的人，发展下去必然会有秦始皇、项羽、王莽、曹操这样的人。因此坚守世道者不可不考虑其发展趋势。

5.031　圣人能用天下，而后天下乐为之用。圣人以心用天下，以形用心。用者，无用者也，众用之所恃以为用者也。若与天下竞智勇，角聪明，则穷矣。

［译文］

圣人能够治理天下，然后天下人才乐于为圣人所用。圣人是用心来治理天下，以身体控制内心。圣人的用，也就是不用，即不用自己亲自去做，而是依靠民众的力量。如果是和天下之人比智勇，竞能力，就会陷于困窘。

5.032　后世无人才，病本只是学政不修。而今把作万分不急之务，才振举这个题目，便笑倒人。官之无良，国家不受其福，苍生且被其祸，不知当何如处？

［译文］

后世缺乏人才，根本原因是因为不重视教育。现在把这看成毫不急迫的事，刚有人提出要振兴教育，就招来耻笑。没有优秀的官员，国家就得不到益处，老百姓也跟着受害，不知该怎么办？

5.033　圣人感人心，于患难处更验。盖圣人平日仁渐义摩，深恩厚泽入于人心者化矣。及临难处仓卒之际，何暇思图，拿出见成[①]的念头来，便足以捐躯赴义。非曰我以此成名也、我以此报君也，彼固亦不自知其何为而迫切至此也。其次捐躯而志在图报。其次易感而终难。其次厚赏以激其感。噫！至此而上下之相与薄矣，交孚[2]之志解矣。嗟夫！先王何以得此于人哉！

［注释］

①见成：现成。②交孚：相互信任，意气相投。

［译文］

圣人能感化人心之处在患难的时候更能得到验证。大概是圣人平日坚持仁义善良，恩泽深入人心的缘故。危难或紧急之际，根本无暇思考，只按照平日所想，便足以决定捐躯赴义。不会想到我要以此成名、我要以此来报答君王，他本来自己也不知道为何这样做，只是觉得紧迫，必须如此而已。次一等的，是为了报答别人而捐躯。再次一等的，是多情善感，却不能坚持到底。又次一等的，只能用重赏的办法去激励。唉！到了这种地步，上下关系淡薄了，彼此间的信任精神也没了。唉！先代君王是怎么得到使人捐躯赴义这样的教化成果的呢？

5.034　圣人在上，能使天下万物各止其当然之所，而无陵夺假借之患，夫是之谓各安其分而天地位焉。能使天地万物各遂其同然之情而无抑郁倔强之态，夫是之谓各得其愿而万物育焉。

［译文］

圣人做官，能使天下万物各自安守于自己理所应当的地位，没有恃强凌弱的祸患发生，这就叫作万物各安其分而天地各安其位。能使天地万物各遂心所愿，压抑委屈的事情，这就叫作各得其愿而万物得以生长发育。

5.035　民情既溢，裁之为难。裁溢如割骈拇赘疣[1]，人甚不堪。故裁之也欲令民堪，有渐而已矣。安静而不震激，此裁溢之道也。故圣王在上，慎所以溢之者，不生民情。礼义以驯之，法制以防之，不使潜滋暴决，此慎溢之道也。二者帝王调剂民情之大机也，天下治乱恒必由之。

［注释］

①骈拇赘疣：比喻多余无用之物。

［译文］

民众之情过于肆溢，就难以制裁。如果加以制裁，就会像割骈指肉瘤一样，令人痛苦不堪。因此裁抑要使民众能够忍受，逐渐实行才行。使民众平静而不骚乱，这是裁抑的原则。所以圣明的君王在位时，对超过限度的事情非常慎重，不让民众有不合法度的愿望。用礼义来教导，用法制来防止，不使其泛滥暴发，这是防止民情肆溢的原则。这两个原则是帝王调剂民情的关键，天下安定还是动乱，就看这两个原则掌握得好不好。

5.036　创业之君，当海内属目倾听之时，为一切雷厉风行之法，故令行如流，民应如响。承平日久，法度疏阔，人心散而不收，惰而不振，顽而不爽。譬如熟睡之人，百呼若聋；久倦之身，两足如跛。惟是盗贼所追，水火所迫，或可猛醒而急奔。是以诏令废格[①]，政事颓靡，条上者纷纷，申饬者累累，而听之者若罔闻。知徒多书发之劳、纸墨之费耳。即杀其尤者一人以号召之，未知肃然改视易听否。而迂腐之儒犹曰宜崇长厚、勿为激切。嗟夫！养天下之祸、甚天下之弊者，必是人也。故物垢则浣，甚则改为；室倾则支，甚则改作。中兴之君，综核名实，整顿纪纲，当与创业等而后可。

［注释］

①废格：停止，搁置。

［译文］

创业的君王，处于天下百姓对其瞩目倾听的时候，所以他制定的一切雷厉风行的法令，都能迅速推行，民众积极响应。可是太平的日子太长了，法度日渐疏阔，人心会涣散不聚，精神疏惰不振，愚钝不明。好像熟睡的人，怎么叫他都如聋子一般；又像疲惫的身躯，两腿如瘸了一般。唯有被盗贼追赶、洪水大火所迫时，或许能猛醒而急奔。因此法令不能贯彻执行，政事萎靡颓废，上书言事的人纷纷不断，皇帝的告诫诏书也累累下达，而听的人却置若罔闻。可知多少次上书、下诏都是徒劳，只是白白浪费纸墨而已。即使杀了一个罪大恶极的来号召天下，也不知能否使他人肃然改过。而那些迂腐的儒生还说应崇尚宽厚精神，不要激切。唉！纵容天下祸害，加重天下弊端的必定是这种人。因此东西脏了就要浣洗，太脏了就要换掉；房屋倾斜了就要用柱子支撑，太斜了就要重建。中兴的君主，应查核名实，整顿纪纲，就像创业时一样，才能有所成就。

5.037　先王为政，全在人心上用工夫。其体人心，在我心上用工夫。何者？同然之故也。故先王体人于我而民心得、天下治。

［译文］

先代帝王为政全在人心上下功夫。体察人心要在省察自己内心上下功夫。为什么呢？因为人同此心。所以先代帝王能从自己内心出发来体恤民众，就可以得到民心，使天下大治。

5.038　天下之患，莫大于“苟可以”而止。养颓靡不复振之习，成亟重不可反之势，皆“苟可以”三字为之也。是以圣人之治身也，勤励不息；其治民也，鼓舞不倦。不以无事废常规，不以无害忽小失。非多事、非好劳也，诚知夫天下之事，廑未然之忧者，尚多或然之悔，怀太过之虑者犹贻不及之忧，兢慎始之图者不免怠终之患故耳。

［译文］

天下之祸患，没有比“苟可以”就停止再大的了，纵容颓靡不振的习气，形成积重难返的局势，都是由“苟可以”这三个字造成的。因此圣人对于自身，勤励不息；治理百姓，鼓舞激励，孜孜不倦。不因为没事就废掉常规，也不因为没有造成祸害就忽略小的过失。这样做不是多事，也不是喜欢劳累，是真正认识到天下的事情即便防患于未然，尚且会有很多偶然产生的懊悔之事；即使谨小慎微、忧心忡忡，还会留下不及补救的忧患；在开始时兢兢业业、小心谨慎地谋划，还不免在最终时出现怠惰的祸患。

5.039　天下之祸，成于怠忽者居其半，成于激迫者居其半。惟圣人能销祸于未形，弭患于既著。夫是之谓知微知彰。知微者不动声色，要在能察几；知彰者不激怒涛，要在能审势。呜呼！非圣人之智，其谁与于此？

［译文］

天下的祸患，由惰怠、疏忽造成的占一半，由匆忙、急迫造成的也占一半。唯独圣人能使祸患消失在没有形成的时候，弥补灾难刚出现时的损失。这就叫作知微知彰。知微，就是不动声色，主要是善于观察；知彰，就是预见到事情的结果而不张皇失措，主要是能够审时度势。唉！没有圣人那样的智慧，谁能做到这一点呢？

5.040　精神爽奋则百废俱兴，肢体怠弛则百兴俱废。圣人之治天下，鼓舞人心，振作士气，务使天下之人如含露之朝叶，不欲如久旱之午苗。

［译文］

精神爽朗振奋就会百废俱兴，身体惰怠松懈则会百兴俱废。圣人治理天下，鼓舞人心，振作士气，务必使天下人像含露的朝叶，而不像久旱的午苗。

5.041　而今不要掀揭天地、惊骇世俗，也须拆洗乾坤，一新光景。

［译文］

现在即使不做掀天揭地、惊世骇俗的事，也要对世界进行一番改造，使之出现一种崭新的气象。

5.042　无治人则良法美意反以殃民，有治人则弊习陋规皆成善政。故有文武之政，须待文武之君臣。不然，青萍、结绿非不良剑也，乌号、繁弱非不良弓矢也，用之非人，反以资敌。予观放赈、均田、减粜、检灾、乡约、保甲、社仓、官牛八政而伤心焉。不肖有司，放流有余罪矣。

［译文］

没有善于治理天下的人，即便有良好的办法、美好的愿望，也反而会给民众带来祸殃；有了善于治理天下的人，即使是弊习陋规也能变成善政。因此要想有周文王、周武王那样的政治局面，必须有周文王、周武王时代的君臣。青萍、结绿都是宝剑，乌号、繁弱都是良弓，但如果不是合适的人来使用，反而会帮助敌人。我看放赈、均田、减粜、检灾、乡约、保甲、社仓、官牛这八项本来对治国有利的政令得不到正确的施行，感到很伤心。那些无德无能的官吏，对他们处以流放也罪有余辜。

5.043　振则须起风雷之益[①]，惩则须奋刚健之乾[②]，不如是，海内大可忧矣。

［注释］

①益：益卦。《周易·益卦》："风雷，益，君子以见善则迁，有过则改。"

②乾：乾卦。《周易·乾卦》："大哉乾乎，刚健中正纯粹精也。"

［译文］

振奋，就要像《周易·益卦》所讲的那样如风雷迅起；惩治，就要像《乾卦》所讲的那样刚健奋发。否则，天下诚可忧虑。

5.044　一呼吸间四肢百骸无所不到，一痛痒间手足心知无所不通，一身之故也。无论人生，即偶提一线而浑身俱动矣，一脉之故也。守令者，一郡县之线也；监司者，一省路之线也；君相者，天下之线也。心知所及而四海莫不精神，政令所加而万姓莫不鼓舞者何？提其线故也。令一身有痛痒而不知觉，则为痴迷之心矣。手足不顾，则为痿痹[1]之手足矣。三代以来，上下不联属久矣，是人各一身而家各一情也，死生欣戚[2]不相感，其罪不在下也。

［注释］

①痿痹：肢体不能动作之病。②欣戚：欢乐与忧愁。

［译文］

一呼一吸之间，气息会流通到四肢百骸；身体有一个地方痛痒，手足心脑各个器官都会感通，这是由于同在一个身体上的缘故。不仅活生生的人是这样，即使是木偶，提起一根线，全身都会动作，这是因为有一根线连在一起的缘故。郡守、县令，就是一郡一县之线；监、司，就是一省一路之线；君、相，就是天下之线。他们的思虑所及，四海都会为之振奋；政令所到之地，百姓莫不鼓舞。这是为何？是因为提起了线的缘故。如果自身有痛痒而不知，这就是得了痴呆症了；手足都不会动，就是得了痿痹病了。三代以后，上下不相联属已经很久了，都是人人各顾自身，而家家各有自己的情境，悲欢生死互不关心，其罪责并不在下面的民众。

5.045　夫民怀敢怒之心，畏不敢犯之法，以待可乘之衅[①]。众心已离而上之人且恣其虐以甚之，此桀、纣之所以亡也。是以明王推自然之心，置同然之腹，不恃其顺我者之迹，而欲得其无怨我者之心。体其意欲而不忍拂[②]，知民之心不尽见之于声色而有隐、而难知者在也。此所以固结深厚而子孙终必赖之也。

[注释]

①衅：缝隙，裂痕。②拂：违逆。

[译文]

民众怀有敢于怨怒的心情，可是畏惧不敢违犯的法律，于是等待可乘之机。民众已经离心离德了，而居上位者却恣意暴戾肆虐，加剧其不满，这就是桀、纣灭亡的原因。因此英明的君王能够以自己自然的心愿，去体会别人同样会有的心愿，不为表面顺从自己的假象所迷惑，而努力使别人没有怨恨自己的情绪。体谅民众的愿望而不忍心违背，知道民众的心情却不会表现得非常明显，而是有所隐藏在其心中。这样做就会巩固自己的基础，而子孙后代也会因此而有所依赖。

5.046　圣主在上，只留得一种天理民彝[①]、经常之道在，其余小道曲说、异端横议，斩然芟除，不遗余类。使天下之人易耳改目、洗心濯虑于一切乱政之术，如再生，如梦觉，若未尝见闻。然后道德一而风俗同，然后为纯王之治。

[注释]

①民彝：人的本性。彝，常性。

[译文]

圣明的君王治理天下，就会只推行一种天理、人伦和常理，其余的小道曲说、异端横议，断然铲除，不留余类。使天下人洗心涤虑，耳目一新，从一切乱政之术中脱离出来，如同再生和大梦初醒，仿佛对乱政之术闻所未闻。然后才能道德一致，风俗同一，然后才能成就圣王之治。

5.047　治世莫先无伪，教民只是不争。

［译文］

治理国家没有比摒除虚伪再重要的了，而教化百姓主要是使其不要相互争斗。

5.048　任是权奸当国，也用几个好人做公道，也行几件好事收人心。继之者欲矫前人以自高，所用之人一切罢去，所行之政一切更张。小人奉承以干进，又从而巧言附和，尽改良法而还弊规焉。这个念头为国为民乎？为自家乎？果曰为国为民，识见已自聋瞽。果为自家，此之举动，二帝三王之所不赦者也，更说甚么事业？

［译文］

即使是奸臣当道，也要任用几个好人维持公道，也要干几件好事收买人心。继任者想要改变前人的做法以示高明，把前人所用的人全都罢免，前人所实行的政策一律改变。小人乘机奉承以求重用，又用花言巧语随声附和，把好的法令都改掉，代之以不好的旧规。这样的念头是为国为民呢？还是为了自己呢？如果说是为国为民，那么他的见识和聋子、瞎子一样。如果是为了自己，这种行为是二帝三王也不能原谅的，哪里还谈得上什么事业呢？

5.049　圣人无奇名，太平无奇事。何者？皇锡此极①，民归此极，道德一，风俗同，何奇之有？

［注释］

①皇锡此极：上天赐予的准则。锡，赐。极，标准。

［译文］

圣人无奇名，太平年月无奇事。为什么呢？上无赐予应该遵循的最高法则，民众都遵守这些法则，道德统一，风俗相同，何奇之有？

5.050　势有时而穷。始皇以天下全盛之威力，受制于匹夫。何者？匹夫者，天子之所恃以成势者也。自倾其势，反为势所倾。故明王不恃萧墙[①]之防御，而以天下为藩篱。德之所渐，薄海[②]皆腹心之兵；怨之所结，衽席[③]皆肘腋之寇。故帝王虐民是自虐其身者也，爱民是自爱其身者也。覆辙满前而驱车者接踵，可恸哉！

［注释］

①萧墙：古代宫室用以分隔内外的小墙，后以萧墙之患比喻内部潜在的祸患。②薄海：接近海边，泛指海内外广大地区。③衽席：卧席，引申为寝处之所。

［译文］

“势”也会有穷尽的时候。秦始皇以天下全盛的威力，为什么受制于匹夫，因陈胜、吴广农民起义而灭亡？所谓匹夫，就是天子所赖以形成“势”的人们。自己利用这种“势”反过来又被这种“势”所灭亡。所以英明的帝王不单靠围墙作防御，而是以整个天下为藩篱。恩德所及之处，天下所有人都会成为心腹之兵；怨恨所结之处，卧榻之侧都是自己的仇敌。所以帝王虐待百姓，就是虐待自己；爱护民众，就是爱护自己。后人不看历代的前车之鉴，接踵而来，复碾前辙，真是太可悲了！

5.051　如今天下人，譬之骄子，不敢热气，唐突便艴然[①]起怒。缙绅稍加综核则曰苛刻，学校稍加严明则曰寡恩，军士稍加敛戢[②]则曰凌虐，乡官稍加持正则曰践踏。今纵不敢任怨，而废公法以市恩独不可已乎？如今天下事，譬之敝屋，轻手推扶便愕然咋舌。今纵不敢更张，而毁拆以滋坏独不可已乎？

［注释］

①艴然：发怒的样子。②敛戢：收敛约束。

［译文］

现在的人们，如同娇生惯养的孩子，不敢对他有一点冒犯，不然他就会勃然大怒。官吏稍加考核，就说是苛刻；学校的纪律稍微严明一些，就说是寡恩；兵士稍加管束，就说是凌虐；乡官稍加纠正，就说是践踏。现在纵然不敢要求这些人做到任劳任怨，但不做违法以施恩的事不行吗？现在天下的事情，好比破旧的房屋，轻轻用手推，都让人目瞪口呆。现在即使不能重建，但不再变本加厉地破坏不行吗？

5.052　“公”“私”两字是宇宙的人鬼关。若自朝堂以至闾里，只把持得“公”字定，便自天清地宁，政清讼息。只一个“私”字，扰攘的不成世界。

［译文］

“公”与“私”两个字，就像宇宙区别人和鬼的关卡。如果上至官吏下至百姓，都能坚持大公无私，整个社会就会清静、安宁、廉政、息讼。只要一有自私的念头，整个世界都不得安宁。

5.053　王道感人处，只在以我真诚、怛恻之心，体其委曲必至之情。是故不赏而劝，不激而奋，出一言而能使人致其死命，诚故也。

［译文］

王道之所以感人，就在于以自己的真诚怛恻之心体谅民众的委曲忍隐之情。因此，不用奖赏就能达到劝诫的目的，不用激发就能使人振奋，一句话就能使别人为你而死。这都是精诚所至的缘故。

5.054　人君者，天下之所依以忻戚[①]者也。一念怠荒，则四海必有废弛之事；一念纵逸，则四海必有不得其所之民。故常一日之间，几运心思于四海，而天下尚有君门万里之叹。苟不察群情之向背而惟己欲之是恣，呜呼！可惧也。

[注释]

①忻戚：欢欣与忧愁。忻，通“欣”。

[译文]

一国的君王，是天下人欢欣与忧愁之所系。一个念头懈怠荒忽，天下必有荒废弛散之事；一个念头放纵安逸，天下必有不得其所之民。因此即便一日之内几次考虑天下政事，天下人仍然有君门远于万里的感叹。若不了解民心向背，一味为所欲为，那就太可怕了。

5.055　天下之存亡系两字，曰“天命”。天命之去就系两字，曰“人心”。

[译文]

天下的存亡系在两个字上，即“天命”。天命的去留系在两个字上，叫作“人心”。

5.056　耐烦则为三王，不耐烦则为五霸。

[译文]

能够忍耐就会成为三王（夏禹、商汤、周文王）那样的人，不能忍耐就会成为春秋五霸那样的人。

5.057　一人忧则天下乐，一人乐则天下忧。

［译文］

（帝王）一个人的忧虑会换来天下人的欢乐，一个人的欢乐则会换来天下人的忧虑。

5.058　圣人联天下为一身，运天下于一心。今夫四肢百骸、五脏六腑皆吾身也，痛痒之微无有不觉、无有不顾。四海之痛痒，岂帝王所可忽哉！夫一指之疔如粟，可以致人之死命。国之存亡不在耳目闻见时，闻见时则无及矣。此以利害言之耳。一身麻木若不是我，非身也。人君者天下之人君，天下者人君之天下。而血气不相通，心知不相及，岂天立君之意耶！

［译文］

圣人把天下视为自己的身体，心中总在思考天下的事情。就像四肢躯干、五脏六腑，都是自己身体的一部分，些微痛痒就能感觉到，并有所顾及。而对天下民众的痛痒，帝王怎可忽视？在手指上长了米粒大的疔疮，可以致人死命。国家的存亡不表现在耳闻目睹的事上，等到耳闻目睹时已经来不及了。这是从利害方面来讲的。身体麻木而没有感觉，就不是自己的身体了。帝王是天下的帝王，天下是帝王的天下。如果（帝王和百姓）血液、气息不相通，心灵、头脑不相连，这怎能是上天立君的本意？

5.059　无厌之欲，乱之所自生也；不平之气，乱之所由成也。皆有国者之所惧也。

［译文］

贪婪的欲望，是混乱滋生的根源；不平的怨气，是混乱产生的原因。这都是帝王应当警惕的。

5.060　用威行法，宜有三豫：一曰上下情通，二曰惠爱素孚，三曰公道难容。如此，则虽死而人无怨矣。

[译文]

用权势来推行法令，应该做好三种准备：一是做到上下感情相通，二是恩惠仁爱向来使民信服，三是不能以公徇私。能够做到这三点，即使对罪犯处以极刑，也不会有人怨恨。

5.061　第一要爱百姓。朝廷以赤子相付托，而士民以父母相称谓。试看父母之于赤子是甚情怀，便知长民①底道理。就是愚顽梗化②之人，也须耐心，渐渐驯服。王者必世而后仁，揣我自己德教有俄顷③过化手段否，奈何以积习惯恶之人而遽使之帖然④我顺，一教不从而遽赫然武怒⑤耶？此居官第一戒也。有一种不可驯化之民，有一种不教而杀之罪。此特万分一耳，不可以立治体。

[注释]

①长民：为民之长，指管理民众。②梗化：冥顽不化。③俄顷：顷刻，一会儿。④帖然：顺从的样子。⑤武怒：急怒。

[译文]

（官员）首先要爱护百姓。朝廷把民众作为赤子来托付给你，士民把你称作父母。只要看看父母对赤子是什么感情，便会知道为民长官的道理。就是对待愚昧、顽固的人，也应该耐心地慢慢驯服。实行王道的帝王，要三十年才能使仁政大行，因此要考虑德教有没有立即改过的手段，怎能使作恶成性的人马上就驯服呢？怎能教育一次不能使之顺从就赫然大怒呢？这是居官者第一要警戒的事。有一种不能教化的人，有一种不必教育就可杀头的罪行，但这样的情况只有万分之一，不能以此来决定治国的大政方针。

5.062　天下所望于圣人，只是个“安”字；圣人所以安天下，只是个“平”字。平则安，不平则不安矣。

［译文］

天下人希望圣人能做到的，是个“安”字；圣人所以能使天下安定，只在于一个“平”字。平则安，不平就不安了。

5.063　三军要他轻生，万姓要他重生。不轻生不能戡乱，不重生易于为乱。

［译文］

对于三军将士，要让他们视死如归；对于天下百姓，要让他们珍惜生命。将士不视死如归就不能平定叛乱，百姓不珍惜生命就容易发生暴乱。

5.064　太古之世，上下相忘，不言而信；中古上下求相孚；后世上下求相胜。上用法胜下，下用欺以避法。下以术胜上，上用智以防术。以是而欲求治，胡可得哉？欲复古道，不如一待以至诚。诚之所不孚者，法以辅之，庶几不死之人心尚可与还三代之旧乎！

［译文］

上古没有上下的界限，人与人之间不言而信；中古时期，上下相互求得信任；后世上下相互对付。官吏以法律统治百姓，百姓以欺骗的手段来避开法律的束缚。百姓以各种手段对付官吏，官吏以智谋来防止民众各种对付的手段。像这样还想求得天下太平，怎么可能呢？要恢复古代的状况，不如以精诚对待一切。精诚使人信服之处，再辅以法律，或许尚未完全失望之人心可以恢复到三代的旧貌。

5.065　治道尚阳，兵道尚阴；治道尚方，兵道尚圆。是惟无言，言必行；是惟无行，行必竟。易简明达者，治之用也。有言之不必行者，有言之即行者，有行之后言者，有行之竟不言者，有行之非其所言者。融通变化，信我疑彼者，兵之用也。二者杂施，鲜不败矣。

[译文]

治国之道应光明正大，用兵之道应诡秘多变；治国之方法应正直，用兵之方法要圆通。要么不说，说了就一定要做；要么不做，做了就一定要做成。简洁、明达是治国的方法。有说了不做的，有说了就做的，有做了以后再说的，有做了以后也不说的，有做的与说的不一致的。融通变化，不厌其诈，是用兵的策略。治国之道与用兵之道混用，很少有不败的。

5.066　任人不任法，此惟尧、舜在上，五臣在下可矣。非是而任人，未有不乱者。二帝三王非不知通变宜民、达权宜事之为善也，以为吾常御天下，则吾身即法也，何以法为？惟夫后世庸君具臣[①]之不能兴道致治，暴君邪臣之敢于恣恶肆奸也，故大纲细目备载具陈，以防检之，以诏示之。固知夫今日之画一，必有不便于后世之推行也，以为圣子神孙自能师其意而善用于不穷，且尤足以济吾法之所未及。庸君具臣相与守之而不敢变，亦不失为半得。暴君邪臣即欲变乱而弁髦[②]之，犹必有所顾忌，而法家拂士[③]亦得执祖宗之成宪，以匡正其恶而不苟从，暴君邪臣亦畏其义正事核也而不敢遽肆，则法之不可废也明矣。

[注释]

①具臣：具位充数、不称职的臣子。②弁髦：弃置不用之物。弁，缁布冠。髦，幼童垂发。③法家拂士：守法度的世臣和辅佐君王的贤臣。

［译文］

用人治而不用法治，这只有尧、舜在位，五位贤臣辅助的时候才能做到。若情况不同而生搬硬套，必出祸乱。二帝三王并非不知通权达变对民对事都有好处，认为自己既然长久治理天下，自己即法律的化身，又何必制定法律呢？只是又怕后世的庸君和不称职的大臣不能治理好国家，暴君邪臣敢于肆意作恶，因此才立有详细的纲常法律，以防止和约束这些君臣，诏示后世。而且知道当时制定的统一纲常法律，必定有不便于后世之处，自以为其圣子贤孙善解其本意，能够灵活运用，查漏补缺。后世庸君和不称职的大臣若能遵行不变，也算达到了一半目的。暴君奸臣即使想变之弃之，必定还有所顾忌。那些法度之士、辅弼之臣，也可以拿着祖宗制定的成法来纠正暴君邪臣的恶行而不苟从，暴君邪臣也畏惧其正义而不敢过于为所欲为。以此看来，法律不可废除的原因就相当明确了。

5.067　善用威者不轻怒，善用恩者不妄施。

［译文］

善于采用威严策略的人不轻易发怒，善于使用恩惠手段的人不随便施恩。

5.068　居上之患莫大于赏无功、赦有罪，尤莫大于有功不赏而罚及无罪。是故王者任功罪不任喜怒，任是非不任毁誉。所以平天下之情而防其变也。此有国家者之大戒也。

［译文］

作为统治者最大的危害，就在于赏无功、赦有罪，尤其在于有功不赏而罚及无罪之人。所以帝王应按功论赏，按罪论罚，不能掺杂个人的感情因素，应根据是非标准进行奖罚，而不要根据他人的诋毁或赞誉。这是为了使天下民众安定，防止人心思变。统治者应该深加注意。

5.069　事有知其当变而不得不因者，善救之而已矣；人有知其当退而不得不用者，善驭之而已矣。

［译文］

有的事情明知道应该改变但不得不因循，这就要善于补救；明知道有的人应当罢免却不得不用，这就要善于驾驭。

5.070　下情之通于上也，如婴儿之于慈母，无小弗达；上德之及于下也，如流水之于间隙，无微不入。如此而天下乱亡者，未之有也。故壅蔽之奸为亡国罪首。

［译文］

民情通达于统治者，就像婴儿对于慈母，没有任何隐瞒；统治者的恩德施于民众，就像水流到缝隙之中，无微而不入。如果能做到这样而天下混乱、朝代灭亡，自上古以来还没有过。所以说上下阻隔是国家灭亡的主要原因。

5.071　不齐，天之道也，数之自然也。故万物生于不齐而死于齐。而世之任情厌事者乃欲一切齐之，是益以甚其不齐者也。夫不齐其不齐则简而易治，齐其不齐则乱而多端。

［译文］

千差万别，是自然的规律，是客观现实。因此万物生的时候千差万别，最后都要归于死亡。而世上那些任意而为、放任情感、厌烦世事的人却希望万物整齐划一，这就更增加了其差别性。以不同的态度对待不同的事物，就会简单明了而容易治理；牵强地使一切整齐划一，就会引起各种混乱。

5.072　宇宙有三纲，智巧者不能逃也。一王法，二天理，三公论。可畏哉！

［译文］

宇宙中有三纲常，再聪明灵巧的人也躲不过去：一是帝王的法律，二是天理，三是民众公论。这三个纲常太令人敬畏了！

5.073　《诗》云："乐只君子，民之父母[①]。"又曰："岂弟君子，民之父母[②]。"君子观于《诗》，而知为政之道矣。

［注释］

①乐只君子，民之父母：语出《诗经·小雅·南山有台》，意思是快乐的君子，百姓爱之如父母。②岂弟君子，民之父母：语出《诗经·大雅·泂酌》，意思是和乐平易的君子，百姓爱之如父母。

［译文］

《诗经》说："乐只君子，民之父母。"又说："岂弟君子，民之父母。"君子在读《诗经》之时，就可以明白为政之道了。

5.074　既成德矣，而诵其童年之小失；既成功矣，而笑其往日之偶败。皆刻薄之见也，君子不为。

［译文］

一旦有人成其德业，就说他小时候的小过失；一旦有人成就事功，就笑话他往日偶然的失败。这都是刻薄之见，君子是不会那样做的。

5.075　任是最愚拙人，必有一般可用，在善用之者耳。

［译文］

哪怕是最愚蠢笨拙的人，也一定有可用之处，就看能不能善于用他了。

5.076　公论，非众口一词之谓也。满朝皆非而一人是，则公论在一人。

[译文]

所谓公论，并不是指众口一词。如果大家都说得不对，只有一个人的议论是对的，公论就属于他一个人。

5.077　为政者非谓得行即行，以可行则行耳。有得行之势，而昧可行之理，是位以济其恶也。君子谓之贼。

[译文]

做官的人办理政务，不能说我想干什么就干什么，要看该不该干。有想干什么就干什么的权力，又违背该不该的正理，处在这样的官位上就是助其作恶。君子称这种做官的人为贼。

5.078　使众之道，不分职守则分日月，然后有所责成而上不劳，无所推委而下不奸。混呼杂命，概怒偏劳，此不可以使二人，况众人乎？勤者苦，惰者逸，讷者冤，辩者欺，贪者饱，廉者饥。是人也，即为人下且不能，而使之为人上，可叹也夫！

[译文]

上司的用人之道，如果不遵从职责上的要求，就要从时间上要求，这样上司不劳累，下属也没有借口推诿耍奸。上司乱发命令，或是将所有的人都骂一遍，或使所有的人负担过重，这样的上司连两个人也用不好，何况更多的人呢？让勤劳的人辛苦，懒惰的人安逸，木讷的人蒙冤，狡辩的人欺骗，贪婪的人饱食，廉洁的人挨饿，这种人做个下属也不够格，却让他做上司，可叹啊！

5.079　世教不明，风俗不美，只是策励士大夫。

[译文]

世上教化不昌明，风俗不高尚，只应该鞭策勉励士大夫奋发努力。

5.080 治病要择良医，安民要择良吏。良吏不患无人，在选择有法而激劝有道耳。

[译文]

治病要择良医，安民要择好官。并不是没有好官，只是在于选择的方法是否得当和激励的方法是否合适。

5.081 孔子在鲁，中大夫耳，下大夫僚侪[①]也，而犹侃侃[②]。今监司见属吏，煦煦[③]沾沾，温之以儿女子之情。才正体统，辄曰示人以难堪；才尚综核，则曰待人以苛刻。上务以长厚悦下官心，以树他日之桃李；下务以弥文涂上官耳目，以了今日之簿书。吏治安得修举？民生安得辑宁[④]？忧时者伤心恸之。

[注释]

①侪：辈，类。②侃侃：理直气壮的样子。③煦煦：和悦惠爱的样子。④辑宁：和谐安宁。

[译文]

孔子在鲁国时，只是个中大夫，但与同僚的下大夫侃侃而谈，不失尊严。现在监司见了下属的官吏，温厚体贴得像对待儿女一样。刚要正一正上下体统，就被说成使人难堪；刚想考核下属，就被说成待人苛刻。上司宽厚以讨下属的欢心，以树立将来的党羽；下属谗言媚奉迷惑上司的耳目，以应付眼前的公务。这样做吏治怎能清明振举？民生怎能和睦安宁？凡是为时世担忧的人，都会为此感到伤心。

5.082　据册点选，据俸升官，据单进退，据本题覆，持至公无私之心，守画一不二之法，此守常吏部也。选人严于所用，迁官定于所宜，进退则出精识于抚按之外，题覆则持定见于科道之中，此有数吏部也。外而与士民同好恶，内而与君相争是非，铨注[①]为地方不为其人，去留为其人不为其出身与所恃。品材官如辨白黑，果黜陟不论久新。任宇宙于一肩，等富贵于土苴[②]，庶几哉其称职矣。呜呼！非大丈夫孰足以语此？乃若用一人则注听宰执口吻，退一人则凝视相公眉睫，借公名以济私，实结士口而灰民心，背公市誉，负国殖身[③]。是人也，吾不忍道之。

[注释]

①铨注：选择录用官吏。②土苴：泥土和枯草。比喻微贱之物。③殖身：树立自己的声名、威信。

[译文]

根据考试名册点名选拔，任职期满按例提升，根据考绩的名单升职降职，根据规定办理公文，以大公无私之心，坚守统一的法度，这不过是安于常规的吏部官员而已；根据需要严格选拔，升迁官吏合乎标准，升职降职基于准确的判断，除巡、按官员之外，办理公文能够表达自己的意见，这是不可多得的吏部官员。在朝廷之外与士民同好恶，在朝廷之内与君王和宰相争是非，量才授官是为地方选拔人才而不是为其个人，任免官员看本人的才德而不管其出身和靠山。评品官吏如辨别黑白，应该升降的，不论其任职长短。担当起这宇宙的大任，视富贵如粪土，差不多可算称职了。唉！除了大丈夫，又有谁能说这样的话？如果用一个人，只听宰相的意见，免一个人，也只看宰相的脸色，假公济私，实在是在堵塞士人的言路而使民众灰心，违背公理，沽名钓誉，辜负国家以树立自身威信。对这种人，我耻于提及。

5.083　藏人为君守财，吏为君守法，其守，一也。藏人窃藏以营私谓之盗，吏以法市恩不曰盗乎？卖公法以酬私德，剥民财以树厚交，恬然以为当然，可叹哉！若吾身家慨以许人，则吾专之矣。

［译文］

管理府库的人为帝王守护财产，当官的人为国家守护法律，其守护的职责是一样的。管理府库的人盗窃国库的财产据为己有称作盗，官吏用法律来换取别人对他的感激不是盗吗？出卖公法来换取别人对他私人的感恩，剥夺民众的财产来树立私党，还恬不知耻地以为是应该的事，真可让人为之叹息！如果我把身家性命慷慨地许给了别人，那么我一定专心一意地把事办好。

5.084　弭盗[①]之末务莫如保甲[②]，弭盗之本务莫如教养。故斗米十钱，夜户不闭，足食之效也。守遗待主，始于盗牛，教化之功也。夫盗，辱名也。死，重法也。而人犹为之，此其罪岂独在民哉？而惟城池是恃，关键是严，巡缉[③]是密，可笑也已。

［注释］

①弭盗：止盗。②保甲：古代的一种户籍制度，以十家为一保，十保为一甲。保有保正，甲有甲长。③巡缉：巡捕缉拿。

［译文］

制止盗窃的一般措施，以保甲制度为最好；制止盗窃的根本措施，以加强教化和与民休养为最佳。因此一斗米只值十个钱的时候，就能够做到夜不闭户，这是粮食充足的结果。守着失物等待失主的人，曾是以前盗过牛的人，这就是教化的功效。盗窃是可耻的名声，处死是很重的刑罚，但人还要去冒死为盗，难道都是民众的责任吗？认为单靠坚固的城池、严密的守卫以及加强巡察缉捕就可以止盗，太可笑了。

5.085　整顿世界，全要鼓舞天下人心；鼓舞人心，先要振作自家神气。而今提纲挈领之人奄奄气不足以息，如何教海内不软手折脚、零骨懈髓底？

［译文］

整顿世界，先要鼓舞民心；鼓舞民心，首先要振作自己的精神。而现在治理社会的人自己萎靡不振，奄奄一息，又怎么能不让天下人松松垮垮呢？

5.086　事有大于劳民伤财者，虽劳民伤财亦所不顾；事有不关利国安民者，虽不劳民伤财亦不可为。

［译文］

事情有比劳民伤财还要大的，虽明知劳民伤财也要去做；事情有与利国安民无关的，即使不劳民伤财也不可做。

5.087　足民，王政之大本。百姓足，万政举；百姓不足，万政废。孔子告子贡以“足食”，告冉有以“富之”。孟子告梁王以“养生送死无憾”，告齐王以“制田里、教树畜”。尧、舜舍此无良法矣。哀哉！

［译文］

使民富裕，是帝王政策的最根本所在。百姓富足，各种政事都能振兴；民众穷困，所有政事皆告荒废。孔子教导子贡为政之道是“足食”，告诉冉有是“富之”。孟子劝诫梁惠王实行王道在于使民“养生送死无憾”，劝谏齐王要治理好家园，“制田里、教树畜”。即便是尧、舜，除了这样做也没有别的办法。唉！

5.088　百姓只干正经事，不怕衣食不丰足；君臣只干正经事，不怕天下不太平。试问百司庶府，所职者何官？终日所干者何事？有道者可以自省矣。

［译文］

百姓专务正业，就不怕衣食不丰足；帝王臣子专务正业，就不怕天下不太平。试问朝廷大臣和官府，你们担任的是什么官职？终日所干的是什么事情？懂得这些道理的都应该自我反省了。

5.089　法至于平，尽矣，君子又加之以恕。乃知平者，圣人之公也；恕者，圣人之仁也。彼不平者加之以深，不恕者加之以刻，其伤天地之和多矣。

［译文］

法律做到公平，已经很完满了，而君子又加以恕道。以此可知，公平是圣人为公共利益所追求的；宽恕，是圣人仁爱的体现。没有公平又变本加厉，没有宽恕又加上苛刻，这样做太伤天害理了。

5.090　化民成俗之道，除却身教再无巧术，除却久道再无顿法。

［译文］

教化民众，移风易俗，除了以身作则，再没有更巧妙的办法；除了长久教化，再没有捷径可走。

5.091　礼之有次第也，犹堂之有阶，使人不得骤僭[①]也。故等级不妨于太烦。阶有级，虽疾足者不得阔步；礼有等，虽倨傲者不敢凌节。

［注释］

①僭：超越本分。

[译文]

礼仪讲究等级，如同房屋有台阶一样，是为了让人不能随便超越。因此等级不妨定得多一些。台阶有了级，即使走得快的人也不能阔步向前；礼仪有了等，即使傲慢的人也不敢做违反礼节的事。

5.092　人才邪正，世道为之也；世道污隆，君相为之也。君人者何尝不费富贵哉？以正富贵人，则小人皆化为君子，以邪富贵人，则君子皆化为小人。

[译文]

人的才能是用在正当的事情上还是用在邪恶的事情上，是由世道造成的；世道的好坏，是由君相造成的。君主何尝不把富贵给人呢？以正道使人富贵，则小人都会变成君子；以邪道使人富贵，君子也可以成为小人。

5.093　满目所见，世上无一物不有淫巧。这淫巧耗了世上多少生成底财货，误了世上多少生财底工夫。淫巧不诛而欲讲理财，皆苟且之谈也。

[译文]

世上满眼看到的，都是过度奇巧的事物。这些过度奇巧的事物耗费了世上多少财富，耽误了多少人创造财富的努力。不摒除这些东西而讲理财之道，都是无稽之谈。

5.094　天地之财要看他从来处，又要看他归宿处。从来处要丰、要养，归宿处要约、要节。

[译文]

天地之间的财物看它是从何处来的，又要看它用在什么地方。财物的来源要丰富、要保护，财物的使用要约束、要节俭。

5.095　将三代以来陋习敝规一洗而更之，还三代以上一半古意，也是一个相业。若改正朔、易服色，都是腐儒作用；葺倾厦、逐颓波，都是俗吏作用。于苍生奚补？噫！此可与有识者道。

[译文]

把夏、商、周三代以来的陋习弊规全部扫清更改，回复到三代以前一半的淳朴习俗，这是宰相可以辅佐帝王成就的事业。至于改正历法、变换服色，这都是腐儒干的事；修理快倒的房屋，随波逐流，都是俗吏做的事。做这些事，对百姓有什么好处呢？唉！这些话只可以和有识见的人谈。

5.096　御戎之道，上焉者德化心孚，其次讲信修睦，其次远驾长驱，其次坚壁清野，其次阴符智运，其次接刃交锋，其下叩关开市，又其下纳币和亲。

[译文]

抵御外族的办法，最好的方法是以德来感化，使其心悦诚服；其次是讲信义，通友好；其次是发起进攻；其次是坚壁清野；其次是运用智谋；其次是正面冲突；其下策是妥协退让；最下策是屈膝投降。

5.097　为政之道，第一要德感诚孚，第二要令行禁止。令不行，禁不止，与无官无政同，虽尧、舜不能治一乡，而况天下乎？

[译文]

为政之道，第一要以德感化，以诚服人；第二要令行禁止。令不行，禁不止，同没有官吏和政权一样，即使是尧、舜也无法治理好一个乡村，何况整个国家呢？

5.098　防奸之法，毕竟疏于作奸之人。彼作奸者，拙则作伪以逃防，巧则就法以生弊，不但去害[1]而反益其害。彼作者十而犯者一耳。又轻其罪以为未犯者劝，法奈何得行？故行法不严，不如无法。

［注释］

①不但去害：原文如此，“去”前可能脱一“不”字。

［译文］

防止作奸犯科的办法，毕竟比作奸犯科的人要疏陋。作奸的人，笨拙的可以制造假象逃避防范，机巧的还利用防奸之法制造祸端，不但不能去害，反而又增加了害处。作奸的人十人之中，暴露的只有一个。即便这样又从轻处罚来劝勉那些没有被抓到的人，这样法令如何能执行呢？所以说执法不严不如无法。

5.099　世道有三责：责贵、责贤、责坏纲乱纪之最者。三责而世道可回矣。贵者握风俗教化之权而首坏，以为庶人倡，则庶人莫不象之。贤者明风俗教化之道而自坏，以为不肖者倡，则不肖者莫不象之。责此二人，此谓治本。风教既坏，诛之不可胜诛，故择其最甚者以令天下，此谓治末。本末兼治，不三年而四海内光景自别。乃今贵者、贤者为教化内俗之大蠹，而以体面宽假之，少严则曰苛刻，以伤士大夫之体，不知二帝三王曾有是说否乎？世教衰微，人心昏醉，不知此等见识何处来？所谓淫朋比德、相为庇护，以藏其短，而道与法两病矣。天下如何不敝且乱也！

［译文］

世道治理不好，要责备三种人：责贵人、责贤人、责对纲纪破坏最严重的人。谴责和处罚了这三种人，世道就可以恢复。权贵之人掌握风俗教化的权力却首先破坏教化，给普通人效法他们开了先例。贤能之士是阐明风俗教化的人，却自己去破坏它，给那些不肖之徒效法他们开了先例。谴责这两种人，这是治本。风俗教化已坏，罚不胜罚，因此就责罚罪过最重的以号令天下，这是治末。本末兼治，不到三年，社会风俗教化就会焕然一新。现在权贵、贤能之人成了破坏风俗的蛀虫，但为了维护体面还要宽容他们，稍严一点，就说太苛刻，伤了士大夫的体面，不知二帝三王时代有这样的说法没有？社会风俗教化衰败，百姓人心昏然若醉，不知这样的见识从何而来？这样狼狈为奸，互相包庇，伪装粉饰，就会使世道和法律都被破坏。天下怎能不衰败混乱呢？

5.100　印书先要个印板真，为陶先要个模子好。以邪官举邪官，以俗士取俗士，国欲治，得乎？

［译文］

印书先要有个好印板，制作陶器先要有个好模子。以邪恶的官吏举荐邪恶的官吏，以庸俗的人来录取庸俗的人，还想把国家治理好，能做到吗？

5.101　不伤财，不害民，只是不为虐耳。苟设官而惟虐之虑也，不设官其谁虐之？正为家给人足，风移俗易，兴利除害，转危就安耳。设廉静寡欲，分毫无损于民，而万事废弛，分毫无益于民也，逃不得“尸位素餐”四字。

［译文］

不伤财，不害民，只是不做恶而已。如果设立官员只考虑他们不作恶就行了，那么不设官的话，又有谁去作恶呢？设官的目的，正是为了能使百姓丰衣足食，移风易俗，兴利除害，转危就安。如果官员只是廉静寡欲，丝毫不损害民众，却把所有事都荒废了，没做任何有益于百姓的事，这种官员便难逃“尸位素餐”这四个字。

5.102　天地所以信万物，圣人所以安天下，只是一个“常”字。常也者，帝王所以定民志者也。常一定，则乐者以乐为常，不知德；苦者以苦为常，不知怨。若谓当然，有趋避而无恩仇。非有大奸巨凶不敢辄生餍足[①]之望、忿恨之心。何则？狃于常故也。故常不至大坏极敝，只宜调适，不可轻变。一变则人人生觊觎心，一觊觎则大家引领垂涎，生怨起纷，数年不能定。是以圣人只是慎常，不敢轻变；必不得已，默变，不敢明变；公变，不敢私变；分变，不敢溷[②]变。

[注释]

①餍足：满足。“餍足”前疑脱一“不”字。②溷：混乱。

[译文]

天地所以能取信于万物，圣人所以能安定天下，就在于一个“常”字。常道，是帝王用来安定民心的关键。如果有了常，快乐的人以为快乐是天经地义的，不会因此感激谁；痛苦的人以为痛苦也是天经地义的，不会去怨恨谁。人们会把苦乐看作当然之事，虽趋乐避苦，却不会感激、仇恨人。除非大奸恶，否则就不敢贪得无厌和愤恨别人。为什么呢？就是因为习以为常的缘故。因此如果没有到极端恶劣的程度，只宜适当调节，不可轻易改变。一改变就会使人产生觊觎之心，一生觊觎之心，就会使人贪婪、产生纠纷怨恨，许多年都安定不下来。因此圣人只是注意常规，不敢轻易改变；万不得已时，悄悄改变，不敢明目张胆改变；因公改变，不敢因私改变；逐步改变，不敢骤然改变。

5.103　纪纲法度整齐严密，政教号令委曲周详，原是实践躬行，期于有实用、得实力。今也自贪暴者奸法[①]、昏惰者废法，延及今日，万事虚文。甚者迷制作之本意而不知，遂欲并其文而去之。只今文如学校，武如教场，书声军容非不可观可听，将这二途作养人用出来，令人哀伤愤懑欲死。推之万事，莫不皆然。安用缙绅簪缨[②]塞破世间哉！明王不大振作，不苦核实，势必乱亡而后已。

[注释]

①奸法：破坏法律，钻法律的空子。②簪缨：古代贵族帽子上的装饰，代指显贵。

[译文]

纪纲法度整齐严密，政教号令详细周全，原来都是为了实践躬行，希望有所实用、得到实利。现在自从贪婪暴虐之人破坏纪法，昏庸怠惰之人废弛纪法，到了今天，各种规定都成了一纸空文。甚至有的人对制定法度的本意也不知道了，于是连条文都丢弃不要。现在文的方面比如学校，武的方面比如教场，书声军容倒好听可观，但其培养的人才用起来真让人伤心愤怒之极。以此类推其他事物，也都是这样。那些高官显贵塞满世间，又有什么用呢？帝王如果不努力振作、加紧考核，势必导致国家的混乱、灭亡。

5.104　安内攘外之略，须责之将吏。将吏不得其人，军民且不得其所，安问夷狄？是将吏也，养之不善则责之文武二学校，用之不善则责吏兵两尚书。或曰："养有术乎？"曰："何患于无术？儒学之大坏极矣，不十年不足以望成材。武学之不行久矣，不十年不足以求名将。至于遴选[①]于未用之先，条责于方用之际，综核于既用之后，黜陟[②]于效不效之时，尽有良法，可旋至而立有验者。"

[注释]

①遴选：审慎选拔。②黜陟：罢免与升迁。

[译文]

制定安内攘外的策略，必须责成将帅官吏完成。将帅和官吏用人不当，军队和百姓都不得其所，又怎样对付夷狄呢？对于将帅官吏，培养不好应责问文、武两学校，使用不当则责成吏、兵两部的尚书。有人问："有什么培养的方法吗？"回答是："怎么怕没有方法呢？儒学坏到了极点，没有十年的功夫就不能指望其成材；武学废弛已久，没有十年的功夫别指望能得到名将。至于在未用之前谨慎选拔，在使用之际严格要求，在使用之后加以考核，根据有无功绩决定升降罢免。这些好的办法多得很，可以马上使用而立刻见效。"

5.105　而今举世有一大迷，自秦、汉以来，无人悟得。官高权重原是投大遗艰，譬如百钧重担，须寻乌获[①]来担；连云大厦，须用大木为柱。乃朝廷求贤才，借之名器以任重，非朝廷市私恩，假之权势以荣人也。今也崇阶重地，用者以为荣人，重以予其所爱，而固以吝于所疏，不论其贤不贤。其用者以为荣己，未得则眼穿涎流以干人，既得则捐身镂骨以感德，不计其胜不胜。旁观者不论其官之称不称，人之宜不宜，而以资浅议骤迁，以格卑议冒进，皆视官为富贵之物，而不知富贵之也欲以何用。果朝廷为天下求人耶？抑君相为士人择官耶？此三人者皆可怜也。叔季之世[②]，生人其识见固如此可笑也。

[注释]

①乌获：战国时秦国的力士，后用作力士的通称。②叔季之世：指国家衰乱将亡之时代。叔，指衰乱之世；季，指将亡之世。

[译文]

现在世上有一个大迷，从秦、汉以来，就没人领悟出来。官高权重，原本只为了让其承担重大的责任、完成艰难的任务，就像百钧的重担，需要找乌获这样的大力士来担当；高耸入云的大厦，需要用粗大的木料当梁柱一样。这是朝廷为求贤才，借用官阶、爵位及相应的车服仪制来委以重任，并非朝廷要以此作为恩惠，给人权势来使之荣耀。现在授予高官重位被认为是荣耀，因此重用亲近之人，而冷落疏远之人，不论其是否贤良。做官的引以为荣，没得官时望眼欲穿、垂涎三尺、四处求人，得官后则刻骨献身，感恩戴德，不管自己能否胜任。旁观者不论其称不称职，人选合不合适，认为资历浅薄、官位低微的就是升得太快，都把官位看作富贵的象征，却不知使当高官的人富贵是为了什么。这样做是朝廷为治理天下选拔人才呢？还是君相为读书人安排官位呢？这三种人都很可怜。到了一个朝代的末世，人们的见识竟然如此可笑。

5.106　汉始兴，郡守某者御州兵，常操之内免操二月，继之者罢操。又继之者常给之外，冬加酒银人五钱，又继之者加肉银人五钱，又继之者加花布银人一两。仓库不足，括税给之，犹不足，履亩加赋给之。兵不见德也而民怨。又继之者曰："加，吾不能；而损，吾不敢。"竟无加。兵相与鼓噪曰："郡长无恩。"率怨民以叛，肆行攻掠。元帝命刺史按之。报曰："郡守不职，不能抚镇军民而致之叛。"竟弃市。嗟夫！当弃市者谁耶？识治体者为之伤心矣。

[译文]

汉朝刚建立的时候，一名郡守统帅着州兵，在士兵规定的操练时间内免去了二个月，继任的郡守又免去了操练。又继任的郡守在每个士兵规定的供给之外，冬天给每人增加酒银五钱，又继任的人又给每人增加肉银五钱，再继任的人又给每人增加花布银一两。仓库的银两不够，就用收税的办法来解决；还不足，就按亩增加田赋。如此士兵并不感恩戴德而老百姓却怨声载道。后来又继任的人说："再增加，我做不到；而减少，我也不敢。"最终没有增加。这时士兵就群起喧闹说："郡守对我们没有恩惠。"带领着怨声载道的百姓举行叛乱，大肆攻打抢掠。汉元帝命令刺史去审查这个案件。刺史报告说："郡守不称职，不能镇抚军民而导致叛乱。"最后郡守被杀了头。唉，应该被杀头的是谁呢？懂得治道的人真为之伤心啊！

5.107　人情不论是非利害，莫不乐便己者，恶不便己者。居官立政，无论殃民，即教养谆谆、禁令惓惓[①]，何尝不欲其相养相安、免祸远罪哉？然政一行而未有不怨者。故圣人先之以躬行，浸之以口语，示之以好恶，激之以赏罚。日积月累，耐意精心，但尽薰陶之功，不计俄顷之效。然后民知善之当为、恶之可耻，默化潜移而服从乎圣人。今以无本之令责久散之民，求旦夕之效，逞不从之怒，忿疾于顽而望敏德之治。即我且亦愚不肖者，而何怪乎蚩蚩之氓[②]哉？

［注释］

①惓惓：同"拳拳"，恳切的样子。②蚩蚩之氓：蚩蚩，敦厚的样子；氓，普通民众。语出《诗经·卫风·氓》："氓之蚩蚩，抱布贸丝。"

［译文］

人之常情，不论是非利害，都喜欢对自己便利的事，讨厌不便于自己的事。设官立政，不要说不应给民众带来祸殃，即便谆谆教养、累发禁令，何尝不是想让他们相安无事，安心度日而免祸远灾呢？然而只要实行政令，没有不招来怨恨的。因此圣人首先以身作则，再以不断的教诲来陶冶，再以好恶诏示是非，然后以赏罚来激励。这样日积月累，耐心细致，只是想方设法尽到熏陶的努力，不计较一时的成效。然后民众才知道应当为善、邪恶可耻，经过这种潜移默化的努力，就会使人们服从圣人的教导。现在用没有依据的政令来要求涣散已久的民众遵守，冀求马上收到成效，对不服从的人大发雷霆，对顽固不化的人深恶痛绝，指望以美德实现治理。这些做法，说明自已本身也是愚蠢不肖的人，怎么能责怪那普通的民众呢？

5.108　嘉靖[①]间，南京军以放粮过期、减短常例，杀户部侍郎，散银数十万以安抚之。万历[②]间，杭州军以减月粮又给以不通行之钱，欲杀巡抚不果。既而军骄，散银万余乃定。后严火夫[③]夜巡之禁，宽免士夫而绳督市民。既而民变，杀数十人乃定。郧阳巡抚以风水之故，欲毁参将公署为学宫，激军士变，致殴兵备副使几死，巡抚被其把持，奏疏上必露章明示之乃得行。陕西兵以冬操太早，行法太严，再三请宽不从，谋杀抚按总兵，不成。论者曰："兵骄卒悍如此，奈何？"余曰："不然。工不信度而乱常规，恩不下究而犯众怒，罪不在军也。上人者体其必至之情，宽其不能之罪，省其烦苛之法，养以忠义之教，明约束，信号令，我不负彼而彼奸，吾令即杀之，彼有愧惧而已。鸟兽未必无知觉，而谓三军之士无良心，可乎？乱法坏政以激军上之暴，以损国家之威，以动天下之心，以开无穷之衅，当事者之罪不容诛矣。裴度[④]所谓'韩弘舆疾讨贼，承宗敛手削地，非朝廷之力能制其死命，特以处置得宜，能服其心故耳[⑤]'。'处置得宜'四字，此统大众之要法也。"

［注释］

①嘉靖：明世宗朱厚熜的年号。②万历：明神宗朱翊钧的年号。③火夫：夜间提灯护送官员的差役。④裴度：唐代河东闻喜（今属山西）人，由监察御

史累迁御史中丞，后升为宰相，力主削除藩镇。晚年因宦官专权，辞官退居洛阳。⑤韩弘舆疾讨贼，承宗敛手削地……：语见《资治通鉴》卷二百四十唐宪宗元和十三年斐度所上奏章。韩弘，唐匡城人。唐宪宗时，用兵淮西，韩弘为诸军行营都统使，吴元济平，以功加兼侍中。承宗，即王承宗，其父王士真为成德军节度使。父死，王承宗总留后事，朝廷伺其变，累月不问。承宗害怕，多次上表陈谢，请割德、棣二州，朝廷始封，并以王承宗亲将授二州军政事，以分其权，承宗抗命。及吴元济平，裴度以辩士胁说，王承宗始献二州，并遣二子入侍，诏许其自新。

［译文］

嘉靖年间，南京军以没有按时发放口粮、缩减军饷为由，杀了户部侍郎，发放数十万银两来安抚军士。万历年间，杭州军以减少了月粮、发放不通行的钱币为由，企图谋杀巡抚没有成功。不久军队骚动，散放了万余两银子才稳定军心。后来加强了火夫巡夜的禁令，对士大夫宽免，而对市民动辄绳之以法。不久市民发生变乱，杀了数十人才平定下来。湖北郧阳的巡抚因风水缘故，想拆毁参将的公署来修学宫，激起军士哗变，导致兵备副使几乎被打死，巡抚也被其劫持，军士要求把上书的奏章内容公开才允许送给朝廷。陕西的兵士因为冬天出操的时间太早，军法太严，再三请求放宽而没有被采纳，以致设想刺杀抚按和总兵，未遂。评论这些事的人说："兵卒如此骄横跋扈，又有什么办法呢？"我说："并不是这样。工匠不按尺度办事就会破坏常规，只讲恩惠不追究错误就会使民众怨怒，罪责不在军士。上司体谅人之常情，宽恕其因无能为力而造成的过错，废除烦琐苛刻的法律，以忠义来教导，明确规约，申明号令，我不亏负他们而他们作奸犯科，即使我下令处死他们，他们只有惭愧恐惧而已。即便是鸟兽也未必没有知觉，怎么能说三军将士没有良心呢？扰乱法律，破坏政策，激起军士暴动，损害了国家威望，动摇了天下百姓之心，惹起无穷的事端，当事人真是罪不容诛。裴度曾说：'韩弘带病讨贼，王承宗敛手交出管辖的土地，并非朝廷的力量能致其死命，只是因为处理得宜，能使其心服而已。'‘处置得宜’这四个字，是统治百姓的关键方法。”

5.109　霸者，豪强威武之名，非奸盗诈伪之类。小人之情，有力便挟力，不用伪；力不足而济以谋，便用伪。若力量自足以压服天下、震慑诸侯，直恁做将去，不怕他不从，便靠不到智术上，如何肯伪？王霸以诚伪分，自宋儒始，其实误在“五伯假之[①]”“以力假仁[②]”二“假”字上，不知这“假”字只是“借”字。二帝三王以天德为本，便自能行仁，夫焉有所倚？霸者要做好事，原没本领，便少不得借势力以行之，不然令不行、禁不止矣。乃是借威力以行仁义。故孟子曰：“以力假仁者霸。”以其非身有之，故曰假借耳。人之服之也，非为他智能愚人，没奈他威力何，只得服他。服人者以强，服于人者以伪。管、商[③]都是霸佐，看他作用都是威力制缚人，非略人略卖人者，故夫子只说他“器小[④]”，孟子只说他“功烈如彼其卑[⑤]”。而今定公孙鞅罪，只说他惨刻，更不说他奸诈。如今官府教民迁善远罪，只靠那刑威，全是霸道，他有甚诈伪？看来王霸考语自有见成公案，曰以德以力所行底，门面都是一般仁义。如五禁之盟[⑥]，二帝三王难道说他不是？难道反其所为？他只是以力行之耳。“德”“力”二字最确，“诚”“伪”二字未稳，何也？王霸是个粗分别，不消说到诚伪上。若到细分别处，二帝三王便有诚伪之分，何况霸者？

[注释]

①五伯假之：语出《孟子·尽心上》：“孟子曰：‘尧、舜，性之也；汤、武，身之也；五霸，假之也。久假而不归，恶知其非有也。’”五伯，指春秋五霸。归，还的意思。②以力假仁：语出《孟子·公孙丑上》：“孟子曰：‘以力假仁者霸，霸必大国；以德行仁者王，王不待大。’”③管、商：指管仲、

商鞅。管仲，名夷吾，字仲，春秋初期政治家。由鲍叔牙推荐，被齐桓公任命为卿，以“尊王攘夷”为号召，使齐国成为春秋时第一霸主。商鞅，战国时卫人，姓公孙，名鞅，又称卫鞅。后被封于商，故又称商鞅。初为魏相公叔痤家臣，后入秦，说秦孝公以强国之术。秦孝公六年，被任为左庶长，并开始变法，即有名的商鞅变法。④器小：《论语·八佾》：“子曰：‘管仲之器小哉！’”⑤功烈如彼其卑：语出《孟子·公孙丑上》。⑥五禁之盟：指春秋五霸之一齐桓公在葵丘之盟上订立五条禁令之事。

［译文］

所谓霸，是对豪强威武的称呼，不是指奸盗诈伪的行为。小人的做法，有力量就靠力量而不用奸诈虚伪；力量不足就用智谋来弥补，便用伪诈。倘若自己的力量足以压服天下、震慑诸侯，该怎么做就怎么做，不怕对方不服从，根本用不着依靠智谋奸术，如何肯用伪诈呢？王道、霸道以诚、伪来区分是从宋儒开始的，其悖谬之处在于“五伯假之”“以力假仁”这两个“假”字上的误解，岂不知这“假”字是“借”的意思？二帝三王以天德为根本，自己可以实施仁政，又依靠什么呢？霸者要做好事，自己没什么本领，便不得不借力而行，不然就令不行、禁不止了。这就是借威力实施仁义。所以孟子说：“以力假仁者霸。”因为自身没有，所以说假借。人们所以服从，不是因为他的智慧能够迷惑愚弄他人，而是对他的威力无可奈何，只得服从他。征服别人，是用强大的武力；屈服他人，是用伪诈。管仲、商鞅都是辅佐霸主的，看看他们的行为，都是用威力来制约、束缚人，并不是强夺和拐骗人的人，所以孔子只说他“器量狭小”，孟子只说他“功绩那样地卑小”。而现在定公孙鞅的罪过，只是说他残暴刻薄，而不说他奸诈。如今官府教育民众多做善行，远离罪恶，只依靠刑罚的威力，完全是霸道，哪有什么奸诈虚伪？看来对王道和霸道的考察评论自有现成的公案，说来以德以力的行为，表面上都是仁义的。如五禁之盟，即使二帝三王在世，难道能说它不对吗？难道会反其道而行之吗？这些都是以力推行罢了。用“德”“力”二字区别王、霸最为准确，用“诚”“伪”二字不太妥当，为什么这样说呢？王与霸只是粗略的划分，还说不到诚、伪的问题上去。如果仔细区分，二帝三王便有诚、伪之分，何况霸呢？

5.110　骤制则小者未必贴服，以渐则天下无豪杰皆就我羁靮矣。明制则愚者亦生机械，默制则天下无智巧皆入我范围矣。此驭夷狄、待小人之微权，君子用之则为术知，小人用之则为智巧，舍是未有能济者也。或曰：“何不以至诚行之？”曰：“此何尝不至诚？但不浅露轻率耳。孔子曰：‘机事不密，则害成。’此之谓与？”

［译文］

骤然去制裁，小人物也未必服从；循序渐进，天下豪杰都会被自己掌握。明确地制裁，即便愚蠢的人也会感到束缚；潜移默化，则能够轻易驾驭天下聪慧的人。这驾驭夷狄、对付小人物的小权术，君子用之就是智谋才智，小人用之则是机智巧诈，除此之外再无成功之道。有人问：“为什么不能以诚挚来实施呢？”回答说：“这样做又有什么不至诚的呢？只不过浅露不轻率而已。孔子说：‘机事不密，则害成。’不就是说的这个道理吗？”

5.111　迂儒识见，看得二帝三王事功，只似阳春雨露，妪煦可人，再无一些冷落严肃之气。便是慈母也有诃骂小儿时，不知天地只恁阳春成甚世界？故雷霆霜雪不备，不足以成天威怒；刑罚不用，不足以成治。只五臣[①]耳，还要一个皋陶，而二十有二人，犹有四凶之诛[②]。今只把天德王道看得恁秀雅温柔，岂知杀之而不怨，便是存神过化[③]处。目下作用，须是汗吐下后，服四君子、四物[④]百十剂，才是治体。

［注释］

①五臣：《论语·泰伯》："舜有臣五人而天下治。"五臣指禹、稷、契、皋陶、伯益。皋陶主治刑狱。②二十有二人，犹有四凶之诛：二十有二人，《史记·五帝本纪》称舜封臣子二十二人而天下大治。四凶之诛，指舜流放浑沌、穷奇、梼杌、饕餮四凶族。③存神过化：《孟子·尽心上》："夫君子所过者化，所存者神，上下与天地同流，岂曰小补之哉！"④四君子、四物：四君子，即"四君子汤"。四物，指"四物汤"。

［译文］

迂腐的士人，其见识只能看到二帝三王的事业像阳春雨露，温暖滋润，可人之意，没有一点冷落严肃的气象。其实慈母也有责骂孩子的时候，殊不知如果天地只有阳春，还成什么世界？所以没有雷霆霜雪，就无法显示上天的威怒；不使用刑罚，就无法治理国家。舜有五位大臣，其中还有皋陶主持刑狱；舜封臣子二十二人，还流放了四凶。现在把天德王道看得那样秀雅温柔，殊不知被杀而不怨才是圣人神妙的教化所起的作用。现在起作用的办法，是出汗呕吐以后再服四君子汤、四物汤百十剂，这才是治病的良方。

5.112　三公[①]示无私也，三孤[②]示无党也，九卿[③]示无隐也。事无私曲，心无闭藏，何隐之有？呜呼！顾名思义，官职亦少称[④]矣。

［注释］

①三公：指太师、太傅、太保。②三孤：三公之副，指少师、少傅、少保。③九卿：指中央政府的九个高级官职。各朝代九卿名称不尽一致。④少称：稍微称职。

［译文］

三公的确立以示无私，三孤的确立以示无党派之分，九卿的确立是为了表示没有隐私。事情没有私心曲衷，心境没有遮蔽躲藏，又有什么隐情呢？唉！顾名思义，名实也得稍微相符一些吧。

5.113　要天下太平，满朝只消三个人，一省只消两个人。

［译文］

要想使天下太平，整个朝廷只要三个官员，一个省只要两个官员就够了。

5.114　贤者只是一味，圣人备五味。一味之人其性执、其见偏，自有用其一味处，但当因才器使耳。

［译文］

贤者只具备一味，圣人却具备五味。拘于一种味道的人性格固执、见解偏颇，自有能用到一味的地方，但应当因才使用。

5.115　天之气运有常，人依之以事作而百务成，因之以长养而百病少。上之政体有常，则下之志趋定而渐可责成。人之耳目一而因以寡过。

［译文］

天的气运有常道，人按照这个常道去做事都能成功；按照天的常道养生，就会很少患病。上面的政体有常规，那么下面民众的意志就会趋于稳定。人耳闻目睹的都是一样的事物，因此就可以减少过失。

5.116　君子见狱囚而加礼焉，今以后皆君子人也，可无敬与？噫！刑法之设，明王之所以爱小人而示之以君子之路也。然则囹圄者，小人之学校与？

[译文]

君子即便见到囚犯也以礼相待，因为这些囚犯也可以成为君子，能不尊敬吗？唉！刑狱法律的设立，是英明的帝王用以表示爱小人，并为他们指出的一条君子之道啊。既然这样，那么监狱不就是小人的学校吗？

5.117　小人只怕他有才，有才以济之，流害无穷；君子只怕他无才，无才以行之，斯世何补？

[译文]

就怕小人有才能，小人有了才能作辅助，危害就更大了；就怕君子没有才能，君子没有才能去做事，对社会有什么用处呢？

5.118　事有便于官吏之私者，百世常行，天下通行，或日盛月新，至弥漫而不可救。若不便于己私，虽天下国家以为极便，屡加申饬，每不能行，即暂行亦不能久。负国负民，吾党之罪大矣。

[译文]

事情有利于官吏的私欲的，就长期干下去，普天之下都是这样，或者变换花样，变本加厉，蔓延得不可救药。若事情不利于官吏的私欲，即使对天下国家极为有利，三令五申也不去做，就是暂时做了也不能长久。有负于国家、有负于民众，我们做官的罪责极大。

5.119　恩威当使有余，不可穷也。天子之恩威止于爵三公、夷九族[①]，恩威尽而人思以胜之矣。故明君养恩不尽，常使人有余荣；养威不尽，常使人有余惧。此久安长治之道也。

[注释]

①夷九族：夷，诛灭。九族，历代说法不一。一说指父族四、母族三、妻族二。一说指同姓亲族。

[译文]

恩和威的使用都应该留有余地，不可用尽。天子的恩赏只能到授三公的官爵，其威严也只能到诛灭九族。恩威用尽了，人们就会想方设法来对付他。因此英明的帝王不把恩赏用尽，常使人还想得到；不把威严用尽，常使人还感到惧怕。这就是久安长治的道理。

5.120　封建[①]自五帝已然，三王明知不便势与情，不得不用耳。夏继虞[②]而诸侯无罪，安得废之？汤放桀[③]，费征伐者十一国，余皆服从，安得而废之？武伐纣[④]，不期而会者八百，其不会者或远或不闻，亦在三分有二之数，安得而废之？使六国尊秦为帝[⑤]，秦亦不废六国。缘他不肯服，势必毕[⑥]六王而后已。武王之兴灭继绝[⑦]，孔子之继绝举废[⑧]，亦自其先世曾有功德，及灭之，不以其罪言之耳。非谓六师所移及九族无血食[⑨]者，必求复其国也。故封建不必是，郡县[⑩]不必非。郡县者无定之封建，封建者有定之郡县也。

[注释]

①封建：古代帝王把爵位、土地赐给诸侯，在封定的区域内建立邦国。②夏继虞：夏指夏禹，虞指虞舜。舜传位于禹。③汤放桀：汤即商汤，商朝的建立者。桀即夏桀，夏代最后的君主，被商汤打败，出奔而死。④武伐纣：武，周武王。纣，殷纣王。周武王伐纣灭商。⑤使六国尊秦为帝：使，假使。六国，指齐、楚、燕、韩、赵、魏六国，最后全部为秦国所灭。⑥毕：结束，终止。⑦武王之兴灭继绝：《论语·尧曰》篇述周武王事曰：“兴灭国，继绝世，举逸民，天下之民心归焉。”这里言周武王功业。⑧孔子之继绝举废：《中庸》第十二章：“哀公问政，子曰：‘……继绝世，举废国，治乱持危，朝聘以时，

厚往而薄来，所以怀诸侯也。’”⑨血食：古代杀牲取血，用以祭祀，故曰血食。⑩郡县：这里指郡县制度。

［译文］

分封诸侯建立邦国，从五帝时代就是如此，三王明知不便于治理，但碍于形势，不得不用这种办法。夏禹继承虞舜，而诸侯没有罪责，怎么能废除呢？商汤放逐夏桀，需要用武力去征伐的只有十一个诸侯国，其余的都服从了，怎么能废除呢？武王讨伐商纣，不期而来的有八百个诸侯，没有来的，或者因为路途遥远，或者因为不知情，这些诸侯占三分之二，怎么能废除呢？假使六国都尊秦为帝，也不会为秦所灭。因为六国不肯服从，这种局势下秦只能灭掉六国。周武王的复兴诸侯，重立贵族，孔子的继承绝世，复兴故国，也是因为其祖先曾有功德，而又不是真正以罪灭亡的。并不是说六国军队所杀、九族被诛而无人祭祀的诸侯国一定都要恢复。因此对封建制不必完全肯定，对郡县制也不必一概否定。郡县制其实就是没有固定分封对象的封建制，封建制就是有了固定分封对象的郡县制。

5.121　刑、礼非二物也，皆令人迁善而去恶也，故远于礼则近于刑。

［译文］

刑罚和礼仪并不是两种不同的东西，它们都是让人弃恶从善。所以说违背了礼仪，就接近受刑的地步了。

5.122　上德默成，示意而已；其次示观，动其自然；其次示声色；其次示是非，使知当然；其次示毁誉，使不得不然；其次示祸福；其次示赏罚；其次示生杀，使不敢不然。盖至于示生杀而御世之术穷矣。叔季之世，自生杀之外无示也。悲夫！

[译文]

最高的道德是润物无声的，只是表达意思而已；其次是要让人看到并打动其自然之情；其次是表现于声色；其次是说明是非，使人知道应当怎么做；其次是明确赞成或反对，使人不得不如此；其次是阐明祸福利害；其次是用赏罚的手段；其次是用生杀的手段，使人不敢不如此。大概到了用生杀手段的时候，治世的方法也就用尽了。一个王朝的末世，除了用生杀的办法就没有别的办法，真是可悲。

5.123　权之所在，利之所归也。圣人以权行道，小人以权济私。在上者慎以权与人。

[译文]

有了权力，就有了利益。圣人用权力推行天道，小人用权力谋取私利。因此居上位者不要轻易授人权力。

5.124　太平之时，文武将吏习于懒散，拾前人之唾余，高谈阔论，尽似真才。乃稍稍艰，大事到手，仓皇迷闷，无一干济[①]之术。可叹可恨！士君子平日事事讲求、在在体验，临时只办得三五分，若全然不理会，只似纸舟尘饭[②]耳。

[注释]

①干济：干练的办事能力。②纸舟尘饭：以纸作舟，以尘作饭。比喻以伪当真或毫无用处的东西。

[译文]

天下太平的时候，文武将吏习惯于懒散，拾起前人的话题高谈阔论，好像都是真才实学之人。然而刚遇到艰难环境，该担当大事的时候，就仓皇失措，没有一点实用的本事。既可叹又可恨！士君子平时事事都应该讲求实用，处处都应该尽心竭力，这样到了真正做事的时候才能够发挥出三五分来，倘若根本不理会实用，就会像纸上谈兵，毫无用处。

5.125　圣人之杀，所以止杀也。故果于杀而不为姑息，故杀者一二而所全活者千万。后世之不杀，所以滋杀也。不忍于杀一二以养天下之奸，故生其可杀而生者多陷于杀。呜呼！后世民多犯死，则为人上者，妇人之仁为之也。世欲治，得乎？

［译文］

圣人主张的杀，目的是为了止杀，所以对该杀的就要十分果断，毫不姑息。因为杀了一两个却保存了千万人的性命。后世主张不杀，是助长了杀人的事。不忍心杀一两个人却姑息了天下所有的奸邪之人，因此让该杀的活下来而活着的许多人就陷入了被杀的危险之中。唉！后世的民众有很多犯了死罪，就是因为居于上位的人，以妇人之仁姑息了坏人而造成的。像这样治理社会，能行吗？

5.126　天下事不是一人做底，故舜五臣、周十乱①，其余所用皆小德小贤，方能兴化致治。天下事不是一时做底，故尧、舜相继百五十年，然后黎民于变；文、武、周公相继百年，然后教化大行。今无一人谈治道，而孤掌欲鸣；一人倡之，众人从而诋訾②之；一时作之，后人从而倾圮③之。呜呼！世道终不三代邪？振教铎④以化吾侪，得数人焉，相引而在事权，庶几或可望乎！

［注释］

①周十乱：乱，治臣。指周武王时十名有才能的大臣：周公旦、召公奭、太公望、毕公、荣公、太颠、闳夭、散宜生、南宫适及文母。②诋訾：毁谤。③倾圮：排挤、败坏。④振教铎：古代宣布政教法令时，即振铎以警众。教，教化。铎，有舌的大铃。

［译文］

天下事不是一个人可以完成的，因此舜有五臣辅佐，周朝有十位能臣治世，其余所用的都是小德小贤之人，这样才能够治理国家。天下事不是一时可以完成的，因此尧、舜相继一百五十多年，然后黎民才有所改变；周文王、周武王、周公又相继百年，然后教化大行。现在没有人谈治理，因此孤掌欲鸣；一人倡导，众人却百般诋毁；一时作为，后人却又将其推翻。唉！难道社会真不如三代了吗？如果振兴教化以感召志同道合之人，大家相互支持以掌握教化之力，大概还有些希望吧。

5.127　两精、两备、两勇、两智、两愚、两意，则多寡强弱在所必较；以精乘杂，以备乘疏，以勇乘怯，以勇敢利用其怯懦，以智乘愚，以有余乘不足，以有意乘不意，以决乘二三[①]，以合德乘离心，以锐乘疲，以慎乘怠，则多寡强弱非所论矣；故战之胜负无他，得其所乘与为人所乘，其得失不啻百也。实精也，而示之以杂；实备也，而示之以疏；实勇也，而示之以怯；实智也，而示之以愚；实有余也，而示之以不足；实有意也，而示之以不意；实有决也，而示之以二三；实合德也，而示之以离心；实锐也，而示之以疲；实慎也，而示之以怠，则多寡强弱亦非所论矣。故乘之可否无他，知其所示，知其无所示，其得失亦不啻百也。故不藏其所示，凶也；误中于所示，凶也。此将家之所务审也。

［注释］

①二三：时二时三，指不专一，反复无定。

［译文］

如果双方都具有精锐的力量，双方都做好了准备，双方都勇敢无畏，双方都足智多谋，双方都愚蠢不堪，双方都有意图，相比之下双方在力量上会有多寡强弱的比较。以精锐利用其混杂，以详备利用其疏忽，以勇敢利用其怯懦，以智谋利用其愚蠢，以有余利用其不足，以有意乘其不意，以果断决绝利用其三心二意，以团结利用其分裂，以斗志昂扬利用其疲惫不堪，以慎重利用其惰怠，那么双方谁多谁寡谁强谁弱自然不必说了。所以战争的胜负不在其他，就在于是利用对方还是被对方利用而已。利用与被利用，相差何止百倍。实际上精锐，却故意表现出混杂；实际上有准备，却故意表现出疏忽；实际上很勇敢，却故意表现得怯懦；实际上很聪明，却故意表现得愚蠢；实际上有余，却故意暴露出不足；实际上有意，却故意暴露出无意；实际上很果断，而故意显示出犹豫不决；实际上团结一致，而故意表现出离心离德；实际上士气高昂，却故意表现得疲惫不堪；实际上很谨慎，却故意暴露出怠惰，那么双方在多寡强弱上也不可同日而语了。所以利用对方的弱点，没有其他的方法，主要应弄明白对方暴露出来的是什么，没有暴露出来的又是什么，这样双方的得失相差就不只百倍了。因此说，不会掩饰自己，是很危险的；错误地相信对方的表现，也是很危险的。这是将帅应该详加审度的。

5.128　守令于民，先有知疼知热，如儿如女一副真心肠，甚么爱养曲成事业做不出？只是生来没此念头，便与说绽唇舌，浑如醉梦。

[译文]

郡守、县令对待百姓，首先应该知其冷热痛痒，有一副如对儿女的真心肠，这样的话，还有什么事业做不出来呢？只是许多做官的天生没有这个念头，你就是说破嘴，他浑然如在醉梦中。

5.129　兵、士二党，近世之隐忧也。士党易散，兵党难驯。看来亦有法处，我欲三月而令可杀，杀之可令心服而无怨，何者？罪不在下故也。

［译文］

兵和士这两种人，是近世潜在的忧患。士容易一盘散沙，兵则难以驯服。看来也有办法改变这种状况，我能做到三个月可以让他们听从号令，如有不听从的，即使将他们处死，也可以让他们心服口服而无怨言。为什么呢？因为罪责不在下面的人。

5.130　或问宰相之道，曰：无私有识。冢宰[①]之道，曰：知人善任使。

［注释］

①冢宰：指吏部尚书，掌管官吏的任免、考课、升降、调动等事务。

［译文］

有人问怎样才能当好宰相。回答是：没有私欲而有见识。又问怎样才能当好冢宰。回答是：知人善任。

5.131　当事者须有贤圣心肠、英雄才识。其谋国忧民也，出于恻怛至诚；其图事揆策[①]也，必极详慎精密。踌躅及于九有[②]，计算至于千年。其所施设安得不事善功成、宜民利国？今也怀贪功喜事之念，为孟浪苟且之图，工粉饰弥缝之计，以遂其要荣取贵之奸，为万姓造殃不计也，为百年开衅不计也，为四海耗蠹不计也，计吾利否耳。呜呼！可胜叹哉！

［注释］

①揆策：筹度策略。②九有：九域。

［译文］

当权的人须有圣贤心肠、英雄才识。为国家谋略，为民众担忧，是出于内心真挚的感情；计议事情，筹划策略，必须极其谨慎周密。周密地考虑，要从九域着眼；精确地计算，要想到千年久远。这样，所提出的措施办法怎能不成功、不有利于国家和百姓呢？而今当权的人只怀着贪功喜事的念头，做些轻率苟且之事，搞些粉饰太平的表面文章，以达到攫取荣华富贵的阴谋，置百姓疾苦于不顾，开百年恶端而不管，耗天下财力而不计，只算计对自己有利无利。唉！真让人感叹不尽！

5.132　为人上者最怕器局小、见识俗。吏胥舆皂尽能笑人，不可不慎也。

［译文］

居上位者，最忌讳气量狭小，见识庸俗。官府小吏、轿夫仆隶也会嘲笑人，不能不慎重对待。

5.133　为政者立科条，发号令，宁宽些儿，只要真实行，永久行。若法极精密而督责不严，综核不至，总归虚弥，反增烦扰，此为政者之大戒也。

［译文］

治理国政的人，订立条文，发号施令，宁可宽松一些，重要的是真正实行，长久实行。如果制定的法律非常严密精细，但不严格监督、检查，还是一纸空文，反而增加许多烦恼，这是为政者的大戒。

5.134　民情不可使不便，不可使甚便。不便则壅阏[①]而不通，甚者令之不行，必溃决而不可收拾；甚便则纵肆而不检，甚者法不能制，必放溢而不敢约束。故圣人同其好恶以体其必至之情，纳之礼法以防其不可长之渐，故能相安相习而不至于为乱。

［注释］

①壅阏：堵塞。

［译文］

民众的感情不能违背，也不能过于放纵。违背民众的感情就会产生隔阂，严重的就会使法令不能贯彻，必然会导致不可收拾的结果；过于放纵恣肆也会使民众不检点，甚至法律都不能制裁，必然导致放纵泛滥而无法约束的结果。因此圣人使自己和民众好恶相同，以体会他们的心情，然后制定相应的礼仪法度，以防微杜渐，因此民众能够习惯于安定而不至于作乱。

5.135　居官只一个快性，自家讨了多少便宜，左右省了多少负累，百姓省了多少劳费。

［译文］

做官只要雷厉风行，自己就会有很大益处，下属也省了许多的负担，百姓也省了许多劳苦资费。

5.136　自委质后，终日做底是朝廷官，执底是朝廷法，干底是朝廷事。荣辱在君，爱憎在人，进退在我。吾辈而今错处把官认作自家官，所以万事顾不得，只要保全这个在，扶持这个尊。此虽是第二等说话，然见得这个透，还算五分人。

［译文］

自从把自己的一切都交给国家以后，每天做的是朝廷的官吏，执行的是朝廷的法律，干的是朝廷的事情。荣辱取决于帝王，爱憎取决于他人，进退取决于自己。我们当官人现在错把这个官当作自家的官，因此什么事都不顾虑，只是要保全自己的地位，保持自己的尊严。这虽是说的第二等的话，然而对这点能看清楚，还算是半个好官。

5.137　铦矛而秫梃[①]，金矢而秸弓[②]。虽有《周官》之法度而无奉行之人，典谟训诰[3]何益哉？

［注释］

①铦矛而秫梃：以高粱秆作锐利之矛的柄，比喻不相称。铦，锐利。梃，木棒。②金矢而秸弓：金属的箭头而用植物秆为弓，比喻不相称，无用处。③典谟训诰：重要的典章制度及文告。

［译文］

锋利的矛，而用秫秆作柄；金属的箭头，用秸秆作弓。像这样即便有《周礼》所规定的严密的法度，而没有奉行的人，这些典谟训诰又有什么用处呢？

5.138　二帝三王功业原不难做，只是人不曾理会。譬之遥望万丈高峰，何等巍峨，他地步原自逶迤，上面亦不陡峻，不信只小试一试便见得。

［译文］

二帝三王的功绩和事业，原也不难达到，只是人们没有去在意罢了。就像遥望万丈高峰，是那么巍峨，其实它只是表面曲折，山顶并不陡峭，不信只要试一下就知道了。

5.139　洗漆以油，洗污以灰，洗油以腻，去小人以小人，此古今妙手也。昔人明此意者几，故以君子去小人，正治之法也。正治是堂堂之阵，妙手是玄玄之机。玄玄之机，非圣人不能用也。

［译文］

用油来洗油漆，用灰来洗污渍，用腻子来洗油，用小人除去小人，这是古今绝妙的方法。过去人明白这个道理的人很少，因此用君子去除小人，这是正面治理的方法。正面治理是堂堂对阵，而绝妙之法却是深奥的机巧。这深奥的机巧，非圣人不能运用。

5.140　吏治不但错枉[1]，去慵懦无用之人，清仕路之最急者。长厚者误国蠹民以相培植，奈何？

［注释］

①错枉：摒弃邪枉的人。错，通“措”，舍弃；枉，枉曲不正之人。

［译文］

整顿吏治，要罢免贪赃枉法的人，不用慵懒懦弱无能之辈，这是最紧迫的事情。宽厚的人却培养这样的人误国害民，有什么办法呢？

5.141　余佐司寇日，有罪人情极可恨而法无以加者，司官曲拟重条，余不可。司官曰：“非私恶也，以惩恶耳。”余曰：“谓非私恶，诚然；谓非作恶，可乎？君以公恶轻重法，安知他日无以私恶轻重法者乎？刑部只有个‘法’字，刑官只有个‘执’字，君其慎之。”

［译文］

我在刑部任职的时候，有一名罪犯，案情极其可恨而根据法律又不能重判了，当事官员要牵强附会法律条文而判其重刑，我不同意。当事官员说：“这并非出于我个人的憎恶，而是为了惩戒恶人。”我说：“您说并非出于个人憎恶，确实如此；但说您没有放任个人憎恶，可以吗？您因公众对他憎恶就加重刑罚，怎么知道以后就不会以个人的憎恶而随意轻判重判呢？刑部只有个‘法’字，刑官只有个‘执’字，您应该慎重考虑。”

5.142　有圣人于此，与十人论争，圣人之论是矣，十人亦各是己论以相持，莫之能下。旁观者至，有是圣人者，有是十人者，莫之能定。必有一圣人至，方是圣人之论，而十人者、旁观者又未必以后至者为圣人，又未必是圣人之是圣人也。然则是非将安取决哉？“旻天”，诗人怨王惑于邪谋[1]，不能断以从善。噫！彼王也未必不以邪谋为正谋、为先民之经、为大犹之程[2]，当时在朝之臣又安知不谓大夫为邪谋、为迩言[3]也？是故执两端而用中，必圣人在天子之位，独断坚持；必圣人居父师之尊，诚格意孚。不然人各有口，人各有心，在下者多指乱视，在上者蓄疑败谋，孰得而禁之？孰得而定之？

[注释]

①“旻天”，诗人怨王惑于邪谋：旻天，指《诗经·小雅·小旻》篇。朱熹注：“大夫以王惑于邪谋，不能断以从善，而作此诗。言旻天之疾威，布于下土，使王之谋犹邪辟，无日而止。谋之善者则不从，而其不善者反用之，故我视其谋犹，亦甚病也。”②大犹之程：指法律。犹，道。③迩言：浅末之言。

[译文]

有一个圣人在此，与十个人论争，圣人的意见是正确的，而十个人也各自认为自己的意见正确，争论不休，谁也不能说服谁。来了一些旁观的人，有的说圣人的意见正确，有的认为十人的意见正确，是非还是定不下来。必须再来一个圣人，肯定原来那圣人的意见是正确的，但是那十个人的旁观者又未必认为后来的人就是圣人，又未必认为肯定圣人意见是正确的见解就是正确的。那么用什么方法来判定是非呢？《诗经》中《小旻》一篇就是诗人抱怨国君被邪谋所迷惑，不能判断是非而从善的诗篇。唉，诗中所说的国君未必不认为邪谋就是正谋，而把它作为民众遵守的法则，作为治国的大法，又怎知当时朝廷的官吏不认为大夫的主张是邪谋、是浅末之言呢？因此处事要权衡两端而用中道。只有圣人处在天子的位置，才能独断坚持；只有圣人居于父师之尊位，才能用诚意去感动。不然人各有口，人各有心，下面的人胡乱指责扰乱视听，上面的人心生疑虑败坏事情，谁能够禁止呢？谁来判定是非呢？

5.143　易衰歇而难奋发者，我也；易懒散而难振作者，众也；易坏乱而难整饬者，事也；易蛊敝而难久常者，物也。此所以治日常少而乱日常多也。故为政要鼓舞不倦，纲常张，纪常理。

［译文］

容易衰颓中止而难以奋发的，是自己；容易懒散而难以振作的，是众人；容易毁坏混乱而难以整治的，是各种事情；容易损坏破败而难以持久的，是各种物品。这就是秩序井然的时候少而混乱不堪的时候多的原因。所以处理政务要鼓舞不倦，经常整顿纲纪。

5.144　滥准、株连、差拘、监禁、保押、淹久、解审、照提，此八者，狱情之大忌也，仁人之所隐也。居官者慎之。

［译文］

草率、株连、拘留、监禁、取保、拖延、解审、照提，这八种情况，是审理狱案的大忌，仁善之人都避免这样做。作为官员对此一定要慎重。

5.145　养民之政，孟子云："老者衣帛食肉，黎民不饥不寒[①]。"韩子云："鳏寡孤独废疾者，皆有养也[②]。"教民之道，孟子云："使契为司徒，教以人伦，父子有亲，君臣有义，夫妇有别，长幼有序，朋友有信。放勋曰：'劳之来之，匡之直之，辅之翼之，使自得之，又从而振德之。'"[③]《洪范》曰："无偏无陂，遵王之义；无有作好，遵王之道；无有作恶，遵王之路；无偏无党，王道荡荡；无党无偏，王道平平；无反无侧，王道正直。会其有极，归其有极。"予每三复斯言[④]，汗辄浃背；三叹斯语，泪便交颐。嗟夫！今之民非古之民乎？今之道非古之道乎？抑世变若江河，世道终不可反乎？抑古人绝德，后人终不可及乎？吾耳目口鼻视古人有何缺欠？爵禄事势视古人有何靳啬？俾六合景象若斯，辱此七尺之躯，靦面万民之上矣。

[注释]

①老者衣帛食肉，黎民不饥不寒：语出《孟子·梁惠王上》。②鳏寡孤独废疾者，皆有养也：语出韩愈《原道》。③孟子云："使契为司徒……"：语出《孟子·滕文公上》。契，舜的大臣；司徒，官名；放勋，尧。④三复斯言：多次重复这句话。

[译文]

对于养民之政，孟子主张："老人有丝绵衣服穿、有肉吃，一般百姓饿不着、冻不着。"韩愈主张："那些鳏夫、寡妇、孤老、孤儿和残废有病的人都有人抚养。"对于教民之道，孟子说："让契这样的贤人任司徒，教给人民行为的准则和人伦道理，使父子相亲，君臣有义，夫妇有别，长幼有序，朋友有信。尧说：'督促他们，纠正他们，帮助他们使他们各得其所，然后加以提携和教诲。'"《尚书·洪范》中说："不要偏邪不正，要遵循王的法则；不要有所偏爱，要遵循王所指明的道理；不要有所偏恶，要遵循王所规定的道路；不要有所偏私而又偏袒同党，王的道路才能平坦；不结私党，没有偏向，国家才能治理有序；不要反复无常而又偏邪不正，王的道路就会又正又直。聚集诸侯臣工要有法则，诸侯臣工归附天子也要有法则。"我每当诵习此言，便汗流浃背；每当感叹此语，便泪流满面。唉！现在的民众，难道和古代的民众不一样了吗？现在的道理，难道也和古代不同了吗？是不是世道的变化如江河一般，再也不能恢复到以前的样子呢？还是古人道德高尚无比，后人终究达不到呢？我们的耳目口鼻比古人有什么缺陷吗？还是今人比古人更贪图地位财富而屈身辅佐权贵呢？如果天下情形都是这样，那就白白长了这个七尺的身躯，处于万民之上真是惭愧。

5.146　智慧长于精神，精神生于喜悦，喜悦生于欢爱。故责人者，与其怒之也，不若教之；与其教之也，不若化之。从容宽大，谅其所不能而容其所不及，恕其所不知而体其所不欲，随事讲说，随时开谕。彼乐接引之诚而喜于所好，感督责之宽而愧其不材，人非木石，无不长进。故曰“敬敷五教在宽①”，又曰“无忿疾于顽②”，又曰“匪怒伊教③”，又曰“善诱人④”。今也不令而责之豫，不言而责之意，不明而责之喻，未及令人，先怀怒意，梃诟恣加，既罪矣而不详其故，是两相仇、两相苦也，智者之所笑而有量者之所羞也。为人上者切宜戒之。

［注释］

①敬敷五教在宽：语出《尚书·尧典》。敷，传布、施行。五教，五常之教。②无忿疾于顽：语出《尚书·君陈》。③匪怒伊教：不是对人发怒，而是教训大家。语出《诗经·鲁颂·泮水》。④善诱人：循循善诱。语出《论语·子罕》。

［译文］

智慧由精神而得到增长，精神产生于喜悦，喜悦产生于欢爱。因此指责他人的人，与其发怒，倒不如去教诲；与其教诲，倒不如去感化。要从容宽大，原谅其才能不够，理解其力所不及；宽恕其不知道，体谅其不愿意。随着事情发生而讲解，随时开导教谕。对方就会觉得你诚挚而乐意做自己喜欢的事；感到对他比较宽容，从而因自己不能成材而感到惭愧。人非木石，没有不进步的。因此《尚书》中说：“努力地宣传五常之教，在于宽厚。”又说：“对愚顽不化的人也不要愤怒仇恨。”又说：“不要发怒，要耐心教化。”又说：“要善于诱导人。”现在没下达命令就要求人准备，没有说话就要求人会意，没有讲明就要求人理解。命令未发出，先怀有怒意，任意打骂，对方受到责难，还不知具体是什么原因。于是双方互相仇视，都很痛苦。这样做明智的人会耻笑，有肚量的人为之感到羞愧。作为官员，切记不要这样做。

5.147　德立行成了，论不得人之贵贱、家之贫富、分之尊卑。自然上下格心[①]，大小象指[②]。历山耕夫[③]有甚威灵气焰？故曰："默而成之，不言而信，存乎德行[④]。"

［注释］

①格心：正心。②象指：像指头一样听从使唤。③历山耕夫：指舜微时曾耕于历山。④默而成之，不言而信，存乎德行：语出《周易·系辞上》。

［译文］

道德操守修养好了，就不必计较其出身的贵贱、家庭的贫富、身份的尊卑。这样自然就会使大家齐心，大人小孩都听从指挥。舜本来只是历山一个耕田的农夫，有什么威势气焰？因此《易经》说："默默地成功了，不说话别人就会相信，主要在于要有高尚的道德品行。"

5.148　宽人之恶者，化人之恶者也；激人之过者，甚人之过者也。

［译文］

宽恕别人的错误，就是帮助别人改正错误；激将别人的错误，就是让别人错上加错。

5.149　五刑[①]不如一耻，百战不如一礼，万劝不如一悔。

［注释］

①五刑：古代墨、劓、刖、宫、大辟五种刑罚。

[译文]

五刑的处罚使人免于犯罪，不如让他懂得羞耻；一百次战争使人屈服，不如教他以礼相待；一万次劝勉，不如让他幡然悔悟。

5.150　举大事，动众情，必协众心而后济。不能尽协者，须以诚意格之，恳言入之。如不格不入，须委曲以求济事。不然彼其气力智术足以撼众而败吾之谋，而吾又以直道行之，非所以成天下之务也。古之人神谋鬼谋，以卜以筮，岂真有惑于不可知哉？定众志也。此济事之微权也。

[译文]

做大事，发动民众的感情，必须使大家齐心协力才能成功。不能完全协调的，必须以真诚的心意感化，以恳切的话语劝说。如果还不行，必须加以妥协以使事情成功。否则对方的力量智慧足以惑乱众人，败坏我的计划，而我自己只是按照直截了当的方式进行，这就不是成就天下大事的办法。古人装神弄鬼，卜卦占筮，难道真是迷惑于不可知的力量吗？那样做只是为了坚定众人的意志而已。这是使事情成功的巧妙办法。

5.151　世间万物皆有所欲，其欲亦是天理人情。天下万世公共之心，每怜万物有多少不得其欲处。有余者盈溢于所欲之外而死，不足者奔走于所欲之内而死。二者均，俱生之道也。常思天地生许多人物，自足以养之，然而不得其欲者，正缘不均之故耳。此无天地不是处，宇宙内自有任其责者。是以圣王治天下不说均就说平。其均平之术只是絜矩[①]。絜矩之方，只是个同好恶。

[注释]

①絜矩：言审己以度人。絜，度量；矩，法度。

[译文]

世间万物都有欲望，这些欲望都是天理人情。天下万世公共之心，每每怜悯万物有多少不能满足的欲望。欲望得到充分满足的常常会在欲望之外而死于非命，欲望得不到满足的也会在追逐欲望的过程中夭折。二者如果均平的话，便都可以很好地生存。我常想，天地生这么多人，自然能够养育他们，然而那些得不到满足的人，正是因为分配不均的缘故。这并不是天地的不对，世界上自有应承担责任的人。因此圣王治理天下，不是说均，就是说平。均平的办法就是要有规矩。这个规矩，就与他人同好恶而推己及人。

5.152　做官都是苦事，为官原是苦人。官职高一步，责任便大一步，忧勤便增一步。圣人胼手胝足[①]，劳心焦思，惟天下之安而后乐。是乐者，乐其所苦者也。众人快欲适情，身尊家润，惟富贵之得而后乐。是乐者，乐其所乐者也。

[注释]

①胼手胝足：手掌脚底生厚茧，形容十分辛勤劳苦。

[译文]

做官是很辛苦的事，做官的人也是很辛苦的人。官职升高一级，责任就更大一些，忧虑辛苦也就更增一层。圣人胼手胝足、费心劳神，只有天下安宁才会快乐。这种快乐，是为其劳苦而快乐。一般人贪图纵欲的快乐，身居高位、家境殷实，只有富贵才会感到快乐。这种快乐，是为其享乐而快乐。

5.153　法有定而持循之不易，则下之耳目心志习而上逸；无定，则上之指授口颊烦而下乱。

[译文]

有固定的法律，坚持遵循不变更，百姓就会耳濡目染而习惯，朝廷也省去了很多麻烦；没有固定的法律，朝廷就会疲于处理事务，徒增烦乱，百姓也会感到混乱而无所适从。

5.154　世人作无益事常十九，论有益，惟有暖衣、饱食、安居、利用四者而已。臣子事君亲，妇事夫，弟事兄，老慈幼，上惠下，不出乎此。《豳风》一章，万世生人之大法，看他举动，种种皆有益事。

［译文］

世上人所做的事，十有八九都是无益的。说到有益的事，只有穿暖衣服、吃饱肚子、有地方住和方便行事四方面而已。大臣、子女侍奉君王、父母，妻子服侍丈夫，弟弟服侍兄长，老人慈爱孩子，上司优待下属，都是为了这个。《诗经·豳风》一章，说出了所有人生的大事，诗中所讲种种，都是有益的事。

5.155　天下之事，要其终而后知君子之用心、君子之建立，要其成而后见事功之济否。可奈庸人俗识，谗夫利口，君子才一施设，辄生议论。或附会以诬其心，或造言以甚其过。是以志趣不坚、人言是恤[①]者辄灰心丧气，竟不卒功。识见不真、人言是听者辄罢君子之所为，不使终事。呜呼！大可愤心矣。古之大建立者，或利于千万世而不利于一时，或利于千万人而不利于一人，或利于千万事而不利于一事。其有所费也似贪，其有所劳也似虐，其不避嫌也易以招摘取议。及其成功而心事如青天白日矣，奈之何铄金销骨之口夺未竟之施，诬不白之心哉？呜呼！英雄豪杰冷眼天下之事，袖手天下之敝，付之长吁冷笑，任其腐溃决裂而不之理，玩日愒月[②]，尸位素餐而苟且目前以全躯保妻子者，岂得已哉？盖惧此也。

[注释]

①恤：忧虑。②玩日愒（qì）月：贪图安逸，虚度日月。

[译文]

天下的事，要到最后才能知道君子的动机、目的，要等事情做完以后才能看出是否于事有益。可惜庸俗者有着狭隘的见识，谄媚者有着刻薄的言语，君子才一开始做事他们就大放厥词，或者牵强附会诬蔑君子的用心，或者造谣诽谤夸大君子的过失，因此那些意志不坚定、轻信别人话的人，就会灰心丧气，以致不再努力。那些没有见识、听信他人的人，听到了这些议论就不再按君子说的办，使事情半途而废。唉！太令人气愤了。古时大有作为的人，或者有利于后世而不利于当时，或者有利于广大民众而不利于极个别人，或者对大多数事情有利而对少数事情不利。当然他们耗用的财力很多，好像很贪婪似的；所有的人很辛苦，好像很暴虐似的；他们做事不避嫌疑，容易招来指摘和非议。直到他们成功，其动机才大白于天下。怎么能以刁钻刻薄的言语，强行评判没有完成的事情，在他人没有辩解的时候诬蔑其动机呢？唉！英雄豪杰中的有些人冷眼看待天下之事，对天下的弊端袖手旁观，只付之冷笑和叹息而已，任其腐烂溃败而不管，整天贪图安逸，虚度日月，在位而不理事，苟且偷生以保全妻儿子女，难道他们甘心这样吗？是因为众口铄金吧。

5.156　变法者变时势不变道，变枝叶不变本。吾怪夫后之议法者偶有意见，妄逞聪明，不知前人立法千思万虑而后决。后人之所以新奇自喜，皆前人之所以熟思而弃者也，岂前人之见不及此哉？

[译文]

变法的人，应该是改变时势而不改变道理，改变枝叶而不改变根本。我觉得后世议论变法的人很不好，偶尔有了一点见解，就狂妄地卖弄自己的聪明，不知前人立法的时候是经过千思万虑才决定下来的。后人认为新奇而自以为得意的见解，都是前人经过深思熟虑而弃置不用的，哪里是前人没有考虑到呢？

5.157　鳏寡孤独、疲癃残疾、颠连无告之失所者，惟冬为甚。故凡咏红炉锦帐之欢、忘雪夜呻吟之苦者，皆不仁者也。

［译文］

那些鳏寡孤独、衰老多病残疾以及颠沛流离、无处诉苦的人，一到冬天就更加痛苦。因此那些吟咏红炉锦帐之欢，忘记还有在雪夜中痛苦呻吟的人，都是不仁的。

5.158　天下之财，生者一人，食者九人；兴者四人，害者六人。其冻馁而死者，生之人十九，食之人十一；其饱暖而乐者，害之人十九，兴之人十一。呜呼！可为伤心矣。三代之政行，宁有此哉？

［译文］

天下的财物，生产的只有一个人，而享受的却有九个人；兴建的只有四个人，破坏的却有六个人。那些冻馁而死的人，十分之九是从事生产的，而享受的却只占十分之一；那些吃饱穿暖而享乐的人，十分之九是破坏事情的人，十分之一才是生产的人。唉！真让人伤心啊。如果实行三代时的政令，难道会有这种事吗？

5.159　居生杀予夺之柄，而中奸细之术以陷正人君子，是受雇之刺客也。伤我天道、殃我子孙，而为他人快意，愚亦甚矣。愚尝戏谓一友人曰：“能辱能荣，能杀能生，不当为人作荆卿[①]。”友人谢曰：“此语可为当路[②]药石。”

［注释］

①荆卿：指荆轲，战国时卫人。为燕太子丹刺杀秦王未遂，被杀。②当路：当权者。

［译文］

掌握着生杀予夺的大权，中了奸细的阴谋，陷害了正人君子，这就是受人雇用的刺客。伤害天理道德，殃及子孙后代，而让他人称心快意，这也太愚蠢了。我曾和一个朋友开玩笑说："能使人受辱，能使人荣华，能叫人死也能叫人活，就是不该为他人做荆轲。"朋友同意说："这句话可以作为掌握生杀大权人的治病良药。"

5.160　秦家[①]得罪于万世，在变了井田[②]上。春秋以后井田已是十分病民了，但当复十一之旧，正九一之界，不当一变而为阡陌。后世厚取重敛，与秦自不相干。至于贫富不均，开天下奢靡之俗，生天下窃劫之盗，废比闾族党[③]之法，使后世十人九贫，死于饥寒者多有，则坏井田之祸也。三代井田之法，能使家给人足，俗俭伦明，盗息讼简，天下各得其所。只一复了井田，万事俱理。

［注释］

①秦家：指战国时的秦国。②井田：古代的一种土地制度。以方九百亩的地为一里，划为九区，中间为公田，外八区为私田，八家均私田百亩，同养公田。因形如井字，故称井田。③比闾族党：周代的户籍行政区划。

［译文］

秦国之所以被万世责难，只是因为改变了井田制。春秋以后，实行井田制已经很不利于民众了，但应该恢复十收一的税制，而确立九分归国家一分归自己的井田界限，不应当一下就开阡陌、弃井田。后世的重征厚敛实际上与秦国没有任何关系。至于贫富不均，形成奢侈浪费的习俗，产生盗窃、抢劫的行为，废除比、闾、族、党的规定，使后代人民大多贫困，许多人死于饥寒交迫，则是破坏了井田制带来的祸害。三代时实行井田制度，能使人家境殷实，丰衣足食，风俗淳朴，道德高尚，盗息讼少，天下人各得其所。只要恢复井田制，各种事情都会变好。

5.161　赦何为者？以为冤耶，当罪不明之有司；以为不冤耶，当报无辜之死恨。圣王有大庆，虽枯骨罔不蒙恩。今伤者伤矣，死者死矣，含愤郁郁莫不欲仇我者速罹于法以快吾心，而乃赦之，是何仁于有罪而不仁于无辜也？将残贼幸赦而屡逞，善良闻赦而伤心，非圣王之政也。故圣王眚灾宥过不待庆时，其刑故也不论庆时，夫是之谓大公至正之道。而不以一时之喜滥恩，则法执而小人惧，小人惧则善良得其所。

［译文］

为什么要赦免呢？如果是因为冤枉，应当治罪昏庸的司法官吏；如果不冤，应当为无辜而死者报仇雪恨。圣明的君王在大的庆典时，即使是枯骨也会蒙受恩惠。如今受伤的受伤，死亡的死亡，心含怨愤，希望害己者尽快受到法律的制裁，以快慰其心。可罪人却被赦免了，为什么要对有罪者仁慈而对无辜者不仁呢？让害人者侥幸赦免的愿望屡屡得逞，让善良之人闻之伤心痛苦，这不是圣明君王应有的政事。因此圣明的君王消灾改错，不应该待到庆典时，执行刑罚也不管是否庆典之时，这就是正大光明的方法。不以一时的高兴滥施恩惠，这样，法律严格，小人就会害怕，小人害怕，善良的人们就能安居乐业了。

5.162　庙堂之上聚议者，其虚文也。当路者持不虚之成心，循不可废之故事，特借群在以示公耳。是以尊者嗫嗫，卑者唯诺，移日而退。巧于逢迎者观其颐指意向而极口称道，他日骤得殊荣；激于公直者知其无益有害而奋色极言，他日中以奇祸。

［译文］

在朝廷上聚议发言，不过是形式而已。大臣以不诚的心情，按一般常理发言，不过是借此来当众显示自己。因此地位高的吞吞吐吐，地位低的唯唯诺诺，拖了很长时间，然后一起散去。巧于奉承的人察言观色而极口称道，事后得到赏识提拔；公平正直的人认为这样无益有害，挺身直言，事后却遭到奇天大祸。

5.163　近世士风大可哀已。英雄豪杰本欲为宇宙树立大纲常、大事业，今也驱之俗套，绳以虚文，不俯首吞声以从，惟有引身而退耳。是以道德之士远引高蹈，功名之士以屈养伸。彼在上者倨傲成习，看下面人皆王顺①长息耳。

［注释］

①王顺：顺从的样子。王，通“往”。

［译文］

近世的士风让人感到可悲。英雄豪杰本想为社会做贡献，干一番事业，现在也落入了俗套，被虚伪的文饰所束缚，如果不能俯首帖耳地顺从，就只有告退还乡这一条路了。因此有道德的人越离越远，追求功名的人委曲求全，以图升迁。那些做高官的人骄傲成性，把下面的人看成一群驯服的奴隶。

5.164　今四海九州之人，郡异风，乡殊俗，道德不一故也。故天下皆守先王之礼，事上接下，交际往来，揆事宰物，率遵一个成法，尚安有诋笑者乎？故惟守礼可以笑人。

［译文］

现在四海九州的人，州、郡风尚不同，乡、县习俗有别，这都是因为道德不统一的缘故。如果天下人都遵守先王制定的礼法，承上启下，沟通古今，处理事物都遵守一个成法，还会有人耻笑吗？因此说，只有守礼的人才有资格笑话别人。

5.165　凡名器服饰，自天子而下庶人而上，各有一定等差，不可僭逼。上太杀是谓逼下，下太隆是谓僭上。先王不裁抑以逼下也，而下不敢僭。

[译文]

凡是名器服饰，从天子以下直到普通人，都要有一定的等级差别，不可超越。地位高的人太降低等级，这叫逼下；地位低的太超越等级，叫作僭上。先世的君王不制止是为了逼下，而下面的人也不敢僭上。

5.166　礼与刑二者常相资也。礼先刑后，礼行则刑措，刑行则礼衰。

[译文]

礼与刑常常相互补充。礼在前，刑在后，礼得到实行，刑就不需要了；刑得以实行，礼的作用就减弱了。

5.167　官贵精不贵多，权贵一不贵分。大都之内法令不行，则官多权分之故也，故万事俱弛。

[译文]

官吏在于精而不在于多，权力在于统一而不在于分散。在京都之内，法令不容易贯彻实行，是因为京都中官员众多、权力分散的缘故，所以各种事情都显得很松散。

5.168　名器于人无分毫之益，而国之存亡、民之死生于是乎系。是故衮冕非暖于纶巾①，黄瓦非坚于白屋②，别等威者非有利于身，受跪拜者非有益于己，然而圣王重之者，乱臣贼子非此无以防其渐而示之殊也。是故虽有大奸恶，而以区区之名分折之，莫不失辞丧气。吁！名器之义大矣哉！

[注释]

①衮（gǔn）冕：衮衣和冠冕，古代帝王及大夫的礼服和礼帽。纶巾：古时用青丝带编的头巾。②黄瓦：指帝王的宫殿，其屋顶用黄色瓦建成。白屋：古代平民的住屋，因其不施彩，故称白屋。

[译文]

名器对人丝毫没有实用价值，但是却关系着国家的存亡、民众的生死。因此帝王、士大夫所穿戴的礼服礼帽并不一定比百姓戴的头巾暖和，帝王的宫殿也不一定比普通的砖瓦房坚固。表示等级威权的东西不一定对自己有利，接受别人的跪拜对自己也没什么益处，但英明的帝王却重视这些，因为没有这些就不能防微杜渐，不能显示君王的特殊地位，以免乱臣贼子的出现。因此即便是大奸大恶之人，用小小的名分管束着，无不使其理屈词穷，垂头丧气。啊！名器的意义实在是大！

5.169　今之用人，只怕无去处，不知其病根在来处；今之理财，只怕无来处，不知其病根在去处。

[译文]

现在任用人才，只怕没有地方安排，岂不知错误的根源在其来处；现在管理财产，只怕没有财源，却不知出现弊端的根本在于如何使用。

5.170　用人之道，贵当其才；理财之道，贵去其蠹。人君以识深虑远者谋社稷，以老成持重者养国脉，以振励明作者起颓敝，以通时达变者调治化，以秉公持正者寄钧衡，以烛奸嫉邪者为按察，以厚下爱民者居守牧，以智深勇沉者典兵戎，以平恕明允者治刑狱，以廉静综核者掌会计，以惜耻养德者司教化，则用人当其才矣。宫妾无慢弃之帛，殿廷无金珠之玩，近侍绝贿赂之通，宠幸无不赀之赏，臣工严贪墨之诛，迎送惩威福之滥，工商重淫巧之罚，众庶谨僭奢之戒，游惰杜幸食之门，缁黄示诳诱之罪，倡优就耕织之业，则理财得其道矣。

［译文］

用人之道，贵在使其充分发挥作用；理财之道，贵在除去蛀虫一样的贪官污吏。帝王用深谋远虑的人为国家社稷谋划，用老成持重的人培养国家的根本，用昂扬实干的人振兴时弊，用通权达变的人调整治理，用秉公持正的人评定人才，用疾恶如仇的人惩治邪恶奸贼，用宽厚仁爱的人抚慰百姓，用睿智沉着的人指挥军兵，用英明公正的人管理刑狱，用廉洁稳重的人掌握财政，用珍惜名声、有修养的人管理教化，这样就做到人尽其才了。嫔妃宫女没有扔掉的绢帛，宫室之内没有金银玩物，贴身随从拒绝受贿，宠幸之人不受赏赐，严惩群臣百官贪财受贿，重罚迎送往来排场阔气，惩治过分奇巧的工商行为，惩戒普通百姓越轨奢侈之举，坚决杜绝流浪懒汉不劳而食，佛道之徒蛊惑人心要严加追究，倡女俳优之人要从事耕织之业，这样就找到理财的原则了。

5.171　古之官人也择而后用，故其考课也常恕。何也？不以小过弃所择也。今之官人也用而后择，却又以姑息行之，是无择也，是容保奸回也。岂不浑厚？哀哉万姓矣！

［译文］

古代任用官吏，经过选择以后才予以任用，因此在考核时常常比较宽松。为什么呢？因为不能以小的过失就放弃选择的人才。现在的官员，是任用以后再加以选择分配，却又常常姑息其人，结果等于没有选择，而是保护奸邪。这样做难道是浑厚吗？百姓真是太遭殃了！

5.172　世无全才久矣，用人者各因其长可也。夫目不能听，耳不能视，鼻不能食，口不能臭，势也。今之用人不审其才之所堪，资格所及，杂然授之。方司会计，辄理刑名；既典文铨[①]，又握兵柄。养之不得其道，用之不当其才，受之者但悦美秩而不自量。以此而求济事，岂不难哉！夫公绰但宜为老而裨谌不可谋邑[②]，今之人才岂能倍蓰古昔？愚以为学校养士，科目进人，便当如温公条议[③]，分为数科，使各学其才之所近，而质性英发能备众长者特设全才一科，及其授官，各任所长。夫资有所近，习有所通，施之政事，必有可观。盖古者以仕学为一事，今日分体用为两截。穷居草泽，止事词章；一入庙廊，方学政事。虽有明敏之才、英达之识，岂能观政数月便得每事尽善？不免卤莽施设，鹘突[④]支吾。苟不大败，辄得迁升。以此用人，虽尧、舜不治。夫古之明体也养适用之才，致君泽民之术固已熟于畎亩之中，苟能用我者，执此以往耳。今之学校，可为流涕矣。

［注释］

①文铨：文士的选拔。②公绰但宜为老而裨谌不可谋邑：公绰适合做家臣总管，裨谌不适合管理行政。公绰，春秋时鲁国大夫。为老，做家臣之长。裨谌，春秋时郑国大夫。③温公条议：温公，司马光，北宋大臣，史学家，著《资治通鉴》，死后追封温国公。司马光为相时，曾上条议，建议朝廷设十科取士。④鹘突：即糊涂。

［译文］

世上已经很久没有全面的人才了，使用人应该根据各自的长处。就像眼睛不能听声音，耳朵不能看东西，鼻子不能用来吃饭，嘴巴不能用来闻气味，这都是客观形成的。现在用人，不考查其才能，看其能否胜任以及资格够不够，就胡乱任命。刚当会计，马上又管理刑狱；既选拔文官，又掌握兵权。培养不得法，使用不能尽其才，被任用者只爱高官厚禄却又自不量力。像这样还想把事办好，岂不是太难了吗？孟公绰做家臣总管很适合，裨谌不可管理行政，现在的人才难道还会比古代多出几倍吗？我认为学校培养人才，科举选拔人才，就应当按照司马光上奏的条议，分为若干科，使每个人学习和他的特长相近的科目，而对天资特别聪明又有多种特长的，专门设立全才科，到授予官职的时候，各用其所长。其所学与其资质相近，与其将来事业相通，用在政事上，必然会做出可观的成绩。古代把做官和学习作为一件事，现在却把学习和实用截然分为两件事。地位卑微、尚未做官时，只学习诗词文章；进入朝廷，当上官吏，才开始学习政事。这样做，即使有聪明敏捷的才智，英明贤达的见识，又怎么能够在短短数月从政的时间里，就能把每件政事处理好呢？这样就免不了草率鲁莽、胡乱应付。如果没什么大错，还会得到升迁。这样选用人才，即便是尧、舜也没法治理好国家。古代以阐名治世之道来培养实用的人才，做官之前就已经熟悉上酬帝王、下惠百姓的为官之道，如果能够得到任用，就用这种方法去治理国家。现在这样的学校，比起那时来真是太惭愧了。

5.173　官之所居曰任，此意最可玩，不惟取责任负荷之义。任者，任也。听其便宜信任而责成也。若牵制束缚，非任矣。

［译文］

官员就职叫任，其含义最耐人寻味，不仅仅是承担责任的意思。所谓任，就是听任。听任其独立自主，信任官员而责成他做应做之事。如果对所任者一味地牵制、束缚，就不叫任了。

5.174　厮隶之言直彻之九重，台省以之为臧否，部院以之为进退，世道大可恨也。或讶之。愚曰："天子之用舍托之吏部，吏部之贤不肖托之抚按，抚按之耳目托之两司，两司之心腹托之守令，守令之见闻托之皂快，皂快之采访托之他邑别郡之皂快。彼其以恩仇为是非，以谬妄为情实，以前令为后官，以旧愆为新过，以小失为大辜，密报密收，信如金石，愈伪愈详，获如至宝。谓夷、由污，谓蹻、跖廉，往往有之。而抚按据以上闻，吏部据以黜陟。一吏之荣辱不足惜，而夺所爱以失民望，培所恨以滋民殃，好恶拂人甚矣。"

［译文］

厮隶的话能一直上达到朝廷，台省以此作为考核的依据，部院以此作为升降的标准，这样的社会极为可恨。有人对我的看法感到惊讶。我说："天子把用人的大权交给吏部，吏部把评定的权力交给巡抚，巡抚又把考察的权力交给两司，两司又把想要了解的事情托付给守令，守令又让皂快去打探消息，此地的皂快又托付别郡邑的皂快代为打探。这些皂快把自己的恩仇作为是非的标准，把谬妄的事情当成事实，把前任的事加到后任的头上，把旧责当作新过，把小过失说成大错误。悄悄报告，秘密接受，深信不疑。愈是虚假，报告愈详，如获至宝。说伯夷、许由卑污，说庄蹻、盗跖廉洁的情况时常出现。而巡抚根据这些就向上报告，吏部就根据这些决定官吏升降。一个官吏的荣辱不足惋惜，但罢免民众热爱的官吏使他们失望，扶植民众痛恨的官吏使他们遭殃，个人的好恶对人的前途的影响真是太大了。"

5.175　居官有五要：休错问一件事，休屈打一个人，休妄费一分财，休轻劳一夫力，休苟取一文钱。

[译文]

做官有五个要点：不要错问一件事，不要屈打一个人，不要浪费一分钱财，不要随便使用一个劳力，不要苟取一文钱。

5.176　吴、越之战利用智，羌、胡之战利用勇。智在相机，勇在养气。相机者务使鬼神不可知，养气者务使身家不肯顾。此百胜之道也。

[译文]

吴、越两国的战争是利用智谋，羌、胡两族的战争是利用勇敢。智谋在于寻找机会，勇敢在于培养士气。寻找机会务必机密得连鬼神也不让知道，培养士气务必连自己的生命也不能顾及。这是百战百胜的方法。

5.177　兵以死使人者也。用众怒，用义怒，用恩怒。众怒仇在万姓也，汤武之师是已；义怒以直攻曲也，三军缟素是已；恩怒感激思奋也，李牧[①]犒三军，吴起[②]同甘苦是已。此三者，用人之心，可以死人之身，非是皆强驱之也。猛虎在前，利兵在后，以死殴死，不战安之？然而取胜者幸也，败与溃者十九。

[注释]

①李牧：战国时赵国良将，对手下士兵极好。②吴起：战国时卫人，善于用兵打仗，作战时与士兵同吃同住，曾为受伤士兵吸脓。

[译文]

用兵，就是使他人为其送死。所利用的是众怒、义怒、恩怒。众怒，是百姓自己仇恨，商汤王、周武王的军队就是这样；义怒，是以正义攻击邪恶，像披麻戴孝的三军就是这样；恩怒，是由于感激而愿意为之奋斗，像李牧犒劳三军、吴起与士兵同甘共苦就是这样。这三种方法，利用的是人心，可以达到使人去送死的效果，除此之外都是靠强迫驱使军队去作战。势如猛虎的敌人在前面，手持利刃的监军在后面，用死战来赶走死亡，在这种情况下，不去作战又能够怎么样呢？然而靠这种方法取胜的，只是侥幸而已，十有八九是要溃败的。

5.178　寓兵于农，三代圣王行之甚好，家家知耕，人人知战，无论即戎，亦可弭盗，且经数十百年不用兵。说用兵，才用农十分之一耳。何者？有不道之国则天子命曰："某国不道，某方伯连帅[①]讨之。"天下无与也。天下所以享兵农未分之利。春秋以后，诸侯日寻干戈，农胥[②]变而为兵，舍穑不事则吾国贫，因粮于敌则他国贫。与其农胥变而兵也，不如兵农分。

［注释］

①方伯连帅：指地方长官。方伯，殷周时代一方诸侯之长，后泛称地方长官。连帅，十国诸侯之长。②胥：都。

［译文］

寓兵于农，三代圣明的帝王做得很好，家家都知道耕作，人人都知道战争，不但可以作战，还可以消除盗贼，而且数百年没有战争。而一旦有了战争，所动用的不过是农民的十分之一罢了。为什么呢？有大逆不道的国家，天子只要一声令下说"某个国家大逆不道，某个地方的诸侯去讨伐他们"就行了，天子及其他的诸侯国不必参加，天下就可以享受兵农不分所带来的好处。春秋以后，诸侯间的战争日益频繁，那些农夫都变成了专职的士兵，他们不种庄稼，因此国家就要贫穷，从敌国夺取粮食，则其他国家也会贫困。看来与其把农夫都变成士兵，不如把农夫和士兵分开。

5.179　凡战之道，贪生者死，忘死者生；狃胜者败，耻败者胜。

[译文]

所有的战争，都是贪生怕死的人反而死去，舍生忘死的人反而活下来；骄兵必败，哀兵必胜。

5.180　疏法胜于密心，宽令胜于严主。

[译文]

疏略的法律胜过缜密的机心，宽松的律令胜于严厉的主人。

5.181　天下之事倡于作俑而滥于助波鼓焰之徒，至于大坏极敝，非截然毅然者不能救。于是而犹曰循旧安常，无更张以拂人意，不知其可也。

[译文]

天下的事情，发端于始作俑者，而后更被一些推波助澜之徒搞得混乱不堪，以致到了腐败透顶的地步，没有坚决果断的人挺身而出就无法拯救。在这时候还说什么循旧安常的话，怕拂逆了众人的意愿而不主张变更改革，真不知道这样做是不是正确。

5.182　在上者能使人忘其尊而亲之，可谓盛德也已。

[译文]

做高官的人，能使人忘记其尊贵的身份而与其亲近，可以称得上隆盛的德行了。

5.183　因偶然之事立不变之法，惩一夫之失苦天下之人。法莫病于此矣。近日建白，往往而然。

[译文]

根据一件偶然的事情，确立长久不变的法律；为惩罚一个人的过失，而使天下人痛苦。法律的弊端没有比这再大的了。近来对修改法律的建议，往往如此。

5.184　礼繁则难行，卒成废阁之书；法繁则易犯，益甚决裂之罪。

[译文]

礼仪太烦琐就难以实行，最后会成为书架上的废弃搁置的书；法律太繁多就容易违犯，结果倒容易使人犯下弥天大罪。

5.185　为尧、舜之民者逸于尧、舜之臣，唐、虞世界全靠四岳、九官、十二牧，当时君民各享无为之业而已。臣劳之系于国家也，大哉！是故百官逸则君劳，而天下不得其所。

[译文]

当尧、舜之世的百姓，比当尧、舜之世的大臣还要自在安逸，尧、舜的时候全靠四岳、九官、十二牧这些官吏，当时的帝王和民众之所以能够过着无忧无虑的生活，大臣们对国家的功劳是很大的。因此百官闲暇则国君劳累，而天下人还不能各得其所。

5.186　治世用端人正士，衰世用庸夫俗子，乱世用憸夫佞人。憸夫佞人盛，而英雄豪杰之士不伸。夫惟不伸也，而奋于一伸，遂至于亡天下。故明主在上必先平天下之情，将英雄豪杰服其心志，就我羁靮，不蓄其奋而使之逞。

[译文]

安定的社会用正直端庄的人，衰败的社会用庸俗平凡的人，混乱的社会用奸邪谄媚的小人。奸邪谄媚的小人得势，英雄豪杰就没有用武之地。正因为不能施展才能，故英雄豪杰一旦奋发振作一展抱负，就会导致丧乱天下。因此英明的帝王当政，必须首先平定天下人心，使英雄豪杰信服自己，甘心受制于自己，不让他们积蓄奋发之志而带来亡国之祸。

5.187　天下之民皆朝廷之民，皆天地之民，皆吾民。

[译文]

天下的民众都是朝廷的民众，都是天地的民众，也都是我们自己的民众。

5.188　愈上则愈聋瞽，其壅蔽者众也。愈下则愈聪明，其见闻者真也。故论见闻，则君之知不如相，相之知不如监司，监司之知不如守令，守令之知不如民。论壅蔽，则守令蔽监司，监司蔽相，相蔽君。惜哉！愈下之真情不能使愈上者闻之也。

[译文]

地位越高的人越闭塞，看不到、听不到的事情越多。地位越是低下的人越聪明，看到、听到的事情也较为真实。因此在见闻方面，帝王不如大臣，大臣不如监司，监司不如守令，守令不如老百姓。在受蒙蔽方面，守令蒙蔽监司，监司蒙蔽大臣，大臣蒙蔽帝王。可惜啊！越是地位低下的人的真实情况，越是不能使地位高的人知道。

5.189　周公[①]是一部活《周礼》，世只有周公，不必有《周礼》。使周公而生于今，宁一一用《周礼》哉？愚谓有周公，虽无《周礼》可也；无周公，虽无《周礼》可也。

[注释]

①周公：即周公旦，周武王的弟弟，周成王的叔叔，辅佐成王治理天下，并制作礼乐。

[译文]

周公是一部活的《周礼》，世上只要有周公，就没有必要有

《周礼》。如果周公生活在今天，难道每件事都一一查《周礼》吗？我认为如果有周公，即使没有《周礼》也可以；没有周公，虽然没有《周礼》也可以。

5.190　民鲜耻可以观上之德，民鲜畏可以观上之威，更不须求之民。

［译文］

民众不知耻，就可以看出居上位者的品德；民众很少畏惧，就可以看出居上位者的威信，根本用不着向民众进行实际调查。

5.191　民情甚不可郁也。防以郁水，一决则漂屋推山；炮以郁火，一发则碎石破木。桀、纣郁民情而汤、武通之，此存亡之大机也，有天下者之所夙夜孜孜者也。

［译文］

民众的情绪不可郁积。堤岸是用来蓄水的，一旦决口就会冲倒房屋，淹没山头；火炮是用来蕴藏火药的，一旦发射，就会使石碎木破。夏桀、商纣郁积民众的情绪，而商汤、周武王使民心顺畅，这是国家存亡的关键，是帝王日夜孜孜以虑的。

5.192　天之生民非为君也，天之立君以为民也，奈何以我病百姓？夫为君之道无他，因天地自然之利而为民开导樽节之，因人生固有之性而为民倡率裁制之。足其同欲，去其同恶，凡以安定之使无失所，而后天立君之意终矣。岂其使一人肆于民上而剥天下以自奉哉？呜呼！尧、舜其知此也夫。

［译文］

天生民众，并不是为了帝王，天生帝王却是为了民众，怎能以帝王而祸害民众呢？做帝王的方法没有别的，就是依靠天地自然的有利条件为民众开导和约束；遵循人生固有的天性，让民众知道应该提倡什么、抑制什么。满足人们共同的欲望，除去人们共同厌恶的东西，使社会安定，无流离失所之人，这样上天立君的目的就达到了。哪是为了让帝王一人高居民众之上，剥夺天下所有的东西来满足自己的享乐呢？呜呼！尧、舜是懂得这个道理的。

5. 193　三代之法，井田、学校，万世不可废；世官、封建，废之已晚矣。此难与不思者道。

［译文］

三代的制度，井田和学校永远不能废除；官吏世袭和分封诸侯，废除得太晚了。这一点难和不动脑子的人说。

5. 194　圣王同民心而出治道，此成务者之要言也。夫民心之难同久矣。欲多而见鄙，圣王识度岂能同之？噫！治道以治民也，治民而不同之，其何能从？即从，其何能久？禹之戒舜曰："罔咈百姓以从己之欲[①]。"夫舜之欲岂适己自便哉？以为民也，而曰"罔咈"。盘庚之迁殷也，再四晓譬；武王之伐纣也，三令五申。必如此而后事克有济。故曰"专欲难成，众怒难犯[②]"。我之欲未必非，彼之怒未必是，圣王求以济事，则知专之不胜众也，而不动声色以因之，明其是非以悟之，陈其利害以动之，待其心安而意顺也，然后行之。是谓以天下人成天下事，事不劳而底[③]绩。虽然，亦有先发后闻者，亦有不谋而断者，亦有拟议已成、料度已审，疾雷迅电而民不得不然者。此特十一耳、百一耳，不可为典则也。

［注释］

①罔咈百姓以从己之欲：语出《尚书·大禹谟》。罔咈，不要违背。②专欲难成，众怒难犯：语出《左传·襄公十年》。③底：达到。

［译文］

圣明的帝王和民心相通，以此来制定治理社会的原则法规，这是完成治国大业的重要一点。很久以来，民心就难与帝王相通了。民众的欲望多而见识浅陋，帝王的见识度量怎能和他们一样呢？啊！治理国家就是为了治理民众，治理民众而不和他们的情欲相通，他们怎能顺从？即使顺从，又怎能持久？禹告诫舜说："千万不要强迫百姓顺从自己的欲望。"舜的欲望哪是为了自己安逸方便呢？全是为了民众，因此才说"不要违背"。盘庚迁殷时，反复向民众讲明道理；周武王讨伐殷纣王时，也三令五申进行说明。只有这样事情才能成功。所以说"专欲难成，众怒难犯"。自己的欲望未必不对，众人的愤怒也未必正确，圣明的帝王为了使事情成功，就应该懂得专制无法胜过民众的愤怒，因此要不动声色地因势利导，讲明是非，使其醒悟，陈说利害，使其改变，等到其心安意顺的时候，再推行自己的主张。这就是以天下人的力量成就天下事，不用费事就能获得成功。虽然这样说，也有先做事再告诉民众的，也有不让民众知道而决断的，也有事先已经考虑成熟，认为万无一失，以迅雷不及掩耳之势而使民众不得不确认的。可这只是十分之一、百分之一，不能作为典范和原则。

5.195　人君有欲，前后左右之幸也。君欲一，彼欲百，致天下乱亡，则一欲者受祸，而百欲者转事他人矣。此古今之明鉴，而有天下者之所当悟也。

［译文］

帝王有了欲望，前后左右的人就庆幸自己可以沾光。帝王有一种欲望，他们就有一百种欲望，从而导致天下大乱，国家灭亡。那时只有一种欲望的帝王就要遭殃，而有一百种欲望的人就会转而服侍他人。这是古今之明鉴，统治者应当有所觉悟。

5.196　“平”之一字极有意味，所以至治之世只说个天下平。或言：水无高下，一经流注无不得平。曰：此是一味平了。世间千种人、万般物、百样事，各有分量，容有差等，只各安其位而无一毫拂戾不安之意，这便是太平。如君说则是等尊卑、贵贱、小大而齐之矣，不平莫大乎是。

［译文］

“平”这个字极耐人寻味，所以治理得好的朝代只说“天下平”。有人说：水无论从高处流出来还是从低处流出来的，只要流出来注入其他地方便没有不平的。回答是：这只是一种平。世间有千万种不同的人、物、事，其分量等级各不相同，只各安其位而没有任何不协调、不安定的趋势，这就叫作太平。像你说的则是把尊卑、贵贱、大小都取消抹平，其实再没有比这更大的不平了。

5.197　国家之取士以言也，固将曰：“言如是，行必如是也。”及他日效用，举背之矣。今闾阎小民立片纸，凭一人，终其身执所书而责之不敢二，何也？我之所言昭然在纸笔间也，人已据之矣。吁！执卷上数千言，凭满闱之士大夫，且播之天下，视小民片纸何如？奈之何吾资之以进身，人君资之以进人，而自处于小民之下也哉？噫！无怪也。彼固以空言求之，而终身不复责券也。

［译文］

国家选拔官吏是因其言论，固执地认为其“言论是这样，行为也一定是这样”。到了以后实际任用的时候，才发现原来是两回事。现在普通百姓立一纸文书，找一个证人，别人终身就可以拿着文书督促他，他也不敢违背。为什么呢？自己的言论已经明明白白地写在纸上了，别人已经有了凭据了。唉！以试卷上的数千言，凭借满考场士人之口已传播天下，这比普通百姓的一张纸又怎么样呢？为什么我靠它当了官、帝王靠它选了人，却把自己降低到普通民众之下呢？唉！也难怪，这些人本来就是以空言来求官，因而一辈子也不兑现。

5.198　漆器之谏[1]，非为舜忧也，忧天下后世极欲之君自此而开其萌也。天下之势，无必有，有必文，文必靡丽，靡丽必亡。漆器之谏，慎其有也。

［注释］

①漆器之谏：指帝舜以漆器作食器，诸侯以为奢侈，进行劝谏的事。

［译文］

因漆器而谏，这并不是为舜担忧，而是担忧后代穷奢极欲的帝王从此开始腐败下去。天下发展的趋势，没有必然会变为有，有就必然会文饰，文饰必然会靡丽，靡丽必然会导致灭亡。劝谏舜不要用漆器作食器，就是要慎重防其有。

5.199　矩之不可以不直方也，是万物之所以曲直斜正也。是故矩无言而万物则之，无毫发违，直方故也。哀哉！为政之徒言也。

［译文］

矩不能不正直、端方，因为它是万物赖以保持曲直斜正的东西。所以矩不发一言，而万物以它为准则却没有丝毫的违反，这是因它正直、端方的缘故。可悲啊！处理国政却没有什么规矩，只是空说一通，这怎么可以呢！

5.200　暑之将退也先燠，天之将旦也先晦。投丸于壁，疾则内射，物极则反，不极则不反也。故愚者惟乐其极，智者先惧其反。然则否不害于极，泰极其可惧乎！

［译文］

暑天将要过去时先有一阵大热天气，天将要亮的时候先要暗一段时间。把弹丸投向墙壁，速度太快它就会反弹过来，事物超过极限就会向反面发展，不超过极限就不会向反面发展。因此愚蠢的人在事物到了极限时快乐，聪明的人则害怕事物向反面发展。然而厄运到了尽头并不可怕，好运到了尽头却实在是可怕。

5.201　余每食虽无肉味，而蔬食菜羹尝足。因叹曰："嗟夫！使天下皆如此而后盗可诛也。枵腹菜色，盗亦死，不盗亦死。夫守廉而俟死，此士君子之所难也。奈何以不能士君子之行而遂诛之乎？此富民为王道之首务也。"

［译文］

我每次吃饭，虽然没有肉，可蔬菜、面食、汤经常是充足的。我因此感叹说："唉！如果能使天下的人都像这样的话，那么再有偷盗的人就应该将其处死了。倘若饿着肚子，面如菜色，做强盗是死，不做强盗也是死。坚守廉洁而等死，这是士君子难以做到的。怎么可以把士君子都做不到的事情当成罪恶而处死人们呢？因此，使民富足是实行王道首先要做的事情。"

5.202　穷寇不可追也，遁辞不可攻也，贫民不可威也。

［译文］

不要追赶穷途末路的盗贼，不要攻击掩饰逃遁的言论，不要在穷人面前耍威风。

5.203　无事时埋藏着许多小人，多事时识破了许多君子。

[译文]

没有事情的时候，隐藏着许多小人；出事的时候，会识破许多伪君子。

5.204 法者，御世宰物之神器，人君本天理人情而定之，人君不得与；人臣为天下万世守之，人臣不得与。譬之执圭捧节[①]，奉持惟谨而已。非我物也，我何敢私？今也不然，人藉之以济私，请托公行；我藉之以市恩，听从如响。而辩言乱政之徒又借曰长厚、曰慈仁、曰报德、曰崇尊。夫长厚、慈仁当施于法之所不犯，报德、崇尊当求诸己之所得为，奈何以朝廷公法徇人情、伸己私哉？此大公之贼也。

[注释]

①执圭捧节：执圭板，捧着出使的信物。圭，帝王、诸侯在举行隆重仪式时所用的玉制礼器。节，出使的信物。

[译文]

法律，是治理社会、控制事物的神妙之物，是帝王根据天理人情制定的，帝王不能干预；臣下为了天下万世执行它，臣下也不能干预。就如同执圭板和捧着出使的信节一样，只能谨慎地执行而已。不是我自己的东西，我怎敢把它据为私有呢？现在则不然，别人靠它来济私，请托之事公然风行；自己借它来卖恩情，巴结的人成群结队。而花言巧语扰乱政治的人又借口要长厚、要慈仁、要报德、要崇尊。长厚、慈仁应该是对没犯法的人实行的，报德、崇尊应该是自己本身的行为，怎能用朝廷的公法来徇私情、报私恩呢？这是危害公平至正的恶劣做法。

5.205 治世之大臣不避嫌，治世之小臣无横议。

［译文］

社会稳定时的大臣不避嫌疑，社会稳定时的小官吏不横加议论。

5.206　姑息之祸甚于威严，此不可与长厚者道。

［译文］

姑息造成的祸害比威严造成的更严重。这一点不能对那些忠厚长者讲。

5.207　卑卑世态，袅袅人情，在下者工不以道之悦，在上者悦不以道之工。奔走揖拜之日多，而公务填委；简书酬酢之文盛，而民事罔闻。时光只有此时光，精神只有此精神，所专在此，则所疏在彼。朝廷设官本劳己以安民，今也扰民以相奉矣。

［译文］

当今世态，唯唯诺诺，人情纷繁，下面的人擅长以不正当的手段讨取欢心，上面的人喜欢那些无聊的机巧谄媚。互相拜访应酬的时候太多，而公务积压堆积；书信往来应酬的文章多，而百姓的事情置若罔闻。时光只有这点时光，精神也只有这点精神，如果专心在这方面，另一方面就会疏忽。朝廷设置官位，本来是为了自己辛苦一些而使民众安定，现在则成了扰乱民众让民众来奉养官吏了。

5.208　天下存亡系人君喜好。鹤乘轩[①]，何损于民？且足以亡国，而况大于此者乎？

［注释］

①鹤乘轩：春秋时卫懿公喜欢鹤，使鹤乘大夫车，因以人心背乱而亡国。轩，大夫乘坐的车。

[译文]

国君的喜好关系着国家的存亡。喜欢让鹤乘轩，岂止是对民众的损害？此足以使国家灭亡，更何况比这还大的欲望呢？

5.209 动大众，齐万民，要主之以慈爱，而行之以威严。故曰“威克厥爱[①]”，又曰“一怒而安天下之民[②]”。若姑息宽缓，煦煦沾沾，便是妇人之仁，一些事济不得。

[注释]

①威克厥爱：语出《尚书·胤征》，意思是如果能以威严制服所爱之物，事情就能成功。②一怒而安天下之民：语出《孟子·梁惠王下》。

[译文]

使大家行动一致，使百姓齐心协力，要以慈爱为本，以威严的方式进行。因此说：“威克厥爱。”又说：“一怒而安天下之民。”如果一味地姑息宽缓，温和柔顺，就是妇人之仁，一点事也办不成。

5.210 为政以徇私、弭谤、违道、干誉为第一耻。为人上者自有应行道理，合则行，不合则去。若委曲迁就，计利虑害，不如奉身而退。孟子谓枉尺直寻[①]，不可推起来。虽枉一寸，直千尺，恐亦未可也。或曰：“处君亲之际，恐有当枉处。”曰：“当枉则不得谓之枉矣，是谓权以行经，毕竟是直道而行。”

[注释]

①枉尺直寻：在小节上委曲以求得大的好处。枉，屈。直，伸。尺、寻，都是古代长度单位。

[译文]

处理政事，最可耻的是徇私舞弊、制止非议、背离原则、追求声名。作为官员，应该有自己的行为准则，合乎道理的就去做，不合乎道理的就坚决摒弃。如果委曲迁就，计较个人的得失利害，倒不如辞掉官位，保持高洁。孟子认为“枉尺直寻”不能广泛推行。即使是曲了一寸直了千尺，恐怕也未必是可行的。有人说：“当与帝王和亲人相处时，恐怕有应当枉曲的地方。”回答是：“应当枉曲的时候就不能叫作枉曲，而叫作灵活变通处理，毕竟还是正直的行为。”

5.211　“与其杀不辜，宁失不经[①]”，此舜时狱也。以舜之圣、皋陶之明，听比屋可封[②]之民，当淳朴未散之世，宜无不得其情者，何疑而有不经之失哉？则知五听之法[③]不足以尽民，而疑狱难决自古有之，故圣人宁不明也而不忍不仁。今之决狱，辄耻不明而以臆度之见、偏主之失杀人，大可恨也。夫天道好生，鬼神有知，奈何为此？故宁错生了人，休错杀了人。错生则生者尚有悔过之时，错杀则我亦有杀人之罪。司刑者慎之。

［注释］

①与其杀不辜，宁失不经：语出《尚书·大禹谟》。不经，不合常规。②比屋可封：形容教化成就之大，家家都有很高的德行，人人可以旌表。③五听之法：《周礼》中所讲的五种听狱讼，求民情的方法。

［译文］

“与其诛杀无辜的人，宁可违背常规”，这是帝舜时代治狱的原则。以舜的圣德、皋陶的明察，面对的是家家都有德行、人人可以表彰的民众，处于未失淳朴风气的世道，应该没有不了解其情由的事情，怎么还会怀疑有违背常规的疏忽呢？由此可知，用五听之法尚不足以对待所有的人，因而自古以来就有难以判断的疑案。因此圣人宁可落个不英明的名声也不忍心滥杀无辜。现在的刑狱决断，就怕别人说自己不英明，凭着臆断推想和偏颇的主观见解而杀人，太可恨了。上天有好生之德，鬼神也暗中有知，为什么要这样做呢？因此宁可错判留下活口，也不能错判杀害无辜。如果错误地使有罪的人活了下来，他可能会有悔悟的时候；如果错杀了人，自己也犯了杀人之罪。掌管刑狱的人一定要慎重。

5.212　大纛高牙[①]，鸣金奏管，飞旌卷盖，清道唱驺[②]，舆中之人志骄意得矣。苍生之疾苦几何？职业之修废几何？使无愧于心焉，即匹马单车，如听钧天之乐[③]。不然是益厚吾过也。妇人孺子岂不惊炫？恐有道者笑之。故君子之车服仪从足以辨等威而已，所汲汲者固自有在也。

［注释］

①大纛高牙：大纛（dào），仪仗队中的大旗。高牙，大将的牙旗。这里泛指高官的仪仗队。②唱驺：引马骑卒传呼开道。驺，开道引马的骑卒。③钧天之乐：指上天之乐。钧天，天之中央，上帝所居。

［译文］

高牙大旗，鼓乐震天，旌旗飘扬，吆喝开道，坐在轿子里的人是那么志得意满。然而苍生百姓的疾苦有多少？分内应办的事兴办了多少又废黜了多少？假使无愧于良心，即使是单车匹马也像听着上天之乐一样。否则就是加深了自己的罪过。妇人小孩当然会惊慌害怕，但有道之人恐怕只会耻笑。因此君子的车服仪式只要能表示出身份、等级、威仪就可以了，孜孜以求的不应该是这些。

5.213　徇情而不废法，执法而不病情，居官之妙悟也。圣人未尝不履正奉公，至其接人处事大段圆融浑厚，是以法纪不失而人亦不怨。何者？无躁急之心而不狃一切之术也。

［译文］

徇情而不违法，执法而不伤害感情，这是当官的大学问。圣人未必不奉公守法，但在待人处事方面，大都非常圆通敦厚，所以既不失法律原则，又不引起他人的怨恨。这是为什么呢？因为他们没有急躁之心，而且不拘泥于任何一种办事方式。

5.214　“宽简”二字，为政之大体。不宽则威令严，不简则科条密。以至严之法绳至密之事，是谓烦苛暴虐之政也。困己扰民，明王戒之。

［译文］

“宽简”这两个字，是处理政务的大原则。不宽大则威令就过于严厉，不简洁则政策条文就过于烦琐。用过于严厉的法令来要求过于烦琐的事情，这就叫暴戾残酷之政。束缚自己又扰害百姓，圣明的君王不应该这样做。

5.215　世上没个好做的官，虽抱关之吏，也须夜行早起，方为称职。才说做官好，便不是做好官的人。

［译文］

世上没有容易做的官，即使是守城门的小吏，也要早出晚归，才算是称职。凡是说做官如何好的人，就一定不是个好官。

5.216　罪不当笞，一朴便不是；罪不当怒，一叱便不是。为人上者慎之。

［译文］

所犯之罪不应受到鞭笞，打一下也是错的；所犯之罪不该受到责怒，呵斥一声也是不对的。对此当官的人一定要慎重。

5.217　君子之事君也，道则直身而行，礼则鞠躬而尽，诚则开心而献，祸福荣辱则顺命而受。

[译文]

君子为帝王服务，合乎道理就挺身去做，合乎礼仪就鞠躬而尽，以诚相待就敞开胸怀做出行动，至于祸福荣辱则听天由命。

5.218 弊端最不可开，弊风最不可成。禁弊端于未开之先易，挽弊风于既成之后难。识弊端而绝之，非知者不能；疾弊风而挽之，非勇者不能。圣王在上，诛开弊端者以徇天下，则弊风自革矣。

[译文]

最不应该开舞弊之端，最不应该使其形成舞弊的风气。在舞弊没有开端之前禁止比较容易，而在舞弊形成风气之后再挽回就非常困难。认清弊端而杜绝它，只有智慧出众的人才能做到；痛恨舞弊之风而将其挽回，只有勇气超群的人才能做到。圣明的君王当政，如果能把开舞弊之端的人诛杀，那么舞弊的风气自然就会被革除。

5.219 避其来锐，击其惰归，此之谓大智。大智者不敢常在我。击其来锐，避其惰归，此之谓神武。神武者心服常在人。大智者可以常战，神武者无俟再战。

[译文]

避开凌厉的攻击，在对方疲惰而归时加以痛击，这叫作大智。这种大智的人常怀有不敢之情。攻击精锐的来犯之敌，躲避疲惫而归的敌人，这叫作神武。这种神武的人常会使人心服。大智的人可以不断地作战，神武的人就不必等待再战了。

5.220 御众之道，赏罚其小者（赏罚小则大者劝惩）、甚者（赏罚甚者，费省而人不惊）、明者（人所共知）、公者（不以己私）。如是，虽百万人可为一将用，不然必劳、必费、必不行，徒多赏罚耳。

[译文]

统治众人的方法，要奖赏小的功劳，惩罚小的过失（这样人们就会勇建大功，力戒小过）；要奖励特别突出的，惩罚特别恶劣的（这样奖赏多高，惩罚多重，人们也不感到惊骇）；赏罚要明令宣布（使人们都知道）；赏罚要公正（不因个人私欲而偏移）。做到这些，百万之众就可以被一个将领所使用。否则必然会徒劳、浪费、失败，白白增加了赏罚而没有效果。

5.221　为政要使百姓大家相安，其大利害当兴革者不过什一。外此，只宜行所无事，不可有意立名建功，以求烜赫之誉。故君子之建白，以无智名勇功为第一。至于雷厉风行，未尝不用。譬之天道然，以冲和镇静为常，疾风迅雷间用之而已。

[译文]

处理政事要做到使百姓都相安无事，其中有大的利害关系而必须加以改革的，不应超过十分之一。此外，只适合做平常的事，不能有意立名建功以沽名钓誉。因此君子建树言行，以没有智勇功名为第一。至于雷厉风行，也未尝不可。譬如像自然道理那样，以平和镇静为常态，而像疾风迅雷一样的行动，只是一时用之而已。

5.222　罚人不尽数其罪，则有余惧；赏人不尽数其功，则有余望。

[译文]

惩罚人的时候不要把他的罪名都罗列出来，这样他心中还会怀有恐惧；奖赏人的时候，不要把他的功劳都列举出来，这样他会怀着再次被赏的希望。

5.223　匹夫有不可夺之志，虽天子亦无可奈何。天子但能令人死，有视死如饴者，而天子之权穷矣。然而竟令之死，是天子自取过也，不若容而遂之，以成盛德。是以圣人体群情，不敢夺人之志，以伤天下之心，以成己之恶。

[译文]

人有不可改变的志气，即使是帝王也无可奈何。帝王有权把人处死，可是对视死如归的人，帝王的权力也就到头了。这样的人如果处死他，那就是帝王自己的错误，不如宽容他，释放他，以显示宽宏大量的盛德。所以圣人体察大多数人的心情，不敢剥夺他人的志气，而伤天下人之心，使自己落得恶人的名声。

5.224　临民要庄谨，即近习门吏、起居常侍之间，不可示之以可慢。

[译文]

管理民众，态度要庄重谨慎，即使是对亲信之人、门生故吏和在自己身边服侍的人，也不能表现出让他们可以怠慢的地方。

5.225　圣王之道以简为先，其繁者，其简之所不能者也。故惟简可以清心，惟简可以率人，惟简可以省人己之过，惟简可以培寿命之原，惟简可以养天下之财，惟简可以不耗天地之气。

[译文]

圣明帝王治国的原则，以简便为第一。那些烦琐的事情，都是实在没有办法简略才不得不如此。因此唯独简便能净化身心，唯独简便能为人表率，唯独简便能减少自己和他人的过失，唯独简便能培养寿命的本原，唯独简便能积养天下的财物，唯独简便能不空耗天地的元气。

5.226　圣人不以天下易一人之命，后世乃以天下之命易一身之尊。悲夫！吾不知得天下将以何为也。

［译文］

圣人不用天下来换取一个人的生命，后世的君王用天下人的生命来换取一个人的尊严。真是可悲！我不知他得天下到底是为了什么。

5.227　圣君贤相在位，不必将在朝小人一网尽去之，只去元恶大奸，每种芟其甚者一二，示吾意向之所在。彼群小众邪与中人之可善可恶者莫不回心向道，以逃吾之所去，旧恶掩覆不暇，新善积累不及，而何敢怙终[①]以自溺耶？故举皋陶，不仁者远；去四凶，不仁者亦远。

［注释］

①怙终：凭恃奸诈而终不悔改。

［译文］

圣明的帝王和贤良的将相在位，不必将朝廷中的小人一网打尽，只除掉那些元凶大奸和每种奸人中最恶劣的一两个，表明自己的意向就可以了。这样，多数奸邪小人和在善恶之间摇摆不定的人就没有不幡然悔悟、逃避制裁的。这时他们掩饰过去恶行，努力积德行善还来不及，哪里还敢顽固地堕落下去呢？因此任用了皋陶，不仁义的人就远远躲避；除去了四凶，不仁义的人也远远逃开。

5.228　有一种人，以姑息匪人[①]市宽厚名；有一种人，以毛举细故市精明名，皆偏也。圣人之宽厚不使人有所恃，圣人之精明不使人无所容，敦大中自有分晓。

［注释］

①匪人：即“非人”，这里指不能胜任或行为不正的人。

[译文]

有一种人，以姑息坏人来换取宽厚的名声；还有一种人，以吹毛求疵来换取精细明察的名声，这些都是歪门邪道。圣人的宽厚，是不会使人有恃无恐的，圣人的精细明察也不会使人无地自容，在敦厚宽大之中自然有不可改变的原则。

5.229　申、韩[①]亦王道之一体，圣人何尝废刑名、不综核？四凶之诛，舜之申、韩也；少正卯[②]之诛、侏儒之斩[③]、三都之堕[④]，孔子之申、韩也。即雷霆霜雪，天亦何尝不申、韩哉？故慈父有梃诟，爱肉有针石。

[注释]

①申、韩：申，指申不害，战国时郑国人，韩昭侯用为相，国治兵强。申不害主张刑名之罚。韩，指韩非，战国时韩国人，主张循名责实，以法治国。②少正卯：春秋时鲁国大夫，因乱政被孔子在鲁国任大司寇时所诛。③侏儒之斩：春秋时齐景公、鲁定公会于夹谷，景公以戏乐侏儒侮鲁定公，孔子请命有司斩侏儒手足。④三都之堕：指孔子建议鲁定公拆毁季孙氏、叔孙氏、孟孙氏三家之邑的事。

[译文]

申不害和韩非的学说也是王道的一个方面，圣人何尝废除刑名之学而不考核呢？诛灭四凶，就是舜的申、韩之术；杀少正卯、斩侏儒、堕毁三都，就是孔子的申、韩之术。雷霆霜雪，就是天的申、韩之术。慈父也有发怒打骂儿女的时候，爱护身体也有用针石治病的方法。

5.230　三千三百[①]，圣人非靡文是尚而劳苦是甘也。人心无所存属则恶念潜伏，人身有所便安则恶行滋长。礼之繁文使人心有所用而不得他适也，使人观文得情而习于善也，使人劳其筋骨手足而不偷慢以养其淫也，使彼此相亲相敬而不伤好以起争也，是范身联世，制欲已乱之大防也。故旷达者乐于简便，一决而溃之则大乱起。后世之所谓礼者，则异是矣，先王情文废无一在，而乃习容止，多揖拜，姱颜色，柔声色，工颂谀，艳交游，密附耳蹑足之语，极笾豆筐篚之费，工书刺[②]候问之文，君子所以深疾之。欲一洗而入于崇真尚简之归，是救俗之大要也。虽然，不讲求先王之礼而一入于放达，乐有简便，久而不流于西晋者几希[③]。

［注释］

①三千三百：《礼记·中庸》："礼仪三百，威仪三千，待其人而后行。"指烦琐的礼节。②刺：书写。③久而不流于西晋者几希：指会出现魏晋时轻礼法而求放达的局面。

［译文］

礼仪三百，威仪三千，圣人并非崇尚繁文缛节、喜欢劳神费力。而是因为人的思想无所寄托就会滋生恶念，人的身体闲散安逸就会滋长恶行。繁文缛节能使人专注于礼而心无他念；使人看到礼的条文有所感受而渐渐养成良好的习惯；使人手足筋骨疲劳，而不偷懒怠慢，不会养成淫逸的毛病；使人们彼此相亲相敬而不伤和气、不起争斗，这是约束个人、协调社会、防止混乱的重要措施。所以旷达的人乐于简便，一旦疏忽了礼仪，就会像河水决口一溃而下，大乱就会发生。后世讲究所谓的礼仪，跟这却不一样，先王之礼的内涵和条文已经荡然无存，只是学习那些形容举止，揖拜不断、媚态百出、声音柔软、巧于奉承、交往游乐，整天交头接耳，奢靡浪费，擅长问候吹捧之类的文字。正人君子对此深恶痛绝。如果能洗心革面而归于淳朴自然，正是拯救风俗的关键。虽然如此，如果不讲求先王的礼制而流于放纵旷达，乐于简便，时间长了就会出现西晋时轻礼法、求放达的情况。

5.231　在上者无过，在下者多过。非在上者之无过，有过而人莫敢言；在下者非多过，诬之而人莫敢辩。夫惟使人无心言，然后为上者真无过；使人心服，而后为下者真多过也。

［译文］

上司没有过错，下属过错总是很多。并不是上司没有过错，而是有了过错别人不敢说；也不是下属过错多，而是受到诬陷而不敢辩解。只有使人没有心中的不服，上司才是真的没有过错；使人心服不再辩解，下属才是真的有过错。

5.232　为政者贵因时。事在当因，不为后人开无故之端；事在当革，不为后人长不救之祸。

［译文］

治理国政的人贵在顺应时势。事情应该因循，就不要为后人制造无缘无故的开端；事情应当改革，就不要为后人助长不可救药的祸根。

5.233　夫治水者，通之乃所以穷之，塞之乃所以决之也。民情亦然。故先王引民情于正，不裁于法。法与情不俱行，一存则一亡。三代之得天下，得民情也；其守天下也，调民情也。顺之而使不拂，节之而使不过，是谓之调。

［译文］

治理水患，用疏通的办法使水流畅通才可以免除水灾，用堵塞的办法只能造成堤防崩溃、洪水为患。民情也是这样。因此先王把民情引向淳正，不用法来裁治。法和情不能同时并行，一方存在，另一方就会消亡。三代能够得天下，是因为顺应了民情；三代能够守天下，是因为调和了民情。顺应而不违背，节制而不使其过分，这就叫作调和。

5.234　治道之衰，起于文法之盛；弊蠹之滋，始于簿书之繁。彼所谓文法簿书者，不但经生黔首懵不见闻，即有司专职，亦未尝检阅校勘。何者？千宗百架，鼠蠹雨浥，或一事反覆异同，或一时互有可否。后欲遵守，何所适从？只为积年老猾媒利市权之资耳，其实于事体无裨，弊蠹无损也。呜呼！百家之言不火而道终不明，后世之文法不省而世终不治。

［译文］

治国之道的衰败，开始于法令条文太多；弊端祸害的滋生，开始于簿籍文书太繁。那些所谓的法令条文、簿籍文书，不但熟读经书的儒生和普通百姓不明所以，不曾看见、听到，即便专管此职的官吏也未尝去检阅、校勘过。为什么呢？千万个卷宗、几百架文书，鼠啃雨淋，翻检不便，或者在一件事上反反复复，说法不一；或者在同一时间互有肯定和否定。后来的人想要遵守，可又适从哪个呢？老奸巨猾的人以此来谋取利益，根本对政事没有益处，弊端祸害也不能消除。唉！百家的学说如果不焚毁的话，治国之道始终不会昌明；后世如果不减省法令条文的话，世道始终不会稳定。

5.235　六合都是情世界，惟朝堂、官府为法世界，若也只徇情，世间更无处觅公道。

［译文］

世界上到处都有人情在，只有朝堂、官府是执行法律的地方。如果也徇私情，世间就没有地方能找到公道了。

5.236　进贤举才而自以为恩，此斯世之大惑也。退不肖之怨，谁其当之？失贤之罪，谁其当之？奉君之命，尽己之职，而公法废于私恩，举世迷焉，亦可悲矣。

［译文］

把举荐人才当作一种施恩，这是令世间众人迷惑的事情。那么辞退无能之辈招致的怨恨，让谁来承担呢？丧失贤良人才的罪过，又让谁来承担呢？得到帝王的任命，就应该恪守自己的职责，但因为个人的恩怨而废弃公共的法度，全世界都对此不解，这种情况也太可悲了。

5.237　进言有四难：审人、审己、审事、审时。一有未审，事必不济。

［译文］

提出建议有四个难处：审度他人、审度自己、审度事理、审度时势。四种情况有一种没有审度，事情就不会成功。

5.238　法不欲骤变，骤变虽美，骇人耳目，议论之媒也；法不欲硬变，硬变虽美，拂人心志，矫抗之藉也。故变法欲详审，欲有渐，欲不动声色，欲同民心而与之反覆其议论。欲心迹如青天白日，欲独任躬行，不令左右借其名以行胸臆。欲明且确，不可含糊，使人得持两可以为重轻。欲著实举行，期有成效，无虚文搪塞，反贻实害。必如是而后法可变也。不然，宁仍旧贯而损益修举之。无喜事，喜事人上者之僇也。

［译文］

法令不能骤然改变，骤然改变虽然很好，但会使人感到惊骇，成为人们街谈巷议的事情；法令不应该强行改变，强行改变虽然很好，但不符合人们的意愿，就成了人们违抗的借口。所以变法要经过详细周密的准备，逐渐实行，不动声色，要和民众齐心协力，反复地商议。要心中光明磊落，没有杂念，要独立自主，任劳任怨，不让身边的人假借自己的名义实现其目的。要明白确定，不能含糊其词而让人利用其模棱两可之处自行其是。要想真正实行，显出成效，不能不切实际，搪塞应付，这样反而会留下危害。只有这样才能改变法令，否则宁可只是按照旧法增减修订。切勿喜功好事，喜功好事是统治者的耻辱。

5.239　新法非十有益于前，百无虑于后，不可立也；旧法非于事万无益，于理大有害，不可更也。要在文者实之、偏者救之、敝者补之、流者反之、怠废者申明而振作之。此治体调停之中策，百世可循者也。

［译文］

新法如果不是比以前的法律胜过十分，实施以后又百无一虑，就不能订立；旧法如果不是对事情几乎没有益处，对常理过于违背，就不能更改。主要在于对原来文饰的地方要充实，对偏颇的地方要补救，对有弊病的地方要补充，对流于形式的要切实实行，对荒疏废弃的地方要公告说明、重新加强。这是治理调整的合适做法，永远适用。

5.240　用三代以前见识而不迂，就三代以后家数而不俗，可以当国矣。

［译文］

沿用三代以前的见识而不迂腐，采纳三代以后的方法而不庸俗，就可以担当治理国家的重任了。

5.241　善处世者，要得人自然之情。得人自然之情，则何所不得？失人自然之情，则何所不失？不惟帝王为然，虽二人同行，亦离此道不得。

［译文］

善于处世的人，要了解和尊重人的自然之情。了解了人的自然之情，什么事情办不到呢？不了解人的自然之情，什么事情能办好呢？不仅帝王这样，就是两个人相处，也不能违背这个道理。

5.242　夫坐法堂，厉声色，侍列武卒，错陈严刑，可生可杀，惟吾所欲为而莫之禁，非不泰然得志也。俄而有狂士直言正色，诋过攻失，不畏尊严，则王公贵人为之夺气。于斯时也，威非不足使之死也，理屈而威以劫之，则能使之死而不能使之服矣。大盗昏夜持利刃而加人之颈，人焉得而不畏哉？伸无理之威以服人，盗之类也，在上者之所耻也。彼以理伸，我以威伸，则彼之所伸者盖多矣。故为上者之用威，所以行理也，非以行势也。

［译文］

高坐在法堂之上，声色俱厉，四周武卒侍列，说错了就严刑拷打，掌握着生杀大权，为所欲为，没有人能禁止，好一副泰然得志的样子。偶有自认为狂妄的人直言正色，痛陈其过失，不畏惧达官贵人的尊严，这时达官贵人的气势就被夺去了。不是他们的威势不足以处死反对他的人，而是当他理屈词穷时、强用威势时，即使把反对的人处死了，也不能使人屈服。当强盗夜晚用利刃抵住人的脖子，人怎能不害怕呢？把没有道理的威势强加给别人，是强盗的行为，而达官贵人也这样做，那就很可耻。对方坚持真理，而自己使用威势，对方就占了上风。因此达官贵人使用威力，是为了实行道理，而不是为了展示自己的权势。

5.243　“礼”之一字，全是个虚文，而国之治乱、家之存亡、人之死生、事之成败，罔不由之。故君子重礼，非谓其能厚生利用人，而厚生利用者之所必赖也。

［译文］

“礼”这个字，完全是个虚文，但国家的治乱、家庭的存亡、个人的死生、事业的成败，都是由它决定的。因此君子重视礼仪，并不是说它能直接使人生活富裕、衣食丰足、物尽其用，但它却是达到这种境况所必需的。

5.244　兵革之用，德化之衰也。自古圣人亦甚盛德，即不过化存神，亦能久道成孚，使彼此相安于无事。岂有四夷不可讲信修睦、作邻国耶？何至高城深池以为卫，坚甲利兵以崇诛？侈万乘之师、靡数百万之财以困民，涂百万生灵之肝脑以角力，圣人之智术而止于是耶？将至愚极拙者谋之，其计岂出此下哉？若曰无可奈何不得不尔，无为贵圣人矣。将“干羽苗格[①]”“因垒崇降[②]”，尽虚语矣乎？夫无德化可恃、无恩信可结，而曰去兵，则外夷交侵，内寇啸聚，何以应敌？不知所以使之不侵不聚者，亦有道否也？古称四夷来王[③]，八蛮[④]通道，越裳重译[⑤]，日月霜露之所照坠者莫不尊亲，断非虚语。苟于此而岁岁求之，日日讲之，必有良法，何至困天下之半而为此无可奈何之策哉？

［注释］

①干羽苗格：手执舞具跳舞，三苗就来归附。干羽，古代舞具。苗格，指三苗来归附。格，至。②因垒崇降：周文王讨伐商纣之臣崇侯虎，一伐不降，退而修教化，再伐降之。垒，军垒。崇，崇侯虎。③四夷来王：四方的少数民族都来归顺。四夷，东夷、西戎、南蛮、北狄，泛指四方的少数民族。王，通“往”，归往。④八蛮：指居西南部的少数民族。⑤越裳重译：越裳国也派来了翻译。越裳，古南海国名。重译，翻译。

［译文］

用战争的方法解决问题，说明道德教化已经衰微了。自古以来的圣人都具有高尚的道德，即使不是所经之处人人都被感化，也能久行其道，使人们心悦诚服，彼此相安无事。怎么能说不能与四夷讲求信誉、搞好团结、做友好邻邦呢？何至于用高城深池来保卫、用坚甲利兵来厮杀呢？用万辆兵车的军队，耗费数百万的财富，使人民困苦不堪，肝脑涂地以决胜负，圣人明智的策略就是这样吗？即便向愚笨至极的人讨教，他的计策难道会比这更差吗？如果说是因为无可奈何，不得不如此，那圣人也没什么可贵的了。把“干羽苗格”“因垒崇降”都变成空话了吗？如果没有德行教化可以依靠，没有恩德信誉可以团结民众，空言去兵，倘若外夷来攻，内部盗寇叛乱，用什么去应敌呢？不知有没有什么办法使外夷不侵、内寇不聚呢？古代称四夷都来归顺，八蛮也来交往，越裳国也派来了翻译，日月所照之处，霜露所降之地，无不互相尊重亲近，绝不是虚妄假话。如果像这样，年年求索，天天研究，必定会有好办法，何至于使天下一半的人力和财富困扰于战争之中，而行此无可奈何的策略呢？

5.245　事无定分，则人人各诿其劳而万事废；物无定分，则人人各满其欲而万物争。分也者，物各付物，息人奸懒贪得之心，而使事得其理、人得其情者也。分定，虽万人不须交一言。此修齐治平之要务，二帝三王之所不能外也。

［译文］

事情没有一定的职责，就会人人推诿而使万事荒废；财物没有一定的归属，就会人人争夺以满足其欲望。名分，就是万物各有所属，以消除人们耍滑偷懒、贪得无厌的心理，而使事理、人情各得其所。有了分定，即使处理万人之事也不需要说一句话。这是关系到修身、齐家、治国、平天下的大事，古代的二帝三王也不能例外。

5.246　骄惯之极，父不能制子，君不能制臣，夫不能制妻，身不能自制。视死如饴，何威之能加？视恩为玩，何惠之能益？不祸不止。故君子情胜不敢废纪纲，兢兢然使所爱者知恩而不敢肆，所以生之也，所以全之也。

［译文］

骄惯到了极点，父亲管不住儿子，帝王管不住大臣，丈夫管不住妻子，自己也不能自我克制。如果骄纵到连死都不怕了，还有什么样的威势能管束他呢？如果把别人给予的恩惠视如儿戏，还有什么样的恩惠能对他起作用呢？这样下去，不遇到灾祸就不会停止。因此君子感情再强烈也不敢废除纪纲，而是谨慎守礼，使所爱的人知恩而不敢放肆。这才是使他生存和保全的办法。

5.247　物理人情，自然而已。圣人得其自然者以观天下，而天下之人不能逃圣人之洞察；握其自然者以运天下，而天下之人不觉为圣人所斡旋。即其轨物所绳近于矫拂，然拂其人欲自然之私，而顺其天理自然之公。故虽有倔强锢蔽之人，莫不憬悟而驯服，则圣人触其自然之机而鼓其自然之情也。

［译文］

物理、人情，不过是自然的流露而已。圣人能够以合乎客观自然的眼光观察天下，那么天下之人就无法逃脱圣人的洞察；圣人掌握了这种自然规律来治理天下，天下的人就会不知不觉地为圣人做事，听从圣人的差遣。即便他遵循的法度准则近于虚假悖谬，但是违背人欲的自然的私情，却顺应天地的自然公理。因此，即使有些人非常倔强执拗，也无不醒悟顺服，这是由于圣人抓住了自然规律的要点，以此来鼓舞自然人心的缘故。

5.248　监司视小民蔼然，待左右肃然，待寮采温然，待属官侃然，庶几乎得体矣。

［译文］

监司对待平民百姓和蔼可亲，对待身边的人严肃庄重，对待同僚温和友好，对待下属非常和乐，这样做差不多很得体了。

5.249　自委质后，此身原不属我。朝廷名分，为朝廷守之，一毫贬损不得，非抗也；一毫高亢不得，非卑也。朝廷法纪，为朝廷执之，一毫徇人不得，非固也；一毫任己不得，非葸也。

［译文］

自当了朝廷官员以后，自己的身心就不属于自己了。朝廷的名分，要为朝廷守护，丝毫不能贬损，这不是高傲；丝毫也不能高亢，这不是自卑。朝廷的法纪，要为朝廷执行，丝毫不能为人徇私，这不是固执；丝毫不能随心所欲，这不是怯懦。

5.250　未到手时，嫌于出位[①]而不敢学；既到手时，迫于应酬而不及学。一世业官苟且，只于虚套搪塞，竟不嚼真味，竟不见成功。虽位至三公，点检真足愧汗。学者思之。

［注释］

①嫌于出位：避越位之嫌。嫌，避嫌。出位，越出本位。

［译文］

官职未到手时，怕有越出本分的嫌疑，而不敢学习为政之道；官位到手以后，又忙于应酬而来不及学习。一辈子当官只是得过且过，马虎草率，只是虚伪地应酬搪塞，竟然不知道做官的真正意义，也没有取得一点功效。像这样即使做到三公，仔细想想也够惭愧的。学者应当深刻思考。

5.251　今天下一切人、一切事，都是苟且做，寻不着真正题目。便认了题目，尝不着真正滋味。欲望三代之治，甚难。

[译文]

现在天下所有的人、所有的事，都是得过且过、马马虎虎去做，找不到真正的目的。即使认定了一个目的，也不明白其真正的意义。这样，想达到三代时的政治局面，太难了。

5.252　凡居官，为前人者，无干誉矫情，立一切不可常之法以难后人；为后人者，无矜能露迹，为一朝即改革之政以苦前人。此不惟不近人情，政体自不宜尔。若恶政弊规，不妨改图，只是浑厚便好。

[译文]

做官的人，作为前任，不要为了沽名钓誉而建立那些权宜之法来为难后人；作为后任，也不要为了表现才能、显露业绩而建立那些实行一个朝代就得改革的制度来贬低前人。这样不仅不近人情，与为政的大体也不相宜。但如果是政治腐败，制度恶劣，倒不妨改革变更，但应该浑厚才对。

5.253　将古人心信今人，真是信不过；若以古人至诚之道感今人，今人未必在豚鱼下也。

[译文]

如果以古人之心来相信今人，真是信不过；如果以古人至诚的道理来感化今人，那么今人也未必会像豚鱼那样愚不可及。

5.254　泰极必有受其否者，否极必有受其泰者。故水一壅必决，水一决必涸。世道纵极，必有操切者出，出则不分贤愚，一番人受其敝；严极必有长厚者出，出则不分贤愚，一番人受其福。此非独人事，气数固然也。故智者乘时因势，不以否为忧，而以泰为惧。审势相时，不决裂于一惩之后，而骤更以一切之法。昔有猎者入山，见驺虞①以为虎也，杀之，寻复悔。明日见虎以为驺虞也，舍之，又复悔。主时势者之过，于所惩也，亦若是夫。

［注释］

①驺虞：传说中的兽名，像虎。

［译文］

盛到了尽头就要衰，衰到极限就会盛。因此水一旦堵塞就会溃决，一溃决必然干涸。世道放纵到了极点，必然会有严厉的人出现，这种人一出现，其他人不论贤愚，都要受其害；严厉到了极点，必然会有宽厚的人出现，这种人一出现，其他人不论贤愚，都会受其福。这不只是人事使然，气数本来就是这样。因此大智大慧之人能把握时机，利用形势，不担心不利的局面，却担心有利的局面。审度形势，观察时机，不能在惩创之后又彻底决裂，立即更改一切法令。从前有个猎人，入山打猎，看到驺虞以为是虎，就把它杀了，事后感到很后悔。第二天看见老虎又以为是驺虞，就放了它，过后又后悔不已。掌握时势的人所犯过失，受到的惩罚，也是这样。

5.255　法多则遁情愈多，譬之逃者，入千人之群则不可觅，入三人之群则不可藏矣。

［译文］

法令太多，隐情就愈多。譬如逃跑的人，逃入成千上万的人群之中，再也找不到了。如果跑到三个人当中，就隐藏不住。

5.256　兵，阴物也；用兵，阴道也。故贵谋。不好谋不成。

我之动定敌人不闻，敌之动定尽在我心，此万全之计也。

［译文］

兵是阴物，用兵之道是阴道。因此贵在有谋划。不善于谋划就不能成功。己方的动静敌人不知道，敌人的动静都在己方掌握之中，这才是万全之计。

5.257　取天下，守天下，只在一种人上加意念，一个字上做工夫。一种人是那个？曰民。一个字是甚么？曰安。

［译文］

夺取天下，守住天下，只在一种人身上用心思，只在一个字上下功夫。一种人是哪个？就是“民”。一个字是什么？就是“安”。

5.258　礼重而法轻，礼严而法恕，此二者常相权也。故礼不得不严，不严则肆而入于法；法不得不恕，不恕则激而法穷。

［译文］

礼的作用大，法的作用就会小，礼仪严格法律就会宽松，这二者常常相辅相成。因此礼仪不能不严格，不严格就会引起放肆而不得不诉之于法律；法律不能不宽松，不宽松则会激怒民众而法律也不起作用。

5.259　夫礼也，严于妇人之守贞而疏于男子之纵欲，亦圣人之偏也。今舆隶仆僮皆有婢妾娼女，小童莫不淫狎，以为丈夫之小节而莫之问。凌嫡失所，逼妾殒身者纷纷，恐非圣王之世所宜也。此不可不严为之禁也。

［译文］

礼，对妇女保守贞节要求很严，而对男子纵欲则疏忽，这是圣人的偏见。现在的车隶仆僮都有婢妾娼女，小童也没有不犯淫狎的，却被人们当作男人的小节，而不予过问。使正妻流离失所、把妾逼死的事情很多，这恐怕与圣明的帝王的世道不相适宜吧。对于这类事情，不可不严加禁止。

5.260　西门疆尹河西，以赏劝民。道有遗羊，值五百，一人守而待。失者谢之，不受。疆曰："是义民也。"赏之千。其人喜，他日谓所知曰："汝遗金，我拾之以还。"所知者从之，以告疆曰："小人遗金一两，某拾而还之。"疆曰："义民也。"赏之二金。其人愈益喜，曰："我贪，每得利则失名，今也名利两得，何惮而不为？"

［译文］

西门疆做河西令尹的时候，以奖赏来鼓励人民。路上有人丢了一只羊，价值五百钱。一个人看到了，就守着这只羊等待失主来认领。失主感激，要送给他礼品，捡到羊的人不接受。西门疆说："这是义民啊！"赏给他一千钱。这个人很高兴，有一天对他的朋友说："你假装丢失金子，我拾到还给你。"朋友听从了他的话，报告西门疆说："小人丢了一两金子，一个人捡到还给了我。"西门疆说："这是义民啊！"赏给了假装捡金的人二两金子。假装拾金的人更为高兴，说："我这个人很贪心，但每每得了利则丢了名声，现在名利双收，还有什么可担心的而不去做呢？"

5.261　笃恭[①]之所发，事事皆纯王[②]，如何天下不平？或曰："才说所发，不动声色乎？"曰："日月星辰皆天之文章，风雷雨露皆天之政令，上天依旧笃恭在那里。笃恭，君子之无声无臭也。无声无臭[③]，天之笃恭也。"

［注释］

①笃恭：纯厚恭敬。②纯王：纯一王道。③无声无臭：没有声音，没有

气味。

［译文］

从笃厚恭敬的心中发出来的，事事都是纯粹王道，天下怎么能不太平呢？有人问："你刚才说从心中发出，难道外在就没有表现吗？"回答是："日月星辰都是天的礼乐法度，风雷雨露都是天的政策法令，上天依旧笃厚恭敬地存在着。笃恭，是君子没有声音，没有气味的表现。没有声音，没有气味，就是天的笃恭。"

5.262　君子小人调停，则势不两立，毕竟是君子易退，小人难除。若攻之太惨，处之太激，是谓土障狂澜，灰埋烈火。不若君子秉成而择才以使之，任使不效，而次第裁抑之。我悬富贵之权而示之的曰："如此则富贵，不如此则贫贱。"彼小人者，不过得富贵耳，其才可以偾天下之事，亦可以成天下之功；可激之酿天下之祸，亦可养之兴天下之利。大都中人十居八九，其大奸凶、极顽悍者亦自有数。弃人于恶而迫之自弃，俾中人为小人，小小人为大小人，甘心抵死而不反顾者，则吾党之罪也。噫！此难与君子道。三代以还，覆辙一一可鉴。此品题人物者所以先器识也。

［译文］

为君子和小人居中调停，则双方势不两立，最终还是君子容易退让，小人难以除掉。如果对小人攻击太猛，对付太激烈，这就好比用土来阻挡狂澜，用灰来埋藏烈火。不如让君子退让，选择有才能的小人来任用，如果做不出成绩，再逐步制裁他。我高悬富贵的权柄做诱饵，告诉他们说："如此这般就能富贵，不这样就会贫贱。"那些小人只不过为了富贵而已，他们的才干可以败坏事情，也可以成就功业，刺激他们会酿成天下之祸，但培养他们也可以兴天下之利。大体来说，世界上的人中等的十占八九，大奸大恶、凶狠残暴的只是少数。如果因为人有点恶行就置之不理，迫使他自暴自弃，就会使中等的人变成小人，使小人变为更恶劣的小人，而且会心甘情愿至死不回头。如果造成这种后果，就是我们这些人的罪过了。唉！这话难以和君子讲。三代以来，这样恶劣的先例很多，都可以作为借鉴。这是品评人物的人应该首先具备的器量和识见。

5.263　当多事之秋，用无才之君子，不如用有才之小人。

［译文］

在国家多事之秋，与其用无才的君子，不如用有才的小人。

5.264　肩天下之任者全要个气，御天下之气者全要个理。

［译文］

肩负天下重任的人，首先要有气概；驾驭天下人的气概，首先要遵循道理。

5.265　无事时惟有丘民好蹂践，自吏卒以上，人人得而鱼肉之。有事时惟有丘民难收拾，虽天子亦无躲避处，何况衣冠？此难与诵诗读书者道也。

［译文］

天下太平的时候，只有老百姓好欺负，自吏卒以上，人人都能鱼肉百姓。天下混乱时，唯有百姓最难管理，即使是天子也无处躲避，更何况衣冠士绅呢？这个道理难以和只知诵读诗书的人讲。

5.266　余居官有六自簿：均徭先令自审，均地先令自丈，未完令其自限，纸赎令其自催，干证催词讼令其自拘，干证拘小事令其自处。乡约亦往往行得去，官逸而事亦理，久之可省刑罚。当今天下之民极苦官之繁苛，一与宽仁，其应如响。

[译文]

我做官有六件事要让人自己去做：分配徭役要先让人自己审理，分配土地要先让人自己丈量，事情没有做完要先让人自己订立期限，债务没有理清先令人亲自催讨，词讼争执先令人自己找证据，琐碎小事先让他自己处理。这样，乡约也往往能够行得通，官府不用烦劳事情就处理好了，久而久之可减省刑罚。当今天下民众被官府繁多苛刻的法令所困扰，痛苦不堪。一旦实行宽仁之政，民众就会群起响应。

5.267　自井田废而窃劫始多矣。饱暖无资，饥寒难耐，等死耳。与其瘠僵于沟壑无人称廉，不若苟活于旦夕未必即犯。彼义士廉夫尚难责以饿死，而况种种贫民半于天下乎？彼膏粱文绣坐于法堂而严刑峻法以正窃劫之罪者，不患无人，所谓“哀矜而勿喜[①]”者谁与？余以为，衣食足而为盗者杀无赦；其迫于饥寒者，皆宜有以处之。不然罪有所由而独诛盗，亦可愧矣。

[注释]

①哀矜而勿喜：语出《论语·子张》：“上失其道，民散久矣。如得其情，则哀矜而勿喜。”哀矜，哀怜、同情。

[译文]

自井田制废弃以后，偷盗抢劫的事情就开始增多了。吃饭穿衣没有着落，饥饿寒冷难以忍耐，只有等死而已。与其受冻饿死于沟壑而无人称颂廉洁，不如干些苟且的勾当活过一朝一夕，而未必就会被绳之以法。那些平常廉洁守义的人也因其将要饿死而难以责怪他们，何况那些占天下人口半数的贫苦民众呢？那些拥有美食锦衣、高坐于法堂之上、用严刑峻法来惩治盗窃抢劫之人的人，不担心没有，但是能够“哀矜而勿喜”的又有谁呢？我认为，对那些衣食丰足而为盗的人，可以一律处死而不要赦免；对于饥寒所迫而为盗的人，都应根据具体情况进行处罚。不然的话，不问犯罪的情由而只因其盗窃行为就加以诛杀，也是让人感到羞愧的事。

5.268　余作《原财》一篇，有六生十二耗。六生者何？曰垦荒闲之田，曰通水泉之利，曰教农桑之务，曰招流移之民，曰当时事之宜，曰详积贮之法。十二耗者何？曰严造饮之禁，曰惩淫巧之工，曰重游手之罚，曰绝倡优剧戏，曰限在官之役，曰抑僭奢之俗，曰禁寺庙之建，曰戒坊第游观之所刻无益之书，曰禁邪教之倡，曰重迎送供张之罪，曰定学校之额、科举之制，曰诛贪墨之吏。语多愤世，其文不传。

［译文］

我曾经写了《原财》这样一篇文章，里面谈到六生十二耗。是哪六生呢？就是开垦荒闲田地，进行水利建设，教导耕种之法，招收游荡闲民，因时因事制宜，研究积累贮藏的方法。什么是十二耗呢？即严格酿造的禁令，惩罚淫巧的工艺，重罚游手好闲，杜绝倡优戏剧，限制官府徭役，抑制奢侈风俗，禁止寺庙建设，戒除坊间刻印无益的书籍，禁止邪教猖獗，重惩铺张浪费，确定学校名额和科举制度，诛杀贪官污吏。文章多愤世嫉俗之语，所以没有流传。

5.269　太和之气虽贯彻于四时，然炎徼[①]以南常热，朔方以北常寒，姑无论，只以中土言之，纯然暄燠而无一毫寒凉之气者，惟是五月半后、八月半前九十日耳。中间亦有夜用袷[②]绵时。至七月而暑已处，八月而白露零，九月寒露、霜降，亥、子、丑、寅[③]其寒无俟言矣。二三月后犹未脱绵，谷雨以后始得断霜。四月已夏，犹谓清和。大都严肃之气，岁常十八，而草木二月萌芽，十月犹有生意，乃生育长养不专在于暄燠，而严肃之中正所以操纵冲和之机者也。圣人之为政也法天，当宽则用春夏，当严则用秋冬，而常持之体则于严威之中施长养之惠。何者？严不匮，惠易穷，威中之惠鼓舞人群，惠中之惠骄弛众志。子产相郑[④]，铸刑书[⑤]、诛强宗、伍田畴[⑥]、褚[⑦]衣冠。及语子太叔，犹有“莫如猛”之言[⑧]，可不谓严乎？乃孔子之评子产，则曰惠人也[⑨]，他日又曰子产众人之母[⑩]。孔子之为政可考矣。彼沾沾煦煦，尚姑息以养民之恶，卒至废弛玩愒，令不行、禁不止，小人纵恣，善良吞泣，则孔子之罪人也。故曰居上以宽为本，未尝以宽为政。严也者，所以成其宽也。故怀宽心不宜任宽政，是以懦主杀臣，慈母杀子。

［注释］

①炎徼：南方边远之地。徼，边界。②袷：夹衣。③亥、子、丑、寅：指十月、十一月、十二月、一月。④子产相郑：子产，名侨，春秋时郑国人，曾做郑国宰相。⑤铸刑书：古代将刑书铸于鼎上，意味着设立法度。⑥伍田畴：按田亩纳赋。伍，纳田税。畴，耕地。⑦褚：同“贮”。纳财物税。⑧及语子太叔，犹有“莫如猛”之言：指春秋时郑子产，问政于然明，并告诉子太叔然明贤良的事。⑨乃孔子之评子产，则曰惠人也：语见《论语·宪问》：“或问子产。子曰：‘惠人也。’”⑩他日又曰子产众人之母：《礼记·仲尼燕居》载：“子曰：‘师尔过，而商也不及。子产犹众人之母也。能食之，不能教也。’”

［译文］

虽然太和之气在春、夏、秋、冬四季都有，但是南方经常炎热，北方经常寒冷。这些姑且不论，只就中原而言，真正温暖而没有寒凉之气的天气，只是五月十五以后至八月十五以前这九十天而已。中间也有夜间需要穿夹衣的时候。到了七月就已经处暑，八月白露，九月寒露、霜降，十月至次年一月天气寒冷就不必说了。二三月以后还不能脱掉棉衣，谷雨以后才开始断霜。四月进入夏季，还是清和天气。大体说来，严寒肃杀的天气一年常有十分之八，而草木二月萌芽，十月还在生长，可见生育长养不只在温暖的气候下，在严寒肃杀之中，正掌握着冲和温暖的生机。圣人处理国政要效法上天，应该宽和的时候，就如同春夏；应当严厉的时候，就如同秋冬，而经常掌握的准则应该是在威严之中施行长养的恩惠。为什么要这样呢？严厉不会匮乏，恩惠容易穷尽，威严之中的恩惠容易使人鼓舞，恩惠之中的恩惠容易使人意志松懈。春秋时期子产做郑国的宰相，铸刑法书典，诛豪强大族，按田亩纳赋，按财物交税。但他与子太叔谈话时，还强调不够严厉，难道还能说不严吗？可是孔子评价子产时，则说他是“惠人”，后来又说子产是大家的榜样。由此可知孔子为政的原则了。那些对民温和、用姑息的态度纵容人的恶行的人，最终使政令废弛，民众贪图安逸，虚度岁月，令不行禁不止，小人肆意猖狂，善良的人忍气吞声，这些人是孔子的罪人啊！因此，身居上位的人应该以宽为本，不能以宽为政。严厉的做法，正是为了达到宽大的目的。所以应该有宽厚的胸怀但不应当用宽厚的政令，这样就会出现懦弱的帝王诛杀大臣、慈祥的母亲杀死儿子的情况。

5.270　余息而在沟壑，斗珠不如升糠；裸程而卧冰雪，败絮重于绣縠。举世用人，皆珠縠之贵也。有甚高品？有甚清流？不适缓急之用，即真非所急矣。

[译文]

因饥饿倒在沟壑中的时候，一斗珍珠也不如一升糠的用处；赤身冻卧在冰雪中的时候，绫绸被纱也不如破棉旧絮的用处。世上任用的人都像珍珠碧纱一样贵重，那样还有什么高贵的品质，有什么清廉可言呢？在国家紧急时刻不能发挥作用，就不是真正急需的人才。

5.271　盈天地间只靠二种人为命，曰农夫、织妇。却又没人重他，是自戕其命也。

［译文］

世界上只靠着两种人来养育人类，那就是农夫和织妇。然而却没有人重视他们，这是在断送自己的生命。

5.272　一代人才自足以成一代之治。既作养无术，而用之者又非其人，无怪乎万事不理也。

［译文］

一个时代产生的人才，足以使这个时代得到治理。然而培养不得法，用人不得当，什么事都治理不好就不奇怪了。

5.273　三代以后，治天下只求个不敢。不知其不敢者，皆苟文以应上也。真敢在心，暗则足以蛊国家，明之足以亡社稷，乃知不敢不足恃也。

［译文］

三代以后，治理天下的人只要求下面的人做到不敢。岂不知所谓不敢，只是表面装模作样来应付上司。如果心里真的敢于去做，暗的足以祸乱国家，明的足以使国家灭亡。由此可知，“不敢”是靠不住的。

5.274　古者国不易君，家不易大夫，故其治因民宜俗，立纲陈纪，百姓与己相安，然后从容渐渍，日新月盛，而治功成。故曰“必世后仁[①]”，曰“久道成化[②]”。譬之天地不悠久便成物不得。自封建变而为郡县，官无久暖之席，民无尽识之官，施设未竟而谗毁随之，建官未久而黜陟随之。方腼熊蹯而夺之薪，方缫茧丝而截其绪。一番人至，一度更张。各有性情，各有识见。百姓闻其政令半不及理会，听其教化尚未及信从，而新者卒至，旧政废阁。何所信从？何所遵守？况加以监司之掣肘，制一帻而不问首之大小，都使之冠；制一衣而不问时之冬夏，必使之服。不审民情便否，先以簿书督责，即高才疾足之士，俄顷措置之之功，亦不过目前小康，一事小补，而上以此为殿最，下以此为欢虞。呜呼！伤心矣。先正有言，人不里居，田不井授，虽欲言治，皆苟而已。愚谓建官亦然。政因地而定之，官择人而守之，政善不得更张，民安不得易法。其多事扰民，任情变法，与惰政慢法者斥逐之。更其人不易其治，则郡县贤于封建远矣。

［注释］

①必世后仁：语出《论语·子路》："如有王者，必世而后仁。"意谓政治清明也得三十年才能普遍教化。世，三十年为一世。②久道成化：《周易·恒卦·彖辞》："圣人久于其道而天下化成。"

［译文］

在古代，国家不更换君主，诸侯不更换大夫。因此他们能按照民众的习惯订立习俗，确立原则，推行制度，立纲陈纪。百姓与自己相安无事，然后循序渐进，日新月异，最终达到治理的目的。所以说"必世后仁"，又说"久道成化"。就好像天地不长久存在就不能形成万物。自从封建制变成郡县制以后，官吏不能长久任职，百姓也没有完全认识的官吏，政令还没来得及推行，谗言诽谤就随之而到，在职位上还没待稳，就要罢免调动。这就如同刚开始烹煮熊掌，就突然撤掉柴火；刚开始缫丝，就被一刀剪断。来一拨人，改变一次制度。各有各的性情，各有各的见识。百姓听到政令，还没有理解一半，受到教化，还没来得及相信，就又换了新官，原来的政令即刻废止。百姓到底该听从什么？该遵守什么呢？何况还有监司对官吏的掣肘，就好比做帽子不问脑袋大小，都要戴同一型号；制衣服不管冬夏，必须穿同一种。不管民情是否便利，就先以公文催促督办。这种做法，即使是才能出众、办事迅速的人，顷刻之间推行的办法，其功效也不过稍有用处，对某件事小有补益而已。而上面就以为治理有方，下面也以搪塞过关而欢欣。唉！真让人伤心。前代的贤人曾经说过，百姓不按里居住，田地不按井田分配，即使想管理好国家，也只是得过且过而已。我认为设立官吏也是如此。政令要因地而制定，官吏要选人来担任，政令能见实效就不必改变，人民能安居乐业就不要变法。对那些多事扰民、任意改变法令，以及懒于政事、忽视法令的官吏，都要罢免。更换官吏不改变法令，这样，郡县制度就比封建制度优越多了。

5.275　法之立也，体其必至之情，宽以自生之路，而后绳其逾分之私，则上有直色而下无心言。今也小官之俸不足供饔飧[①]，偶受常例而辄以贪法罢之，是小官终不可设也。识体者欲广其公而闭之私，而当事者又计其私，某常例、某从来也。夫宽其所应得而后罪其不义之取，与夫因有不义之取也遂俭于应得焉孰是？盖仓官月粮一石而驿丞俸金岁七两云。

[注释]

①饔飧（sūn）：熟食。早饭曰饔，晚饭曰飧。

[译文]

法度的建立，要体察民众必有的感情，放宽民众自己谋生的出路，然后才能规范奢欲，这样，上面的官员有公平正直的态度，下面的民众才不会有怨言。现在小官的俸禄还不够他们吃饭，偶然接受一些按例可收的钱财，就会以贪赃枉法的罪名被罢免，这样一来，小官就无法设立了。识大体的人想增加俸禄，以减少私下收受钱财的做法，而当事人又算计着私利，认为某项是按常例当取，某项从来就是如此。增加其应得的收入，然后再指责其谋取不义之财而加以惩处，与由于其得不义之财而减少其应得的俸禄，哪个正确呢？管理仓库的官吏每月俸粮一石，而驿丞等小官一年的俸银只有七两。

5.276　顺心之言易入也，有害于治；逆耳之言裨治也，不可于人。可恨也！夫惟圣君以逆耳者顺于心，故天下治。

[译文]

顺心的话，人们都爱听，但对治道有害；逆耳的话，对治道有益，但人们都不爱听。真让人遗憾！只有圣明的君主才认为逆耳之言是顺心的话，所以天下才能治理。

5.277　使马者知地险，操舟者观水势，驭天下者察民情，此安危之机也。

[译文]

骑马的人知道地势是否险要，划船的人要观察水势的急缓，统治天下的人要了解民情的需要，这是安危的关键。

5.278　宇内有三权：天之权曰祸福，人君之权曰刑赏，天下之权曰褒贬。祸福不爽，曰天道之清平，有不尽然者，夺于气数。刑赏不忒，曰君道之清平，有不尽然者，限于见闻、蔽于喜怒。褒贬不诬，曰人道之清平，有不尽然者，偏于爱憎、误于声响。褒贬者，天之所恃以为祸福者也，故曰“天视自我民视，天听自我民听[①]”。君之所恃以为刑赏者也，故曰“好人之所恶，恶人之所好，是谓拂人之性[②]”。褒贬不可以不慎也，是天道、君道之所用也。一有作好作恶，是谓天之罪人，君之戮民。

[注释]

①天视自我民视，天听自我民听：语见《尚书·泰誓》和《孟子·万章

上》。意谓听从民意即是听从天意。②好人之所恶，恶人之所好，是谓拂人之性：语出《大学》。

［**译文**］

宇宙之内有三种权力，天的权力叫作祸福，君王的权力叫作刑赏，天下人的权力叫作褒贬。该得祸的得祸，该得福的得福，丝毫没有差错，这就叫作天道清平，有不尽然的，是由气数造成的。赏罚公平，这叫君道清平，有不尽然的，这是局限于所见所闻、被喜怒情感蒙蔽造成的。褒贬公正，没有诬陷，这叫人道清平，有不尽然的，这是偏于爱憎、误于传闻造成的。褒贬，这是上天赖以降给人祸福的办法，所以说“天视自我民视，天听自我民听”。褒贬，也是君主据之赏罚的依据，所以说“好人之所恶，恶人之所好，是谓拂人之性”。褒贬不能不慎重，因为这是天道和君道的依据。如果好恶不符合实际，就是天的罪人，君的罪民。

卷六　外篇　数集

人情

6.001　无所乐，有所苦，即父子不相保也，而况民乎？有所乐，无所苦，即戎狄且相亲也，而况民乎？

[译文]

没有令人快乐的事情，尽是艰难困苦，即便是父子那样的关系也不能保全，更何况普通百姓呢？尽是令人感到快乐的事情，而没有一点痛苦，那么即使是对于戎狄也能和睦相处，相亲相爱，更何况普通百姓呢？

6.002　世之人，闻人过失便喜谈而乐道之；见人规己之过，既掩护之，又痛疾之。闻人称誉便欣喜而夸张之；见人称人之善，既盖藏之，又搜索之。试思这个念头是君子乎？是小人乎？

[译文]

世上的人，听到谈论别人的过失就喜形于色，津津乐道；见人指责自己的过失就极力遮遮掩掩，同时感到非常反感。听到别人称赞自己便欣喜若狂，夸夸其谈；听见别人称赞他人的优点便尽力去掩盖，继而吹毛求疵，挑毛病。试想，有这种念头的人是君子还是小人？

6.003　乍见之患，愚者所惊；渐至之殃，智者所忽也。以愚者而当智者之所忽，可畏哉！

［译文］

突如其来的灾难，愚蠢的人会不知所措；逐渐形成的祸殃，聪明的人往往失于忽视。当愚蠢的人遇上聪明的人也会忽略的渐至之殃，那是何等的可怕啊！

6.004　论人情只往薄处求，说人心只往恶边想，此是私而刻底念头，自家便是个小人。古人责人每于有过中求无过，此是长厚心、盛德事。学者熟思，自有滋味。

［译文］

谈到人情就往薄处想，说到人心就往坏处想，这是自私刻薄的念头，其实此人自己便是一个小人。古人每次指责别人时，都尽量从其过失中寻到正确的地方，这是心胸宽广、品德高尚的表现。学者深思一番，自然就会品出其中的滋味。

6.005　人说己善则喜，人说己过则怒，自家善恶自家真知，待祸败时欺人不得。人说体实则喜，人说体虚则怒，自家病痛自家独觉，到死亡时欺人不得。

［译文］

别人说到自己的优点就欢喜，说到自己的缺点就恼怒，自己的优点、缺点自己最清楚，等遇到祸患失败时，欺骗不了别人。别人说到自己身体健康就欢喜，说到自己身体虚弱就恼怒，自己的病痛只有自己最清楚，等到死亡时，欺骗不了别人。

6.006　一巨卿还家，门户不如做官时，悄然不乐，曰："世态炎凉如是，人何以堪？"余曰："君自炎凉，非独世态之过也。平常淡素是我本来事，热闹纷华是我傥来事[①]。君留恋富贵以为当然，厌恶贫贱以为遭际，何炎凉如之而暇叹世情哉！"

［注释］

①傥来事：偶然而来的事。

［译文］

一位大官告官还家后，家里不比做官时热闹，他心中怏怏不乐，说道："世态炎凉到了这种地步，叫人如何忍受？"我说："这是因为你自己感到炎凉而已，并不是世态的过错。平静淡然是我原有的生活，而热闹繁华却是偶尔的。你留恋荣华富贵，以为是理所当然的生活，厌恶贫贱，以为是遇到不测，怎么能说世态炎凉成这个样子，而你又因此感叹世态人情呢？"

6.007　迷莫迷于明知，愚莫愚于用智，辱莫辱于求荣，小莫小于好大。

［译文］

没有比在明智中执迷更执迷的，没有比卖弄聪明更愚蠢的，没有比为求得荣耀而忍受耻辱更耻辱的，没有比因好大喜功而更渺小的。

6.008　两人相非，不破家不止，只回头认自家一句错，便是无边受用。两人自是，不反面稽唇不止，只温语称人一句好，便是无限欢欣。

［译文］

两个人互相诽谤，不到家破人亡的地步就不能停止，其实只需自己认一句错，便受用无边了。两人都以为自己是对的，不到翻脸争论就各不罢休，其实只需温和地称赞对方一句好，便欢乐无限。

6.009　将好名儿都收在自家身上，将恶名儿都推在别人身上，此天下通情。不知此两个念头都揽个恶名在身，不如让善引过。

［译文］

把好的名声都揽在自己身上，把坏的名声都推到别人身上，这是世间很普遍的情况。却不知这两个念头，最终都把坏名声揽到自己身上，还不如把好名声让给别人，过错自揽。

6.010　露己之美者恶，分人之美者尤恶，而况专人之美、窃人之美乎？吾党戒之。

［译文］

喜欢显示自己优点的人令人厌恶，喜欢分享别人好处的人更令人厌恶，那么更何况占据别人好处，窃取别人好处呢？我们对此应该加以警戒。

6.011　守义礼者，今人以为倨傲；工谀佞者，今人以为谦恭。举世名公达宦，自号儒流，亦迷乱相责而不悟，大可笑也。

［译文］

坚守道义礼仪的人，会被现在的人认为骄傲自大；善于阿谀奉承的人，却会被现在的人认为谦虚恭敬。世上的一些达官名人，自以为是儒者，也感到迷惑不解，互相责备而不能领悟真谛，太可笑了。

6.012　爱人以德而令之仇，人以德爱我而仇之，此二人者皆愚也。

［译文］

以关爱他人为美德，反而令他人仇视；他人以德关爱我，反而引起我的仇视，这两种人都是愚蠢的。

6.013　无可知处，尽有可知之人，而忽之谓之瞽。可知处，尽有不可知之人，而忽之亦谓之瞽。

［译文］

以为无人可知的地方，仍有知道它的人，然而忽略了这一点就是眼盲。应该知道的地方，仍有人不知道，忽略了这一点也是眼盲。

6.014　世间有三利衢坏人心术，有四要路坏人气质，当此地而不坏者，可谓定守矣。君门，士大夫之利衢也。公门，吏胥之利衢也。市门，商贾之利衢也。翰林、吏部、台、省，四要路也。有道者处之，在在都是真我。

［译文］

世上有三条通往利禄的道路可以腐蚀人的心术，有四条重要的渠道可以腐蚀人的气度。经受得这种检验的，可以算是坚定操守了。君王之门，是达官贵人通往利禄的道路。公府之门，是吏胥通往利禄的道路。市集之门，是商贾通往利禄的道路。翰林、吏部、台、省，是四条通往利禄的重要道路。品行端正的人会泰然处之，处处都能展现真正的自我。

6.015　朝廷法纪做不得人情，天下名分做不得人情，圣贤道理做不得人情，他人事做不得人情，我无力量做不得人情。以此五者徇人，皆妄也，君子慎之。

[译文]

朝廷的法纪容不得人情，天下的名分容不得人情，圣贤的道理容不得人情，别人的事情容不得人情，自己没有力量容不得人情。以这五种世情示人，都是不正当的行为，正人君子一定要小心。

6.016 古人之相与也，明目张胆，推心置腹。其未言也，无先疑；其既言也，无后虑。今人之相与也，小心屏息，藏意饰容。其未言也，怀疑畏；其既言也，触祸机。哀哉！安得心地光明之君子，而与之披情愫、论肝膈也？哀哉！彼亦示人以光明而以机阱陷人也。

[译文]

古人互相交往时，坦诚相待，推心置腹。没有开始交谈时，也不需疑心重重；即使是交谈后，也不需有后顾之忧。现在的人相互交往时，小心翼翼，虚情假意。没有开始交谈时，就心存疑虑；交谈后，就会产生邪恶的动机。可悲啊！怎能找到光明磊落的君子，与他倾诉肝肠呢？可悲啊！有些人也假装出一副光明磊落的样子，而实际上却藏满机巧陷阱以陷害别人。

6.017 古之君子不以其所能者病人，今人却以其所不能者病人。

[译文]

古代的君子不以自己的才能去烦扰羞辱别人，现在的人却以自己力不从心的事情去烦扰羞辱别人。

6.018 古人名望相近则相得，今人名望相近则相妒。

［译文］

古代名望相近的人相得益彰，现在名望相近的人则相互嫉妒。

6.019　福莫大于无祸，祸莫大于求福。

［译文］

福泽没有比无祸少灾更大，灾祸没有比妄求福泽更大。

6.020　言在行先，名在实先，食在事先，皆君子之所耻也。

［译文］

言谈在行为的前面，名誉在事实的前面，利益在功绩的前面，都是君子所嗤之以鼻的事情。

6.021　两悔无不释之怨，两求无不合之交，两怒无不成之祸。

［译文］

双方都后悔退让，没有解不开的仇怨。双方都渴望友好共处，没有不合的交往。双方都恼怒，没有酿不成的祸患。

6.022　己无才而不让能，甚则害之；己为恶而恶人之为善，甚则诬之；己贫贱而恶人之富贵，甚则倾之。此三妒者，人之大戮也。

［译文］

自己无能还不谦让有能力的人，甚至于陷害别人；自己作恶，却讨厌别人行善，甚至于侮蔑别人；自己贫贱还嫉妒别人富贵，甚至于排挤别人。这样三种爱嫉妒的人，是百姓中的祸害啊！

6.023　以患难时心居安乐，以贫贱时心居富贵，以屈局时心居广大，则无往而不泰然。以渊谷视康庄，以疾病视强健，以不测视无事，则无往而不安稳。

［译文］

人在患难之时，心态能够安然乐观；人在贫贱之时，心中能有富足之感；人在屈辱之时，心胸能宽广豁达。那就没有什么事不能泰然处之。假如能把深渊峡谷视同康庄大道，把疾苦病痛视同强壮健康，把意外事故视同没有事端，那就没有任何使人感到不安稳的事情了。

6.024　不怕在朝市中无泉石心，只怕归泉石时动朝市心。

［译文］

不害怕在朝廷做官时没有泉石那样淡泊名利之心，只害怕在隐居时仍怀有做官之心。

6.025　积威与积恩，二者皆祸也。积威之祸可救，积恩之祸难救。积威之后，宽一分则安，恩一分则悦。积恩之后，止而不加则以为薄，才减毫发则以为怨。恩极则穷，穷则难继；爱极则纵，纵则难堪。不可继则不进，其势必退。故威退为福，恩退为祸；恩进为福，威进为祸。圣人非靳恩也，惧祸也。湿薪之解也易，燥薪之束也难。圣人之靳恩也，其爱人无已之至情，调剂人情之微权也。

［译文］

积累威严和积累恩惠都是祸患。积累威严的祸患可以挽救，而积累恩惠的祸患难以挽救。积威之后，多一分宽宏则安乐，多一分恩惠则喜悦。积恩之后，停止而不继续施以恩惠，就被认为是刻薄了，才减少丝毫恩惠，就被人怨恨了。恩惠达到了极点就穷尽了，穷尽就难以继续；爱恋到了极点就会放纵，放纵就难以忍受。不可以再继续施加恩惠，关系就不会有进展，就会减少施加恩威。所以减少威严是福，减少恩惠是祸；增加恩惠是福，增加威严是祸。圣人并不是吝啬施以恩惠，而是惧怕引来灾祸。解开湿柴火上捆着的绳子很容易，想把干燥的柴火捆起来却困难。圣人吝啬施恩是因为他爱人无已的至情，这是调剂人情的权术啊！

6.026　人皆知少之为忧，而不知多之为忧也。惟智者忧多。

［译文］

人们都知道缺乏会让人担忧，而不知道充裕也让人担忧。只有智者才担忧充裕。

6.027　众恶之必察焉，众好之必察焉，易；自恶之必察焉，自好之必察焉，难。

［译文］

对大家都厌恶的一定要进行调查，对大家都喜欢的一定要进行调查，这是比较容易的事情；对自己厌恶的一定要进行调查，对自己喜欢的一定要进行调查，这则是比较困难的事情。

6.028　有人情之识，有物理之识，有事体之识，有事势之识，有事变之识，有精细之识，有阔大之识。此皆不可兼也，而事变之识为难，阔大之识为贵。

［译文］

有人懂得人情，有人懂得物理，有人懂得事体，有人懂得事势，有人懂得事变，有人懂得精细之事，有人了解阔大之事。一个人不可能兼有以上几种见识，而有看透事情变化的见识是较为难得的，有认清阔大之事的见识是可贵的。

6.029　圣人之道本不拂人，然亦不求可人。人情原无限量，务可人不惟不是，亦自不能。故君子只务可理。

［译文］

圣人所推崇的道理本来不是违背人情的，然而也不求逢迎人情。人情原本是没有止境的，一定要求迎合人意，不但不正确，也是做不到的。所以君子只追求合乎情理。

6.030　施人者虽无已，而我常慎所求，是谓养施。报我者虽无已，而我常不敢当，是谓养报。此不尽人之情而全交之道也。

［译文］

施舍于人的人虽然不倦不怠，然而被施舍的人却应慎重地提出要求，这称为养施。报答我的人虽然觉得永远也报答不完，然而我总不敢欣然接受，这称为养报。这样就可以为人情留有余地，是保全交情的办法。

6.031　攻人者，有五分过恶，只攻他三四分，不惟彼有余惧，而亦倾心引服，足以塞其辩口。攻到五分，已伤浑厚，而我无救性矣。若更多一分，是贻之以自解之资，彼据其一而得五，我贪其一而失五矣。此言责家之大戒也。

［译文］

指责别人的时候，有五分的错误，只指出三四分即可，这样不仅会使对方心有余悸，而且也会使其心服口服，难以自我辩解。如指出五分的错误，就已经有伤浑厚了，而自己也失去了退路。倘若再多一分，就给了对方辩解的机会，对方根据这一分推翻了其余的五分，而我因多说了一分而失去了五分。这是向别人提意见时尤其需要注意的。

6.032　见利向前，见害退后，同功专美于己，同过委罪于人，此小人恒态，而丈夫之耻行也。

［译文］

见到利益就冲在最前，见到祸害就退到最后，把与别人共同创下的功劳据为己有，而把与别人共同犯下的错误推诿给别人，这是小人的常态，而大丈夫耻于这样做。

6.033　任彼薄恶，而吾以厚道敦之，则薄恶者必愧感，而情好愈笃。若因其薄恶也而亦以薄恶报之，则彼我同非，特分先后耳，毕竟何时解释？此庸人之行，而君子不由也。

［译文］

任凭对方对我怎样薄情与恶劣，我都以厚道来对待他，这样，薄情者一定会感到愧疚，从而使彼此的感情变得更加深厚。如果因对方对自己态度恶劣，而我也对他同样态度恶劣，以此作为回报，则双方都错了，只是有个先后之分而已，这样两人的恩怨何时才能解除呢？这是庸人的行为，而非君子所为。

6.034　恕人有六：或彼识见有不到处，或彼听闻有未真处，或彼力量有不及处，或彼心事有所苦处，或彼精神有所忽处，或彼微意有所在处。先此六恕，而命之不从，教之不改，然后可罪也已。是以君子教人而后责人，体人而后怒人。

［译文］

宽恕别人有六种情况：或者由于对方见识不够，或者由于对方听闻不真，或者由于对方力量不及，或者由于对方心有所苦，或者由于对方精神有所疏忽，或者由于对方有其他的用意。先根据这六种情况宽恕他人，如果还是不服从命令，不听教诲，就可以进行惩罚。所以君子先教育人，而后才责罚人；先体谅人，而后才责怪人。

6.035　直友难得，而吾又拒以讳过之声色；佞人不少，而吾又接以喜谀之意态。呜呼！欲不日入于恶也，难矣！

［译文］

正直的朋友难得，而我又因害怕被他揭露错误而拒绝他；奸佞的小人不少，而我又以喜爱他阿谀奉承的态度而接受他。唉！想不使人一天一天坏下去都难啊！

6.036　笞、杖、徒、流、死，此五者，小人之律令也。礼、义、廉、耻，此四者，君子之律令也。小人犯律令刑于有司，君子犯律令刑于公论。虽然，刑罚滥及，小人不惧，何也？非至当之刑也。毁谤交攻，君子不惧，何也？非至公之论也。

［译文］

笞、杖、徒、流、死，这五者是惩罚小人的法令。礼、义、廉、耻，这四者是对待君子的法令。小人犯法由官府判决，君子犯法由公论判决。尽管如此，如滥用刑罚，小人也不害怕，为什么呢？因为那是不适当的惩罚。对于诋毁和诽谤，君子也不害怕，为什么呢？因为那是不公正的评论。

6.037　情不足而文之以言，其言不可亲也。诚不足而文之以貌，其貌不足信也。是以天下之事贵真，真不容掩，而见之言貌，其可亲可信也夫。

［译文］

情意不够而用言语来掩饰，这样的语言也不会使人感到亲切。诚恳不够而用外貌来掩饰，这样的外貌也不会使人相信。因此，天下的事情以真情为贵，真情在面容上是掩饰不住的，真情流露在面容和语言上，就会使人感到可亲可信。

6.038　势、利、术、言，此四者，公道之敌也。炙手可热，则公道为屈；贿赂潜通，则公道为屈；智巧阴投，则公道为屈；毁誉肆行，则公道为屈。世之冀幸受诬者不啻十五也，可慨夫！

［译文］

权势、利禄、谋诈、诡言，此四者，是公道的敌人。炙手可热，则公道会为之屈服；贿赂潜通，则公道会为之屈服；智巧阴投，则公道会为之屈服；毁誉肆行，则公道会为之屈服。世上怀有侥幸心理的人受到诬陷的不止十分之五，真让人感慨万分啊！

6.039　圣人处世只于人情上做工夫，其于人情，又只于未言之先、不言之表上做工夫。

［译文］

圣人为人处事时专门研究人情，而研究人情，也只是去研究别人说话之前的想法、沉默不语的表现。

6.040　美生爱，爱生狎，狎生玩，玩生骄，骄生悍，悍生死。

［译文］

对美好的事物喜爱，喜爱就会想亲近它，亲近而不庄重就会轻慢，轻慢就会产生骄横，骄横就会产生凶悍，凶悍最终会导致趋向死亡。

6.041　礼是圣人制底，情不是圣人制底。圣人缘情而生礼，君子见礼而得情。众人以礼视礼而不知其情，由是礼为天下虚文，而崇真者思弃之矣。

［译文］

礼仪是圣人制定的，人情不是圣人制定的。圣人依据人情制定礼仪，君子见礼仪而知人情。众人把礼仪作为一种行为准则而不知人情，因此礼仪成为虚无的东西，而崇尚真实的人就会想方设法抛弃它。

6.042　人到无所顾惜时，君父之尊不能使之严，鼎镬之威不能使之惧，千言万语不能使之喻，虽圣人亦无如之何也已。圣人知其然也，每养其体面，体其情私，而不使至于无所顾惜。

［译文］

人到无所顾惜的时候，君父的威严也不能使他震撼，入锅煎煮这样的酷刑也不能使他感到惧怕，千言万语都不能使他醒悟，即使是圣人也无能为力。圣人明白这个道理，因此时常要保存人的体面，体恤他们的心理，而不使他们陷入无所顾惜的境地。

6.043　称人以颜子，无不悦者，忘其贫贱而夭[①]。称人以桀、纣、盗跖，无不怒者，忘其富贵而寿。好善恶恶之同然如此，而作人却与桀、纣、盗跖同归，何恶其名而好其实邪？

［注释］

①夭：短命。

［译文］

称赞别人像颜渊，没有人会不高兴，而会忘记颜渊的贫贱和短命。把人比作桀、纣、盗跖，没有人会不恼怒，而不会在意他们的富有和长寿。人们好善厌恶如此相同，然而做人却同桀、纣、盗跖一般，为何厌恶他们的名声而和他们一样行事呢？

6.044　今人骨肉之好不终，只为看得“尔我”二字太分晓。

［译文］

现在的人，骨肉之亲也不能和睦终身，只因把“你我”二字看得太分明。

6.045　圣人制礼，本以体人情，非以拂之也。圣人之心非不因人情之所便而各顺之，然顺一时便一人，而后天下之大不顺便者因之矣。故圣人不敢恤小便拂大顺，徇一时弊万世，其拂人情者乃所以宜人情也。

［译文］

圣人制定礼，本来是为了体恤人情，而不是违背人情。圣人的用心，并不是不想因人情的便利而使各方都顺应，然而顺应一时，便利一人，以后天下又会因此而使大多数人不顺利不方便。因此圣人不敢体恤少数人的便利而违背大多数人的便利，顺从一时的便利而破万世的便利。圣人之所以违背人情是为了适合人情啊！

6.046　好人之善，恶人之恶，不难于过甚。只是好己之善，恶己之恶，便不如此痛切。

［译文］

喜欢别人的优点，厌恶别人的邪恶，是没有什么困难的。而喜欢自己的优点，厌恶自己的缺点，却不是那么容易。

6.047　诚则无心，无心则无迹，无迹则人不疑，即疑，久将自消。我一着意，自然着迹，着迹则两相疑，两相疑，则似者皆真，故着意之害大。三五岁之男女终日谈笑于市，男女不相嫌，见者亦无疑于男女，两诚故也。继母之慈，嫡妻之惠，不能脱然自忘，人未必脱然相信，则着意之故耳。

［译文］

内心坦诚，做事就自然，做事自然就不留痕迹，不留痕迹就没人怀疑，即使怀疑，时间长了也会自然消失。一旦用意显露，自然就会露出痕迹，露出痕迹了双方就会相互怀疑，相互怀疑，可能的事情也会成真，因此刻意而为的害处大。三五岁的男孩女孩整天在街上谈笑玩耍，相互不避嫌，看到的人也不会怀疑他们，这是双方都诚挚天真的缘故。反之，继母的慈爱，嫡妻的贤惠，自己不能摒弃私心，别人就未必会相信，这就是刻意而为的缘故。

6.048　一人运一甓，其行疾；一人运三甓，其行迟；又二人共舆十甓，其行又迟。比暮而较之，此四人者，其数均。天下之事苟从其所便而足以济事，不必律之使一也，一则人情必有所苦。先王不苦人所便以就吾之一而又病于事。

［译文］

一个人一次运一块砖，行动非常快；一个人一次运三块砖，行动缓慢；而两个人共抬十块砖，行动更缓慢。到了晚上一比较，这四个人所运的数量相同。天下的事如果能顺应便利的方法而为之，就足以成功，不必恪守十一种方法，这样只会造成一些伤害。先王不会为统一的规定而阻碍人们做便利的事情。

6.049　人之情有言然而意未必然，有事然而意未必然者，非勉强于事势则束缚于体面。善体人者要在识其难言之情而不使其为言与事所苦，此圣人之所以感人心而人乐为之死也。

［译文］

人的感情，有时用语言表达出来，未必就是心里所想的，有时做出来的事也未必就是心里所想的事，这样的结果不是因形势所迫，就是碍于体面。善解人意的人懂得在别人有难言之隐的时候，不会使他被言与行困扰，这就是圣人能够感动人心而人们又乐意为他们赴汤蹈火的真谛。

6.050　人情愈体悉愈有趣味，物理愈玩索愈有入头。

［译文］

人情越体会越有趣味，万物事理越研究越有意思。

6.051　不怕多感，只怕爱感。世之逐逐恋恋，皆爱感者也。

［译文］

不怕被多种情绪感染，只怕被爱感染。世间的人追求爱恋，都是因被爱感染。

6.052　人情之险也极矣。一令贪，上官欲论之而事泄，彼阳以他事得罪，上官避嫌，逐不敢论，世谓之箝口计。

［译文］

人情的险恶已到达了极点啊！一个县令犯贪，他的上司想要惩治他而事情泄漏了，县令就宣扬其他的事得罪了上司，上司为避嫌，于是不敢再追究。世人称之钳口计。

6.053　有二三道义之友，数日别，便相思。以为世俗之念，一别便生；亲厚之情，一别便疏。余曰："君此语甚有趣，向与淫朋狎友滋味迥然不同，但真味未深耳。孔、孟、颜、思，我辈平生何尝一接，只今诵读体认间，如朝夕同堂对语，如家人父子相依，何者？心交神契，千载一时，万里一身也。久之，彼我且无，孰离孰合、孰亲孰疏哉？若相与而善念生，相违而欲心长，即旦暮一生，济得甚事？"

［译文］

有数个志同道合的朋友，离别数日，便会相互想念。怀疑这是世俗的想法，一离别就会产生思念之情；深厚的友谊，一离别就会疏远。我说："你们的话很有意思，与那些酒肉朋友大不一样，但真味并不深。孔子、孟子、颜渊、子思，我没有与他们接触过，现在咏读体会他们的著作，就如同朝夕同堂面对面的谈话，如同家人父子相互依存，为什么呢？是因为我与他们心神相交，相距千载也如同在一个时代，相距万里也如同身在一处。久而久之，不分彼此，哪还有谁离谁合、谁亲谁疏之别呢？如果在一起而产生善念，离开时而欲心增长，即使是天天在一起，又有什么用呢？"

物理

6.054　鸱鸦其本声也如鹊鸠，然第其声可憎，闻者以为不祥，每弹杀之。夫物之飞鸣何尝择地哉？集屋鸣屋，集树鸣树，彼鸣屋者，主人疑之矣，不知其鸣于野树，主何人不祥也？至于犬人行，鼠人言，豕人立，真大异事，然不祥在物，无与于人。即使于人为凶，然亦不过感戾气而呈兆，在物亦莫知所以然耳。盖鬼神爱人，每示人以趋避之几，人能恐惧修省，则可转祸为福。如景公之退孛星，高宗之枯桑谷，妖不胜德，理气必然。然则妖异之呈兆，即蓍龟之告繇，是吾师也，何深恶而痛去之哉？

［译文］

猫头鹰原本也像喜鹊和斑鸠一般会叫，但因为它的叫声难听，听到的人认为那是不祥之兆，常常会射杀它。鸟类鸣叫又怎会选择地点呢？落在屋上就在屋上叫，落在树上就在树上叫，落在屋上叫，主人就怀疑有不祥之兆，不知在野外树上鸣叫的，又代表谁家的不祥呢？至于狗学人走路，鼠学人说话，猪学人两腿站立，真是奇异之事，然而不祥显露在动物身上，而与人类无关。即使对人类是凶事，也不过是动物感觉到乖戾而表露出来的征兆，作为动物本身也不知是怎么回事。鬼神怜惜人类，每每又向人类显示驱邪避灾的征兆。只要人类能够感到恐惧而努力反省，则可以转祸为福。例如景公没有用祭祀的方法就将彗星可能到来的灾祸消除，殷高宗用仁政修德的方法驱除了桑谷生于朝可能带来的祸患，这是因为妖邪压不住盛德，是事理正气必然的道理。然而妖异呈现的征兆，如同占卜得来的预测，可以看作我们的老师啊！为什么深恶痛绝而非要去之而后快呢？

6.055　春夏秋冬不是四个天，东西南北不是四个地，温凉寒热不是四个气，喜怒哀乐不是四个面。

[译文]

春、夏、秋、冬不是四个天气，东、西、南、北不是四个地方，温、凉、寒、热不是四种气候，喜、怒、哀、乐不是四张脸。

6.056　临池者不必仰观，而日月星辰可知也；闭户者不必游览，而阴晴寒暑可知也。

[译文]

站在水池边的人不必仰观，就可以从水面上看到日月星辰；闭门不出的人不必出去旅游，就可以从气温的变化上得知阴晴寒暑。

6.057　有国家者要知真正祥瑞。真正祥瑞者，致祥瑞之根本也。民安物阜，四海清宁，和气薰蒸而祥瑞生焉，此至治之符也。至治已成，而应征乃见者也。即无祥瑞，何害其为至治哉！若世乱而祥瑞生焉，则祥瑞乃灾异耳。是故灾祥无定名，治乱有定象。庭生桑谷未必为妖，殿生玉芝未必为瑞。是故圣君不惧灾异，不喜祥瑞，尽吾自修之道而已。不然，岂后世祥瑞之主出二帝三王上哉！

[译文]

国家的统治者应该知道什么是真正的祥瑞。所谓真正的祥瑞，就是达到祥瑞的根本。民安物阜，四海清宁，和气薰蒸，就会产生祥瑞，这是达到政治昌平的征兆。政治昌平，祥瑞的征兆就会出现。即使没有祥瑞，对治国也没有什么危害。如果乱世出现祥瑞，则祥瑞就是灾祸。因此灾祸和祥瑞没有确定的名称，然而治政和乱政却有固定的征象。院子里长出桑谷未必是妖邪，殿堂上生出玉芝未必是祥瑞。因此圣明的君主不惧怕灾异，不偏好祥瑞，只是努力加强自己的道德修养而已。否则，后世曾出现祥瑞的人难道比古代的二帝三皇还圣明吗？

6.058　先得天气而生者，本上而末下，人是已。先得地气而生者，本下而末上，草木是已。得气中之质者飞，得质中之气者走，得浑沦磅礴之气质者为山河、为巨体之物，得游散纤细之气质者为蠛蠓蚊蚁蠢动之虫，为苔藓萍蓬藂莿之草。

[译文]

先得到天气而产生的，是本在上木在下的人类。先得到地气而产生的，是本在下末在上的草木等植物。得到气中之质的能飞，得到质中之气的能走，得到浑沦磅礴气质的就能成为山川河流和庞然大物，得到游散纤细气质的就能成为蠛蠓蚊蚁蠢动的虫类和苔藓萍蓬等草类植物。

6.059　入钉惟恐其不坚，拔钉惟恐其不出。下锁惟恐其不严，开锁惟恐其不易。

［译文］

钉钉子的时候唯恐钉不牢固，拔钉子的时候唯恐拔不出来。上锁的时候唯恐它不严实，开锁的时候唯恐它打不开。

6.060　以恒常度气数，以知识定窈冥，皆造化之所笑者也。造化亦定不得，造化尚听命于自然，而况为造化所造化者乎？堪舆星卜诸书，皆屡中者也。

［译文］

用永恒不变的事物度量节气和运数，用知识确定深远奥妙的事物，都会被造化所笑。造化都不能确定，造化尚要听命于自然，更何况被造化创造出来的东西呢？看风水占卜等类的书，都多次被猜中。

6.061　古今载籍莫滥于今日，括之有九：有全书，有要书，有赘书，有经世之书，有益人之书，有无用之书，有病道之书，有杂道之书，有败俗之书。《十三经注疏》《二十一史》，此谓全书。或撮其要领，或类其隽腴，如《四书》、《六经》集注、《通鉴》之类，此谓要书。当时务，中机宜，用之而物阜民安，功成事济，此谓经世之书。言虽近理，而掇拾陈言，不足以羽翼经史，是谓赘书。医技农卜，养生防患，劝善惩恶，是谓益人之书。无关于天下国家，无益于身心性命，语不根心，言皆应世，而妨当世之务，是谓无用之书，又不如赘。佛、老、庄、列，是谓病道之书。迂儒腐说，贤智偏言，是谓杂道之书。淫邪幻诞、机械夸张，是谓败俗之书。有世道之责者不毅然沙汰而芟锄之，其为世教人心之害也不小。

［译文］

古今书籍从没有像今天这样泛滥的，可将其概括分为九种：有全书，有要书，有赘书，有经世之书，有益人之书，有无用之书，有病道之书，有杂道之书，有败俗之书。《十三经注疏》《二十一史》等，这些称为全书。或摘其要领，或取其精华，例如《四书》、《六经》集注、《通鉴》之类的称为要书。适应当时的形势，适合把握机遇，用它会使物阜民安，功成事济，这类书称为经世之书。讲的虽有道理，但内容是陈见俗言的书籍，不足以解说经史，这些叫作赘书。科学技术、医药卫生、健体养身、劝善惩恶之类的书，称为益人之书。与国家兴亡、身心性命没有任何关系的，语言不是发自内心，而都是为了应付了事，妨碍当世之务，这些称为无用之书，还不如赘书。佛家、老子、庄子、列子的书籍，称为病道之书。迂儒腐说、贤智偏言，这些称为杂道之书。宣传鬼怪、荒诞不经、色情淫亵、机械夸张之类的书籍，称为败俗之书。对世道负责的人如不毅然对这些书进行淘汰和销毁，那么就会对社会的风气和人的思想产生极大的危害。

6.062　火不自知其热，冰不自知其寒，鹏不自知其大，蚁不自知其小。相忘于所生也。

［译文］

火不知自己的灼热，冰不知自己的寒冷，鲲鹏不知自己的大，蚂蚁不知自己的小。因为他们忘记了自己的存在。

6.063　声无形色，寄之于器。火无体质，寄之于薪。色无着落，寄之草木。故五行惟火无体而用不穷。

［译文］

声音没有形状和颜色，是因为它附着在器具上。火没有形状是因为它附着在薪柴上。颜色没有着落是因为它附着在草木上。因此五行只有火没有形状而用之无穷。

6.064　大风无声，湍水无浪，烈火无焰，万物无影。

[译文]

风过大就没有声音，水过急时就没有浪花，火过烈时就没有火焰，物过多时就没有形影。

6.065　万物得气之先。

[译文]

先得到阴阳精气的氤氲，而后逐渐积累而形成万物。

6.066　无功而食，雀鼠是已。肆害而食，虎狼是已。士大夫可图诸座右。

[译文]

没有做出任何劳动而食，是雀鼠所为。肆意伤害其他生物而食，是虎狼所为。士大夫可以把这些话作为座右铭。

6.067　薰香莸臭，莸固不可有，薰也是多了的，不如无臭。无臭者，臭之母也。

[译文]

薰草味香，莸草味臭，莸草本来不可能有香味，多出的气味不如无味。无味，就是气味的原始味道，可变化出各种气味。

6.068　圣人因蛛而知网罟，蛛非学圣人而布丝也。因蝇而悟作绳，蝇非学圣人而交足也。物者天能，圣人者人能。

[译文]

圣人因看到蜘蛛结网而知道了编织罗网的道理，而蜘蛛并非学习圣人才会结网的。圣人因苍蝇交足而领悟到结绳的道理，而苍蝇并不是学习圣人才会交足的。动物的一些本能是天生的，圣人的本领是学习到的。

6.069　执火不焦指，轮圆不及下者，速也。

[译文]

抓住火而不烧焦手指，轮子旋转而不落下，都是速度极快的原因。

广喻

6.070　剑长三尺，用在一丝之铦[①]刃。笔长三寸，用在一端之锐毫，其余皆无用之羡物[②]也。虽然，使剑与笔但有其铦者锐者焉，则其用不可施。则知无用者，有用之资；有用者，无用之施。易牙不能无爨子，欧冶不能无砧手，工输[③]不能无钻斲，苟不能无，则与有用者等也，若之何而可以相病也？

[注释]

①铦：锐利。②羡物：多余之物。③工输：即公输班，又称鲁班。

[译文]

剑长三尺，用的只是一丝宽的利刃。笔长三寸，用的只是一端的锐毫，其余的部分都是无用的多余之物。虽然这样，但用剑和笔只有利刃和锐毫，则其用途就无法实施。所以，无用的东西，是有用的东西所要凭借的；有用的东西，是靠无用的东西发挥作用的。善于烹调的易牙不能没有辅助他的人，善于铸剑的欧冶子不能没有锻铁工，善于钻木的鲁班不能没有钻手，如果不能缺少，则与有用的东西是同等重要的，为何认为它是多余之物呢？

6.071　坐井者不可与言一度之天，出而四顾，则始觉其大矣。虽然，云木碍眼，所见犹拘也。登泰山之巅，则视天莫知其际矣。虽然，不如身游八极之表，心通九垓之外。天在胸中，如太仓一粒，然后可以语通达之识。

[译文]

不可以与坐在井里的人谈论一度大的天，等他从井中出来环顾四周，就开始感觉到天的广大。虽然如此，但如被云彩和树木挡住了视线，所看到的天仍然受到限制。登上泰山的山顶，则看到无边无际的天空。即便是这样，也不如身游八方极远的地方，心通天空极高深的地方。天在胸中仿佛太仓中的一粒米，而后才可以谈论通达的见识。

6.072　着味非至味也，故玄酒[①]为五味先。着色非至色也，故太素为五色主。着象非至象也，故无象为万象母。着力非至力也，故大块[②]载万物而不负。着情非至情也，故太清[③]生万物而不亲。着心非至心也，故圣人应万事而不有。

[注释]

①玄酒：上古祭祀用的水。《礼记·礼运》："故玄酒在室，醴盏在户。"疏："玄酒，谓水也。以其色黑，故谓之玄。而太古无酒，此水当酒所用，故谓之玄酒。"②大块：指大地。③太清：指天空。

[译文]

加调料味并不是最美的味，所以白水为五味之先。上了色并不是最美的颜色，所以无色是五色之先。着了象并不是最好的象，所以没有形象就是万象之母。用了力并不是最大的力，所以大地承载万物而不倾覆。着了情并不是最真的情，所以天生万物而不亲。用了心并不是最用心，所以圣人应对万物如同不用心一样。

6.073　凡病人，面红如赭，发润如油者不治，盖萃一身之元气血脉尽于面目之上也。呜呼！人君富，四海贫，可以惧矣！

［译文］

凡是病人，面如红土，发润如油的就不好治愈了，由于一身的元气血脉完全集中显露于脸上。唉！人君富有，四海贫瘠，真令人感到恐惧啊！

6.074　有国家者，厚下恤民非独为民也。譬之于墉，广其下削其上，乃可固也。譬之于木，溉其本剔其末，乃可茂也。夫墉未有上丰下狭而不倾，木未有露本繁末而不毙者。可畏也夫！

［译文］

作为国家的统治者，体恤人民，使人民生活富足，并非只为了人民。比如修城墙，使下部宽大上部窄小，才能够使城墙稳固。又如种树，浇灌根部修剪冠部，才能够使树木茂盛。所以，上部宽大下部窄小的城墙没有不倒的，根部暴露于外而树梢茂盛的树木没有不死的。这真可怕啊！

6.075　天下之势，积渐成之也。无忽一毫，舆羽折轴者，积也；无忽寒露，寻至坚冰者，渐也。自古天下国家、身之败亡，不出“积渐”二字，积之微，渐之始，可为寒心哉！

［译文］

天下的趋势，是逐渐积累而形成的。不要忽视一丝一毫，装有羽毛的车而车轴被折断，这是长期积累造成的；不要忽视寒冷的露水，坚冰就是其积累形成的。自古天下国家、自身灭亡的，不出“积渐”二字，积累哪怕是微小的，逐渐形成哪怕是刚开始的，都是让人感到可怕的！

6.076　火之大灼者无烟，水之顺流者无声，人之情平者无语。

[译文]

火烧旺了就无烟，水流顺了就无声，人心平气和了就无语。

6.077　风之初发于谷也，拔木走石，渐远而减，又远而弱，又远而微，又远而尽，其势然也。使风出谷也，仅能振叶拂毛，即咫尺不能推行矣。京师号令之首也，纪法不可以不振也。

[译文]

风最初从山谷中产生的时候，能够拔起树木、吹走石头，非常强大，渐渐远去后就有所减弱，更远些就更弱，又远些就十分微小，更远就完全消失了，形势就是这样的。如果风出了山谷，仅能振叶拂毛，即使是咫尺之间也不能风行。京城是最初发出号令的地方，法律不可没有影响啊！

6.078　背上有物，反顾千万转而不可见也。遂谓人言不可信，若必待自见，则无见时矣。

[译文]

背上如有物，回头怎么也看不到。所以就认为人言是不可信的，倘若必须等到自己亲眼所见才相信，那就不知什么时候才可以见到了。

6.079　人有畏更衣之寒而忍一岁之冻，惧一针之痛而甘必死之疡者。一劳永逸，可与有识者道。

[译文]

有人害怕换衣服时的寒冷而宁愿忍受一冬的寒冷，有人害怕一针的疼痛而甘心保留致命的溃疡。所谓一劳永逸，只能与有见识的人谈论。

6.080　齿之密比不嫌于相逼，固有故也。落而补之，则觉有物矣。夫惟固有者，多不得，少不得。

［译文］

牙齿紧密排列在一起，而不嫌其相互压迫，是因为原本固有的。如果牙掉了再补上，就会觉得有异物。所以只有固有的东西，多不得，也少不得。

6.081　婴珠珮玉，服锦曳罗，而饿死于室中，不如丐人持一升之粟。是以明王贵用物，而诛尚无用者。

［译文］

戴珠佩玉，穿锦披罗，而饿死于家中，还不如乞丐的一升小米。因此，圣明的君王注重有用的东西，而不提倡那些没有实用价值的东西。

6.082　元气已虚而血肉未溃，饮食起居不甚觉也。一旦外邪袭之，溘然死矣。不怕千日，怕一旦，一旦者，千日之积也。千日可为，一旦不可为矣。故慎于千日，正以防其一旦也。有天下国家者可惕然惧矣。

［译文］

元气已经虚弱而血肉还未溃坏，饮食起居也未感不适。一旦外邪侵入身体，就会突然死亡。不怕千日，就怕一旦，一旦是千日积累造成的。千日可以度过，一旦就难以度过。因此谨慎于千日正是要防患于一旦。作为国家的统治者应引以为戒，提高警惕。

6.083　以果下车驾骐骥，以盆池水养蛟龙，以小廉细谨绳英雄豪杰，善官人者笑之。

［译文］

用高大的好马驾着可在果树下行走的小车，用一盆水来养大蛟龙，用小心谨慎来要求英雄豪杰，善于使用人才的人就会觉得这是多么可笑。

6.084　水千流万派始于一源，木千枝万叶出于一本，人千酬万应发于一心，身千病万症根于一脏。眩于千万，举世之大迷也。直指原头，智者之独见也。故病治一而千万皆除，政理一而千万皆举矣。

［译文］

水千流万派始于一源，树千枝万叶出于一本，人千酬万应发于一心，身千病万症根于一脏。迷惑千万人的事情是举世的大迷。直接找到源头，是智者才能做到的。因此治好一种病，千万种症状都会消除；治理好一种政事，千万种事情都会兴起。

6.085　水、鉴、灯烛、日月、眼，世间惟此五照宜谓五明。

［译文］

水、镜子、灯烛、日月、眼睛，世上只有这五种东西照耀，称之为五明。

6.086　毫厘之轻，斤钧之所藉以为重者也；合勺之微，斛斗之所赖以为多者也；分寸之短，丈尺之所需以为长者也。

［译文］

毫厘轻的东西，斤钧凭借它增加重量；一合一勺的微量，斛斗依赖它增多；分寸的短小，丈尺依赖它增长长度。

6.087　人中黄[①]之秽，天灵盖之凶，人人畏恶之矣。卧病于床，命在须臾，片脑、苏合、玉屑、金箔，固有视为无用之物，而唯彼之亟亟者，时有所需也。胶柱[②]用人于缓急之际，良可悲矣。

［注释］

①人中黄：人的粪便。②胶柱：柱，弦柱，乐器上用来调音的部件。若用胶粘住，则无从调节。比喻拘泥而不知变通。

［译文］

像人的粪便那样污秽的东西，天灵盖那样可怕的东西，人人都畏惧厌恶它。卧病于床，危在旦夕，片脑、苏合、玉屑、金箔这样名贵的药材，都被看作无用之物，而只有像人的粪便、天灵盖那样可恶的东西，才是这时有用之物。急需用人的时候还拘泥守旧，真是可悲啊！

6.088　长戟利于锥而戟不可以为锥，猛虎勇于狸而虎不可以为狸。用小者无取于大，犹用大者无取于小，二者不可以相诮也。

［译文］

长戟比锥子锋利，但长戟不能用作锥子；猛虎比狐狸凶猛，但不可视猛虎为狐狸。用小的就不能选取大的，正如用大的不能选取小的，二者不可相互抵制。

6.089　夭乔之物利于水泽，土燥烈，天旱干，固枯槁矣。然沃以卤水则黄，沃以油浆则病，沃以沸汤则死。惟井水则生，又不如河水之王。虽然，倘浸渍汪洋、泥淖经月，惟水物则生，其他未有不死者。用恩顾不难哉！

[译文]

繁茂的植物适合生长于水泽之中，土质燥烈，天气干旱，就会枯萎。倘若用碱水浇灌它就会发黄，用油浆浇灌它就会生病，用沸汤浇灌它就会死亡。只有用井水浇灌它才能生存，但又不如用河水浇灌长得旺盛。虽然这样，如果河水浸泽汪洋、泥沼一个月，只有水中的物质才能生存，其他的没有不死的。由此看来，施以恩惠并不是件容易的事！

6.090　鉴不能自照，尺不能自度，权不能自称，囿于物也。圣人则自照、自度、自称，成其为鉴、为尺、为权，而后能妍媸、长短、轻重天下。

[译文]

镜子不能照到镜子自己，尺子不能丈量尺子自己，秤不能称量秤自己，这只是物而已。而圣人则能自己照到自己、丈量自己、称量自己，使自己成为镜子、尺子和秤，然后才能辨别美丑、长短、轻重。

6.091　冰凌烧不熟，石砂蒸不黏。

[译文]

冰凌是烧不熟的，石沙是蒸不黏的。

6.092　火性空，故以兰麝投之则香，以毛骨投之则臭。水性空，故烹茶则清苦，煮肉则腥膻。无我故也。无我故能物物[①]，若自家有一种气味杂于其间，则物矣。物与物交，两无宾主，同归于杂，如煮肉于茶，投毛骨于兰麝，是谓浑淆驳杂。物且不物，况语道乎？

［注释］

①物物：支配他物。

［译文］

火的本性是虚空的，所以烧兰麝就会发出香味，烧毛骨则会发出臭味。水本性是虚空的，所以用它煮茶则会清苦，用它煮肉则会有腥膻。这些都是没有自我的缘故。无我所以能够使物体的原味不变，如果自己有一种气味夹杂于其中，就又是一种物体了。物与物相交，不分宾主，都是掺杂的，就像把肉放在茶里煮，把毛骨投于兰麝中，这就是所谓的混淆驳杂。物尚且有混杂的，那么谈论道理和规律岂不更是这样了吗？

6.093　大车满载，蚊蚋千万集焉，其去其来，无加于重轻也。

［译文］

大车载满货物，千万只蚊虫汇集于上，飞来飞去，也不会影响车的轻重。

6.094　苍松古柏与夭桃秾李争妍，重较鸾镳与冲车猎马争步，岂直不能？亦可丑矣。

［译文］

苍松古柏与桃花和李花比妖艳，卿士所乘系有鸾铃的马车与攻城用的马拉的战车比速度，岂止不能做这样的事情？简直是自己出自己的丑。

6.095　射之不中也，弓无罪，矢无罪，鹄无罪。书之弗工也，笔无罪，墨无罪，纸无罪。

［译文］

射箭未中，不是弓的错，不是箭的错，不是鹄的错。字写得不工整，不是笔的错，不是墨的错，不是纸的错。

6.096　锁钥各有合，合则开，不合则不开。亦有合而不开者，必有所以合而不开之故也。亦有终日开，偶然抵死不开，必有所以偶然不开之故也。万事必有故，应万事必求其故。

［译文］

锁和钥匙各自有不同的组合，组合是一对的就能打开，反之则打不开。也有组合是一对而不能打开的，那么这里面一定有打不开的缘故。也有总是能开，偶尔不开的，所以一定有偶尔不开的缘故。万事都有其原因，应对万事必须求其缘故。

6.097　窗间一纸，能障拔木之风；胸前一瓠，不溺拍天之浪。其所托者然也。

［译文］

窗户间的一张纸，能抵挡拔木的大风；胸前挂着一个葫芦，就不怕汹涌的波浪。这是有所依靠的缘故。

6.098　人有馈一木者，家僮曰："留以为梁。"余曰："木小不堪也。"僮曰："留以为栋。"余曰："木大不宜也。"僮笑曰："木一也，忽病其大，又病其小。"余曰："小子听之，物各有宜用也，言各有攸当也，岂惟木哉！"他日为余生炭满炉烘人。余曰："太多矣。"乃尽湿之，留星星三二点，欲明欲灭。余曰："太少矣。"僮怨曰："火一也，既嫌其多，又嫌其少。"余曰："小子听之，情各有所适也，事各有所量也，岂惟火哉！"

[译文]

有人送来一根木头，家僮说："留着它做房梁吧。"我说："木头太小了不能做房梁。"家僮说："留着做脊檩吧。"我说："木头太大不适合做脊檩。"家僮笑着说："一根木头，你一会儿嫌它小，一会儿嫌它大。"我说："小子听我说，物体各有自身的用途，说话也要适时，岂止木头是这样！"一天，家僮装了满炉子的炭为我生火，热得烘人。我说："炭太多了。"于是他就用水把炭浇灭，只留三二点火星，欲明欲灭。我说："炭太少了。"家僮说："一个火炉，一会儿嫌炭多，一会儿嫌炭少。"我说："小子听我说，情况有所不同，事物的分量也不同，岂止火炉是这样！"

6.099　海，投以污秽，投以瓦砾，无所不容。取其宝藏，取其生育，无所不与。广博之量足以纳触忤[1]而不惊，富有之积足以供采取而不竭。圣人者，万物之海也。

[注释]

①忤：违反，抵触。

[译文]

大海，向它投入污秽，向它投入瓦砾，没有什么东西是它容纳不了的。向它索取其中的宝藏，索取其中生长的东西，没有它不给予的。它的广博之量足以容纳触犯它的事物而不吃惊，它的富有之积足以供采取而不衰竭。所谓圣人，正是容纳万物的大海。

6.100　镜空而无我相，故照物不爽分毫。若有一丝痕，照人面上便有一丝；若有一点瘢，照人面上便有一点，差不在人面也。心体不虚而应物亦然。故禅家尝教人空诸有[1]，而吾儒惟有喜怒哀乐未发之中，故有发而中节之和[2]。

［注释］

①诸有：万事万物。②吾儒惟有喜怒哀乐未发之中，故有发而中节之和：《中庸》第一章：“喜怒哀乐之未发，谓之中；发而皆中节，谓之和。”朱熹注：“喜怒哀乐，情也；其未发，则性也。无所偏倚，故谓之中。发皆中节，情之正也，无所乖戾，故谓之和。”

［译文］

镜子空净而没有其他的影像，因此照物毫厘不差。如镜子上有一丝痕迹，照到人面上也会有一丝痕迹；如镜子上有一点瘢，照到人面上也会有一点瘢，其原因不在人面上。是因为人的心灵不清静，回应的事物也会这样。因此佛家教育人把万事万物都视为虚无的，而我们儒家讲究将喜怒哀乐藏于未发之中，所以发出之时又有中节之和。

6.101　人未有洗面而不闭目，撮红而不虑手者，此犹爱小体也。人未有过檐滴而不疾走，践泥涂而不揭足者，此直爱衣履耳。七尺之躯顾不如一履哉？乃沉之滔天情欲之海，拼于焚林暴怒之场，粉身碎体甘心焉而不顾，悲夫！

［译文］

人没有洗面时不闭眼睛的，没有抓取红色后不洗手的，这是爱护身体的一小部分。人没有路过滴水的屋檐而不快走的，没有踩踏在泥路上而不抬起脚的，这只是爱护衣服和鞋子而已。七尺之躯难道还不如一只鞋子？沉溺于滔天情欲之海，拼搏于焚林暴怒之场，即使粉身碎骨也心甘情愿，毫不顾忌，可悲啊！

6.102　恶言如鸱枭之嗷，闲言如燕雀之喧，正言如狻猊之吼，仁言如鸾凤之鸣。以此思之，言可弗慎欤？

［译文］

恶意的话如猫头鹰的鸣叫，闲言碎语如燕雀的喧叫，正直的言论如狮子的吼叫，仁善的话语如鸾凤的鸣啼。由此看来，说话能不谨慎吗？

6.103　左手画圆，右手画方，是可能也。鼻左受香，右受恶；耳左听丝，右听竹；目左视东，右视西，是不可能也。二体且难分，况一念而可杂乎？

［译文］

左手画圆，右手画方，这是可能的。左鼻孔闻香，右鼻孔闻臭；左耳听弦乐，右耳听管乐；左眼看东面，右眼看西面，这是不可能的。两个器官尚且不可以分开做不同的事，更何况一心杂念呢？

6.104　掷发于地，虽乌获不能使有声；投核于石，虽童子不能使无声。人岂能使我轻重哉？自轻重耳。

［译文］

把头发扔到地上，即使是乌获那样的勇士也不能使它发出声音；把核桃扔到地上，即使是小孩子也不能使它没有声音。别人岂能决定我的轻重？只有自己能决定自己的轻重。

6.105　泽、潞之役，余与僚友并肩舆。日莫矣，僚友问舆夫："去路几何？"曰："五十里。"僚友怃然。少间又问："尚有几何？"曰："四十五里。"如此者数问，而声愈厉，意迫切不可言，甚者怒骂。余少憩车中。既下车，戏之曰："君费力如许，到来与我一般。"僚友笑曰："余口津且竭矣，而咽若火，始信兄讨得便宜多也。"问卜筮者亦然。天下岂有儿不下迫而强自催生之理乎？大抵皆揠苗之见也。

[译文]

前往泽州、潞州办事的途中，我与同僚乘坐一辆车。天色已晚，同僚问车夫："前面的路还有多远？"车夫说："五十里。"同僚感到茫然。过了一会儿他又问："还有多远？"车夫回答："四十五里。"如此问了数次，而且声音越来越严厉，越来越急不可耐，甚至怒骂车夫。而我则在车中休息。到了目的地下车后，我对同僚开玩笑说："你刚才费了那么多的力气，不还是和我一样到达。"同僚笑着说："我口中的唾液都干了，咽喉火热，才知道老兄你得了不少便宜啊！"为人占卜的人也是这样的。天下哪有不自然出生而强迫催生孩子的道理？大概是拔苗助长那样的见识。

6.106　进香叫佛，某不禁，同僚非之。余怃然曰："王道荆榛而后蹊径多，彼所为诚非善事，而心且福利之，为何可弗禁？所赖者缘是以自戒而不敢为恶也。故岁饥不禁草木之实，待年丰彼自不食矣。善乎孟子之言曰：'君子反经而已矣[①]。''而已矣'三字，旨哉妙哉，涵蓄多少趣味。"

[注释]

①君子反经而已矣：出自《孟子·尽心下》。经，常规。

[译文]

对于烧香拜佛的事，我并不禁止，同僚对我有异议。我感慨道："王道上荆棘丛生无法行走，小路就慢慢多起来。烧香拜佛诚然不是什么好事，而且心中只是为了祈求福与利，那为何不禁止呢？原因是他们自我警惕而不敢做坏事。因此饥荒之年不禁止人们吃草根树皮，等到了丰收之年，自然也就没有人吃那些东西了。正如孟子所说：'君子反经而已矣。'君子只是为了使事物回到常规而已。'而已矣'三个字，真是十分奥妙，蕴含了多少趣味啊！"

6.107　日食脍炙者，日见其美，若不可一日无。素食三月，闻肉味只觉其腥矣。今与脍炙人言腥，岂不讶哉！

［译文］

每天吃美食佳肴，而且要求一天比一天高，好像一天都离不开它了。如果吃素食三个月，闻到肉味就会觉得肉腥。然而现在与吃美味佳肴的人谈论肉腥，岂不是很讶异的事情？

6.108　钩吻[①]、砒霜也都治病，看是甚么医手。

［注释］

①钩吻：毒草名。

［译文］

钩吻、砒霜这样的毒药也能治病，要看医生医术是否高明。

6.109　家家有路到长安，莫辨东西与南北。

［译文］

家家有路通往长安，不需辨别东西南北。

6.110　一薪无焰，而百枝之束燎原；一泉无渠，而万泉之会溢海。

［译文］

一枝薪柴没有火焰，而将百枝柴火捆在一起点燃则可以燎原；一眼泉水不可以成为河渠，而万眼泉水汇聚一起则可以溢满大海。

6.111　钟一鸣，而万户千门有耳者莫不入其声，而声非不足。使钟鸣于百里无人之野，无一人闻之，而声非有余。钟非人人分送其声而使之入人，人非取足于钟之声以盈吾耳，此一贯之说也。

［译文］

钟一响，万户千家只要不聋的人都能听到它的声音，声音不会不够响。如钟在百里无人的荒野响起，就没有一个人听到，声音并不会有余。钟声并不是分送入人耳中的，人也并非完全听到钟声，这就是“一贯”的学说。

6.112　未有有其心而无其政者，如渍种之必苗，爇兰之必香。未有无其心而有其政者，如塑人之无语，画鸟之不飞。

［译文］

从来没有有好的用心而没有好的政治的，如同浇灌种子一定会发芽，焚烧兰花一定会有香气那样。从来没有没有好的用心而有好的政治的，如同塑造出来的泥人不会讲话，画出来的鸟不会飞一样。

6.113　某尝与友人论一事，友人曰：“我胸中自有权量。”某曰：“虽妇人孺子，未尝不权量，只怕他大斗小秤。”

［译文］

我曾与友人谈论一件事，友人说：“我心中自有主张。”我说：“即使是妇女和小孩子，也未必没有自己的主张，区别只在这主张的大与小上。”

6.114　齁鼾惊邻，而睡者不闻；垢污满背，而负者不见。

［译文］

睡觉时鼾声惊醒四邻，然而打鼾的人却听不到；背上沾满了污垢，而背着污垢的人却看不见。

6.115　爱虺蝮而抚摩之，鲜不受其毒矣；恶虎豹而搏之，鲜不受其噬矣。处小人在不远不近之间。

［译文］

喜爱毒蛇而去抚摸它，很少有人不被它毒伤的；厌恶虎豹而与它们搏斗，很少有人不被它们咬伤的。与小人相处要保持不远不近的距离。

6.116　玄奇之疾，医以平易；英发之疾，医以深沉；阔大之疾，医以充实。

［译文］

玄奇的毛病，要以平易的方法来治疗；出风头的毛病，要以深沉的方法来治疗；迂阔的毛病，要用充实的方法来治疗。

6.117　不远之复，不若未行之审也。

［译文］

没走多远就返回，倒不如未出发前就审视好。

6.118　千金之子，非一日而贫也。日朘月削，损于平日，而贫于一旦。不咎其积，而咎其一旦，愚也。是故君子重小损，矜细行，防微敝。

［译文］

拥有千金的人，并不是在一天之内就会变穷的。每日每月的浪费，平日里又奢侈无度，而终有一天会变得贫穷。如果不指责其平时的浪费，而把一切都归咎于最后的那一天，就简直太愚昧了。因此君子平日里重视微小的损耗，谨慎行事，防止微小的弊病。

6.119　上等手段用贼，其次拿贼，其次躲着贼走。

［译文］

手段高明的人可以使用贼，其次则捉拿贼，没有手段的人设法躲着贼走。

6.120　曳新屦者行必择地，苟择地而行，则屦可以常新矣。

［译文］

穿新鞋的人走路时必定要择地而行，如果能择地而行，则鞋子就可以常新。

6.121　被桐以丝，其声两相借也。道不孤成，功不独立。

［译文］

在桐木上加丝制成琴，琴声是两者相互借助的结果。道义要有相借的东西才能完善，功绩也要有相借的力量才能完成。

6.122　坐对明灯不可以见暗，而暗中人见对灯者甚真。是故君子贵处幽。

［译文］

坐对明灯不可以看到暗处的东西，而处于暗中的人可以清楚地看到面对明灯的人。因此君子贵处幽。

6.123　无涵养之功，一开口动身便露出本象，说不得你有灼见真知；无保养之实，遇外感内伤依旧是病人，说不得你有真传口授。

［译文］

没有涵养的人，在言谈举止中便会露出其本来面目，不能说你有真知灼见；不注重保养的人，遇到外感内伤依旧是病人，不能说你能养生防病。

6.124　磨墨得省身克己之法，膏笔得用人处事之法，写字得经世宰物之法。

［译文］

磨墨可获取省身克己的方法，蘸笔可获取用人处事的方法，写字可获取主宰万物的方法。

6.125　不知天地观四时，不知四时观万物。四时分成是四截，总是一气呼吸。譬如釜水寒温热凉，随火之有无而变，不可谓之四水。万物分来是万种，总来一气薰陶。譬如一树花，大小后先，随气之完欠而成，不可谓之殊花。

［译文］

不知天地观四时，不知四时观万物。四时分为四截，总体上是由元气呼吸形成的。譬如，锅中水的寒温凉热，是随火的有无而变化的，不可以称为四种水。万物分为数万种，总体看来是由一气熏陶而成的。譬如一树花的大小先后，是随气的完欠而形成的，不可以称为不同的花。

6.126　阳主动，动生燥。有得于阳则袒裼可以卧冰雪。阴主静，静生寒。有得于静则盛暑可以衣裘褐。君子有得于道，焉往而不裕如哉！外若可挠，必内无所得者也。

［译文］

阳气主动，动生燥。有了阳气，则可以赤身躺在冰雪之上。阴气主静，静生寒。有了静，则盛暑可以穿裘皮。君子得道，做什么事都可以从容应对！外界的事物扰乱你，你的内心必定一无所得。

6.127　或问：“士希贤，贤希圣，圣希天[①]，何如?”曰：

"体味之不免有病。士、贤、圣，皆志于天，而分量有大小，造诣有浅深者也。譬之适长安者，皆志于长安，其行有疾迟，有止不止耳。若曰跬步者希百里，百里者希千里，则非也。故造道之等必由贤而后能圣，志之所希则合下便欲与圣人一般。"

[注释]

①士希贤，贤希圣，圣希天：出自周敦颐《通书·志学》。原文："圣希天，贤希圣，士希贤。"

[译文]

有人问："读书人渴望达到贤人的境界，贤人渴望达到圣人的境界，圣人渴望达到知天的境界，为什么这样?"我答道："细细体会，这种观点不免有毛病。读书人、贤人、圣人，都渴望达到知天的境界，然而各人的分量有大小，造诣有深浅。比如去长安的人，目的都在于到达长安，但行走的速度有快有慢，有停止和不停止的。如果说，走了半步的人希望走百里，走了百里的人希望走千里，则是错误的。因此修道的等级变化必经历由贤人到圣人的过程，而心中希望现在就和圣人有一样境界。"

6.128　言教不如身教之行也，事化不如意化之妙也。事化信，信则不劳而教成；意化神，神则不知而俗变。螟蛉语生，言化也；鸟孚生，气化也；鳖思生，神化也。

[译文]

言教不如身教实行得快，事化不如意化巧妙。用事实来教化使人相信，相信了不费劲就能教化成功；用意志来教化更为神奇，不知不觉中习俗就发生了改变。螟蛉之子繁衍，寄居在蜾蠃身上，蜾蠃用言语教化，使螟蛉之子变为蜾蠃；鸟孵蛋，这是气化；鳖用意念孵化，这是神化。

6.129　天道渐则生，躐则杀。阴阳之气皆以渐，故万物长养而百化昌遂。冬燠则生气散，夏寒则生气收，皆躐也。故圣人举事不骇人听闻。

［译文］

天道循序渐进则生长，超越次序则毁灭。阴阳之气都是循序渐进地生长，因此万物逐渐生长壮大，百物才能昌遂。冬天热则生气散，夏天冷则生气收，这都是超越次序的结果。所以圣人的行为举止从不骇人听闻。

6.130　只一条线把紧，要机括提掇得醒，满眼景物都生色，到处鬼神都响应。

［译文］

只要一条线把得紧，机括提掇灵活，满眼的景物都是生色，到处的鬼神都会响应。

6.131　一法立而一弊生，诚是。然因弊生而不立法，未见其为是也。夫立法以禁弊，犹为防以止水也。堤薄土疏而乘隙决溃，诚有之矣，未有因决而废防者。无弊之法，虽尧、舜不能。生弊之法，亦立法者之拙也。故圣人不苟立法，不立一事之法，不为一切之法，不惩小弊而废良法，不为一时之弊而废可久之法。

［译文］

一种法令设立就会随之产生一种弊病，确实是这样的。然而因弊病的产生而不敢立法，这未必是正确的。立法是为了防止弊病的产生，正如修筑堤坝防水灾一样。因堤薄土疏造成决堤，这是可能出现的情况，未有因怕决堤而废除堤坝的。设定没有弊病的法令，就算是尧、舜也不能做到。设定产生弊病的法令，也证明立法者的愚笨。因此，圣人不会随便立法，不为一件事而立法，不立一切之法，不因小的弊病而废除已立的法令，不因一时的弊病而废除可以长久实行的法令。

6.132 庙堂之上最要荡荡平平，宁留有余不尽之意，无为一著快心之事。或者不然予言。予曰："君见悬坠乎？悬坠者以一线系重物，下垂往来不定者也。当两壁之间，人以一手撼之，撞于东壁重，则反于西壁亦重。无撞而不反之理，无撞重而反轻之理。待其定也，中悬而止。君快于东壁之一撞，而不虑西壁之一反乎？国家以无事为福，无心处事，当可而止，则无事矣。"

[译文]

朝廷之上要心胸坦荡，宁可留有不尽之意，也不要逞一时之快而草草行事。有的人对我的话不以为然。我说："你看到悬坠了吗？悬坠就是用一根绳子系住一件重物，下垂摇摆不定。当悬坠处于两壁之间，人用一只手去碰它，它会重重地撞到东壁上，然后会因反弹重重地撞到西壁上。没有碰撞了而不反弹的道理，没有重撞而反弹轻的道理。等它稳定下来了，则会悬在两壁之间。你怎能为撞东壁之快，而不顾西壁反弹的力量呢？国家以无事为福，无为而治，凡事要懂得适可而止，这样才能使国家太平。"

6.133 地以一气嘘万物而使之生，而物之受其气者，早暮不同，则物之性殊也，气无早暮；夭乔不同，物之体殊也，气无夭乔；甘苦不同，物之味殊也，气无甘苦；红白不同，物之色殊也，气无红白；荣悴不同，物之禀遇殊也，气无荣悴。尽吾发育之力，满物各足之分量，顺吾生植之道，听其取足之多寡，如此而已。圣人之治天下也亦然。

[译文]

大地用一气使万物呼吸从而生长发育，然万物接受地气早晚不同，因而万物的本性不同，而气没有早晚之别；万物有小草和大树的区别，是因物体不同，而气没有夭乔之别；万物有甜和苦的区别，是因味道不同，而气没有甜与苦之别；万物有红色和白色的区别，是因颜色不同，而气没有红白之别；万物有繁盛有枯死，是因禀遇不同，而气没有枯荣之别。它只是尽到培育万物的力量，满足万物各自需要的分量，顺应万物生长的规律，听凭万物吸取而已。圣人治理天下也是这样的道理。

6.134　口塞而鼻气盛，鼻塞而口气盛，鼻口俱塞，胀闷而死。治河者不可不知也。故欲其力大而势急，则塞其旁流；欲其力微而势杀也，则多其支派；欲其蓄积而有用也，则节其急流。治天下之于民情也亦然。

[译文]

嘴堵住，鼻子呼吸的气息就会加重，鼻子堵住，嘴呼吸的气息就会加重，鼻子和嘴都堵住，就会因胀闷而死。治理河道的人不能不知道这个道理。因此若想河水汹涌澎湃，就要堵住其支流；若想河水流势缓慢，就要增加其支流；若想将河水蓄积起来以备后用，就要将其急流截断。治理天下的民情也要这样。

6.135　木钟撞之也有木声，土鼓击之也有土响，未有感而不应者也，如何只是怨尤？或曰：“亦有感而不应者？”曰：“以发击鼓，以羽撞钟，何应之有？”

[译文]

即使木钟被撞击也会发出木声，土鼓被敲击也会发出土声，没有碰撞而不响的，怎能只是怨天尤人？有人问：“也有碰撞了而没有声响的吗？”回答说：“用头发撞击鼓，用羽毛撞击钟，怎会有声响呢？”

6.136　四时之气先感万物而万物应，所以应者何也？天地万物一气也。故春感而粪壤气升，雨感而础石先润，磁石动而针转，阳燧[①]映而火生，况有知乎？格天动物只是这个道理。

[注释]

①阳燧：用太阳光取火的凹面镜。

[译文]

四时之气先感应万物而后万物才有回应，为什么会有感应呢？是因天地万物一气形成。因此春气感应而后粪壤之气上升，雨水感应而后础石湿润，磁石转动而后铁针跟着转动，阳光照在凹面镜上会产生火，更何况那些有知觉的事物呢？格化上天感动万物就是这个道理。

6.137　积衰之难振也，如痿人之不能起然。若久痿，须补养之，使之渐起；若新痿，须针砭之，使之骤起。

[译文]

积累起来的衰弱很难拯救，正如肌肉萎缩的人不能站起来一样。如果肌肉萎缩时间长了，就必须补养，使他能渐渐地站起来；如果刚患了肌肉萎缩，就必须用针灸的方法治疗，使他能很快地站起来。

6.138　器械与其备二之不精，不如精其一之为约。二而精之，万全之虑也。

[译文]

与其准备两种都不精良的器械，不如准备其中一种精良的小心使用。如果两个都是精良的，则万无一失。

6.139　我之子我怜之，邻人之子邻人怜之。非我非邻人之子而转相鬻育，则不死为恩矣。是故公衙不如私舍之坚，驿马不如家骑之肥，不以我有视之也。苟扩其无我之心，则垂永逸者不惮今日之一劳，惟民财与力之可惜耳，奚必我居也？怀一体者，当使刍牧之常足，惟造物生命之可悯耳，奚必我乘也？呜呼！天下之有我久矣，不独此一二事也。学者须要打破这藩篱，才成大世界。

［译文］

我的儿子我怜惜，邻居的儿子邻居怜惜。既不是我的儿子也不是邻居的儿子，就会转卖给别人养育，不死就算是对他的恩惠了。因此公衙不如私舍坚固，驿马不如家马健壮，因为这不是属于自己的。如果扩展大公无私之心，就会永远安逸而不会害怕一日的劳苦，就会珍惜民财民力，又何必把自己的房子建得坚固呢？怀有万物一体思想的人应使所有牛马都得到满足，怜悯造物主所创造的生命，何必只怜惜自己的马呢？唉！天下的人有自私之心已经很久了，不仅仅这一两件事而已。学者必须打破这个屏障，才能成就大的事业。

6.140　脍炙之处，蝇飞满几，而太羹[①]玄酒不至。脍炙日增，而欲蝇之集太羹玄酒，虽驱之不至也。脍炙彻而蝇不得不趋于太羹玄酒矣。是故返朴还淳，莫如崇俭而禁其可欲。

［注释］

①太羹：祭祀用的肉汁。

［译文］

放有美味佳肴的地方，飞满了苍蝇，而在祭祀用的肉汁和水上却没有苍蝇。美味佳肴不断增加，而想要苍蝇转而聚集在肉汁和水上，怎么驱赶它们，它们也不飞过去。美味佳肴撤下了，苍蝇就不得不飞到肉汁和水上。因此返朴还淳，莫过于崇尚俭朴而禁止欲望。

6.141　驼负百钧，蚁负一粒，各尽其力也；象饮数石，鼷[①]饮一勺，各充其量也。君子之用人，不必其效之同，各尽所长而已。

[注释]

①鼷：鼷鼠，鼠类中一种较小的鼠。

[译文]

骆驼背负百钧，蚂蚁背负一粒，是各尽所能而已；大象饮水数石，鼷鼠饮水一勺，是各尽其量而已。君子用人，不强调其效果相同，各尽所长而已。

6.142　古人云："声色之于以化民，末也。"这个末，好容易底。近世声色不行，动大声色；大声色不行，动大刑罚；大刑罚才济得一半事，化不化全不暇理会。常言三代之民与礼教习，若有奸宄，然后丽刑[①]。如腹与菽粟偶一失调，始用药饵。后世之民与刑罚习，若德化，不由日积月累，如孔子之三年[②]，王者之必世[③]，骤使欣然向道，万万不能。譬之刚肠硬腹之人，服大承气汤三五剂始觉，而却以四物、君子补之，非不养人，殊与疾悖而反生他症矣。却要在刑政中兼德礼，则德礼可行。所谓兼攻兼补，以攻为补，先攻后补。有宜攻，有宜补，惟在剂量。民情不拂不纵始得。噫！可与良医道。

[注释]

①丽刑：用刑罚惩治。②孔子之三年：《论语·子路》："子曰：'苟有用

我者，期月而已可也，三年有成。’”期月，一年。有成，治功成也。③王者之必世：《论语·子路》：“子曰：‘如有王者，必世而后仁。’”朱熹注：“王者谓圣人受命而兴也。三十年为一世。仁，谓教化浃也。”

[译文]

古人说：“用严厉的态度来教化人民，是最不好的方法。”这个方法，好像很容易做到。近世，用一般的态度来教化人民不行，就动用更严厉的态度来教化；若还是不行，就动用刑罚；严酷的刑罚只能起到一半的作用，能不能教化人民上位者却全然不顾。常说到夏、商、周三代的人民惯以礼教人，若有作奸犯科的事情才用刑罚。如同吃了菽粟偶会消化不良，才用药材治疗。后世的人民已经习惯了刑罚，若以德来教化他们，则不是日积月累的，例如孔子所谓的三年成功，王道三十年起效，而突然使人民欣然向道，是万万不能的。譬如腹硬的人，服用大承气汤三五剂才开始见效，而用四物汤、君子汤养补，非但不养人，而且会背道而驰，产生其他的疾病。要在刑政中兼有德礼，这样德礼才能够实行。这就是所谓的兼攻兼补，以攻为补，先攻后补。有的病适合攻，有的病则适合补，关键在于剂量的多少。对待民情不违背不放纵才适合。唉！可以和良医谈论这个道理。

6.143　得良医而挠之，与委庸医而听之，其失均。

[译文]

遇到了良医却阻挠他看病，委托给庸医任凭他怎样治疗，二者都会使病情更糟糕。

6.144　以莫邪授婴儿而使之御虏，以繁弱授蒙瞍而使之中的，其不胜任，授者之罪也。

[译文]

让婴儿用莫邪这样的宝剑抵御敌人，让无知的瞎子用繁弱这样的羽弓射中目标，二者都不能胜任，这是授予他们剑与弓的人的错误。

6.145　道途不治，不责妇人；中馈不治，不责仆夫。各有所官也。

[译文]

道路治理不好，不能责怪妇女；饮食等事管理不好，不能责怪仆人。因各人有各人的职责。

6.146　齐有南北官道，洿下者里余，雨多行潦[1]，行者不便，则傍西踏人田行。行数日而成路，田家苦之，断以横墙，十步一堵，堵数十焉。行者避墙更西踏田愈广，数日又成路。田家无计，乃蹲田边，且骂且泣，欲止欲讼，而无如多人何也。或告之曰："墙之所断已成弃地矣，胡不仆墙而使之通，犹得省于墙之更西者乎？"予笑曰："更有奇法，以筑墙之土垫道，则道平矣。道平，人皆由道，又不省于道之西者乎，安用墙为？"越数日道成，而道旁无一人迹矣。

[注释]

①行潦：路中积水。

[译文]

胶东有条南北向的大道，其中有一里多的路比较低洼，一旦下雨路上就会积水，行路者不方便行路，就向西从田地里走。走的日子多了就形成了一条路，田地的主人十分苦恼，就在此筑墙以挡住行人从此经过，十步一堵墙，共修筑了数十堵。行路的人就避开墙再往西踏着田地走，数日后又走出了一条路。田地的主人没有办法，就蹲在田边，一边骂一边哭，一边想要阻止行人，一边要去告状，而对无数的路人却又无可奈何。有人对他说："墙堵住的地方已经无用了，你何不把墙推倒让人走呢？这样还可以省出墙西面的地方。"我笑着说："有更好的方法，用筑墙的土铺路，则道路就平坦了。道路平坦了，人们就都由此通过，而西边的田地就能节省出来，还用得着筑墙吗？"过了数日，道路修好了，道旁再无一人行走。

6.147　瓦砾在道，过者皆弗见也；裹之以纸，人必拾之矣；十袭而椟之[①]，人必盗之矣。故藏之，人思亡之；掩之，人思检之；围之，人思窥之；障之，人思望之。惟光明者不令人疑。故君子置其身于光天化日之下，丑好在我，我无饰也；爱憎在人，我无与也。

[注释]

①十袭而椟之：裹上十层锦，再用木匣装起来。十袭，裹上十层锦。椟，用木匣装。

[译文]

扔在路上的瓦砾，过路的人都看不见；将它裹上一层纸，人们一定去拾它；裹上十层锦，再用木匣装起来，人们一定会盗取它。因此藏起来的东西，人们就要偷走它；掩盖起来的东西，人们就想揭开它；围起来的东西，人们就想窥探它；挡起来的东西，人们就想看到它。只有光明磊落的人不会令人怀疑。因此君子置身于光天化日之下，是丑是美在于自己，而毫无掩饰；是爱是憎在于别人，与自己无关。

6.148　稳桌脚者，于平处着力，益甚其不平。不平有二，有两隅不平，有一隅不平，于不少处着力，必致其欹斜。

［译文］

使桌脚稳固，在平地上下功夫，只会使它更不稳固。桌脚不平有两个原因：有两个角不平的，有一个角不平的，在没有短缺的地方下功夫，一定使它更倾斜。

6.149　极必反，自然之势也。故绳过绞则反转，掷过急则反射。无知之物尚尔，势使然也。

［译文］

物极必反，这是自然规律。因此绳子绞得过狠则会反转，掷东西过急则会反射。无知的东西尚且如此，这是规律所致。

6.150　是把钥匙都开底锁，只看投簧不投簧。

［译文］

是把钥匙都能开锁，就看它投簧不投簧。

6.151　蜀道不难，有难于蜀道者，只要在人得步。得步则蜀道若周行，失步则家庭皆蜀道矣。

［译文］

蜀道并不难行，有比蜀道更难行的道路，主要看你走路的方法对不对。只要走的方法对，蜀道就如同大道；走的方法不对，则家庭之内也同蜀道一样。

6.152　未有冥行疾走于断崖绝壁之道而不倾跌者。

［译文］

没有在黑暗中疾行于断崖绝壁之路而不跌落的人。

6.153　张敬伯常经山险，谓余曰：“天下事常震于始而安于习，某数过栈道，初不敢移足，今如履平地矣。”余曰：“君始以为险，是不险；近以为不险，却是险。”

［译文］

张敬伯常行走于山间险道，他对我说：“天下的事常常开始时感到惊讶，而习惯了就会安心，我数次经过栈道，起初不敢迈步，而现在如走平地一般。”我说：“你开始时以为危险，其实是不险；现在以为不危险，其实是危险的。”

6.154　君子之教人也，能妙夫因材之术，不能变其各具之质。譬之地然，发育万物者，其性也。草得之而为柔，木得之而为刚，不能使草之为木，而木之为草也。是故君子以人治人，不以我治人。

［译文］

君子教育人，妙在能因材施教，不会改变各人的本质。就像地一样，养育万物，这是它的本性。草长在地上就柔软，树木长在地上就坚硬，不能使草像树一样，也不能使树像草一样。因此，君子因材施教，不以自己的特性来教化别人。

6.155　无星之秤公则公矣，而不分明；无权之秤平则平矣，而不通变。君子不法焉。

［译文］

无星的秤，虽然公平，但分量不分明；无秤砣的秤，虽然也公平了，但不变通。君子不能效法这样的秤。

6.156　羊肠之隘，前车覆而后车协力，非以厚之也。前车当关，后车停驾，匪惟同缓急，亦且共利害。为人也，而实自为也。呜呼！士君子共事而忘人之急，无乃所以自孤也夫。

[译文]

走在羊肠小道上，前面的车翻了，后面车的人就帮它正过来，这并非两者关系密切。前面的车挡住了路，后面的车无法前行，不只是影响缓急，也是利害相同。为别人，其实也是为自己。唉！士君子与人共事而忘了别人的难处，这也是自我孤立的做法啊！

6.157　万水自发源处入百川，容不得；入江淮河汉，容不得。直流至海，则浩浩恢恢，不知江淮几时入，河汉何处来，兼收而并容之矣。闲杂懊恼，无端谤讟，傥来横逆，加之众人不受，加之贤人不受，加之圣人则了不见其辞色，自有道以处之。故圣人者，疾垢之海也。

[译文]

万条水系从发源处汇入百川，百川容纳不了；入长江、淮河、黄河、汉江，也容纳不了。直至流入大海，则浩浩荡荡，也分不清长江、淮河的水是几时流入的，黄河、汉江的水是从何处来的，都兼收并容了。闲杂烦恼，无端的诽谤，飞来横祸，这些发生在普通民众身上会接受不了，发生在贤人身上也会接受不了，但发生在圣人身上则不见圣人烦躁，他们自有处理这些烦恼的方法。因此圣人就像是能够容纳疾病和污垢的大海。

6.158　两物交必有声，两人交必有争。有声，两刚之故也。两柔则无声，一柔一刚亦无声矣。有争，两贪之故也。两让则无争，一贪一让亦无争矣。抑有进焉，一柔可以驯刚，一让可以化贪。

[译文]

两个物体相触一定会有声音，两个人相碰一定会有纷争。有声，是因为两个物体都坚硬。如果两个物体都柔软则无声，一个物体柔软另一个物体坚硬也不会有声。有争，是因为两个人都贪心。两个人互相谦让则不会有纷争，一个人贪心另一个人谦让也不会有纷争。还有更高深的，一柔可以驯服一刚，一让可以化解一贪。

6.159　石不入水者，坚也；磁不入水者，密也。人身内坚而外密，何外感之能入？物有一隙，水即入一隙；物虚一寸，水即入一寸。

［译文］

石头中进不去水，是因为它坚硬；瓷器中进不去水，是因为它密实。倘若人的身体内部健康，外部加以保护，还有什么外感能进入体内呢？物体有一个缝隙，水便会从缝隙中进入；物体空一寸，水就会浸入一寸。

6.160　人有兄弟争长者，其一生于甲子八月二十五日，其一生于乙丑二月初三日。一曰："我多汝一岁。"一曰："我多汝月与日。"不决，讼于有司，有司无以自断，曰："汝两人者均平，不相兄，更不然递相兄可也。"

［译文］

兄弟二人争论谁是长者，其中一个生于甲子年八月二十五日，另一个生于乙丑年二月初三日。一个说："我大你一岁。"另一个说："我的月份和日子比你大。"两人决不出胜负，于是告到官府，官府也没办法判定，就说："你们两人一样大，不分长幼，要不然轮流做兄长好了。"

6.161　挞人者梃也，而受挞者不怨梃；杀人者刃也，而受杀者不怨刃。

［译文］

打人用的是棍棒，而被打的人不怨恨棍棒；杀人用的是刀，而被杀的人不怨恨刀。

6.162　人间等子多不准，自有准等儿，人又不识。我自是定等子底人，用底是时行天平法马。

［译文］

人间称量物体用的等子多数都不准，自然有准的等子，人们又不认识。我就是定等子的人，用的是时行的天平砝码。

6.163　颈檠一首，足荷七尺，终身由之而不觉其重，固有之也。使他人之首枕我肩，他人之身在我足，则不胜其重矣。

［译文］

颈项支撑着头，脚支撑着七尺身躯，终生如此也不觉得重，这是天生固有的原因。如果他人的头枕在我的肩，他人的身体放在我的脚上，则会不堪重负。

6.164　不怕炊不熟，只愁断了火。火不断时，炼金煮砂可使为水作泥。而今冷灶清锅，却恁空忙作甚？

［译文］

不怕煮饭煮不熟，只愁断了火。火不断时，金子可以炼成水，砂石可以化为泥。而如今冷灶清锅，还空忙什么呢？

6.165　王酒者，京师富店也。树百尺之竿，揭金书之帘，罗玉相之器，绘五楹之室，出十石之壶，名其馆曰“五美”。饮者争趋之也。然而酒恶，明日酒恶之名遍都市，又明日门外有张罗者。予叹曰：“嘻！王酒以五美之名而彰一恶之实，自取穷也。夫京师之市酒者不减万家，其为酒恶者多矣，必人人尝之，人人始知之，待人人知之，已三二岁矣。彼无所表著以彰其恶，而饮者亦无所指记以名其恶也。计所获，视王酒亦百倍焉。朱酒者，酒美亦无所表著，计所获，视王酒亦百倍焉。”或曰：“为酒者将掩名以售其恶乎？”曰：“二者吾不居焉，吾居朱氏。夫名为善之累也，故藏，修者恶之。彼朱酒者无名，何害其为美酒哉！”

［译文］

王家酒店，是京城一家富店。店门口树立着百尺高竿，挂着写有金字的门帘，店内玉器罗列，屋中的五根柱子上均绘有精美的图案，酒均装在能容十石酒的容器内，酒馆起名为“五美”。喝酒的人争相来此品酒。然而酒并不好喝，第二天酒的恶名就传遍整个城市，第三天来酒店的人就更少了。我感叹道：“唉！王家酒店以‘五美’为名，却显露出酒劣的事实，真是自找倒霉啊！京城的酒店不下万家，其中酒劣的店铺很多，但都是经人品尝后，人们才开始知道哪家不好，等到每个人都知道了，也要两三年。他们没有可以显示的东西，所以人们也不知道其酒的好坏。计算他们的利润，则比王家酒店的多百倍。朱家酒店，酒好，也没有表露出来，但计算一下它的利润，也比王家酒店多百倍。”有人说：“卖酒的人是不是应该掩饰他们的名声而卖坏酒呢？”我说：“这两种情况我都不赞成，我更赞成朱家酒店的做法。名声只是善行的累赘，因此要隐藏名声，如果修名的话，就会引来别人的厌恶。朱家酒店无名，对其美酒又有什么影响呢？”

6.166　有脍炙于此，一人曰咸，一人曰酸，一人曰淡，一人曰辛，一人曰精，一人曰粗，一人曰生，一人曰熟，一人曰适口，未知谁是。质之易牙而味定矣。夫明知易牙之知味，而未必已口之信从，人之情也。况世未必有易牙，而易牙又未易识，识之又未必信从已。呜呼！是非之难一久矣。

［译文］

有一种精美的食物，有人说咸，有人说酸，有人说淡，有人说辣，有人说精，有人说粗，有人说生，有人说熟，有人说适口，不知道谁说得对。可以让擅长烹饪的易牙来判定是什么味。明知易牙懂得味道，但未必就适合自己的口味，这是人之常情。何况这世上未必有易牙，即使有易牙而又很难识别他，能识别出他又未必就相信他的判断。唉！是非难以归一已经是很长时间的事了。

6.167　余燕服长公服少许，余恶之，令差短焉。或曰："何害？"余曰："为下者出其分寸长，以形在上者之短，身之灾也，害孰大焉？"

［译文］

我的燕服（私服）比公服长点，我不喜欢，就令人剪短一些。有人问我："长一点又有何碍呢？"我说："在下面的长出几分，在上面的就会露出短处，这样会给自己带来灾祸，利害关系谁更大呢？"

6.168　水至清不掩鱼鲕之细，练至白不藏蝇点之缁。故"清白"二字，君子以持身则可，若以处世，道之贼而祸之薮也。故浑沦无所不包，幽晦无所不藏。

［译文］

水太清，则掩饰不住细小的鱼苗；绸子太白，则掩饰不住苍蝇屎般小的黑斑。故"清白"二字，君子用此修身可以，如以此处世，就会危害世道，带来不少灾祸。因此浑沦无所不含，幽晦的地方无所不藏。

6.169　一人入饼肆，问饼直几何，馆人曰："饼一钱一。"食数饼矣，钱如数与之。馆人曰："饼不用面乎？应面钱若干。"食者曰："是也。"与之。又曰："不用薪水乎？应薪水钱若干。"食者曰："是也。"与之。又曰："不用人工为之乎？应工钱若干。"食者曰："是也。"与之。归而思于路曰："吾愚也哉！出此三色钱，不应又有饼钱矣。"

［译文］

一个人到饼店，问一个饼要多少钱，店主说："一个饼一钱。"此人吃了几个饼后，将饼钱如数交给店主。店主说："做饼不用面吗？还应付面钱若干。"吃饼的人说："是啊。"把面钱付了。店主又说："做饼不用柴火和水吗？还应付柴火和水钱若干。"吃饼的人说："是啊。"又把柴火和水钱付了。店主又说："做饼不用人工吗？还应付工钱若干。"吃饼的人说："是啊。"又把工钱付了。在回去的路上吃饼的人琢磨道："我真愚蠢啊！付了三样钱，就不应再付饼钱了。"

6.170　一人买布一匹，价钱百五十，令染人青之。染人曰："欲青钱三百。"既染矣，逾年而不能取，染人牵而索之曰："若负我钱三百，何久不与？吾讼汝。"买布者惧，跽而恳之曰："我布值已百五十矣，再益百五十，其免我乎！"染人得钱而释之。

［译文］

一个人买了一匹布，价值一百五十钱，使染布的人将其染成青色。染布的人说："想要染成青色要三百钱。"然后开始染布，过了一年仍不见买布的人取布，染布的人就拉着他要钱说："你欠我三百钱，为何这么久了还不给呢？我要去告你。"买布的人害怕，跪着恳求说："我买布已花了一百五十钱，再给你一百五十钱，你饶了我吧！"染布的人得到了钱就饶了他。

6.171　无盐[1]而脂粉，犹可言也；西施而脂粉，不仁甚矣。

［注释］

①无盐：战国时无盐邑的丑女，后人以无盐为丑女的通称。

［译文］

丑若无盐的女子施加脂粉，还说得过去；而美若西施的女子施加脂粉，就太不仁了。

6.172　昨见一少妇，行哭甚哀，声似贤节，意甚怜之。友人曰："子得无视妇女乎？"曰："非视也，见也。大都广衢之中，好丑杂沓，情态缤纷，入吾目者，千般万状，不可胜数也。吾何尝视？吾何尝不见？吾见此妇亦如不可胜数者而已。夫能使聪明不为所留，心志不为所引，如风声日影然，何害其为见哉？子欲入市而闭目乎？将有所择而见乎？虽然，吾犹感心也，见可恶而恶之，见可哀而哀之，见可好而好之。虽情性之正，犹感也，感则人，无感则天。感之正者圣人，感之杂者众人，感之邪者小人。君子不能无感，慎其所以感之者。此谓动处试静，乱中见治，工夫效验都在这里。"

［译文］

昨天看见一个少妇，边走边哭，哭得很痛苦，声音像贤妇，我非常同情她。友人说："你是否注视那个妇女了？"我说："我并非注视她，是看见她。在大城市的街道上，美丑夹杂，形态各异，进入我视线的千姿百态，不可胜数。我又何尝注视？何尝不见呢？我看见这位少妇如同看见那些不可胜数的人而已。倘若神志不被看到的东西留住，心志不被看到的东西吸引，如同风声日影，看到了又有何妨呢？你想让街上的人都闭上眼睛吗？有选择地看事物吗？虽然这样，但看到的事物还是能够感动我心的，看到可恶的事情就厌恶，看到可悲的事情就哀伤，看到美好的事情就喜爱。即使是性情端正的人，也会感动，有感应的才是人，没有感应的是天。被正事感动的是圣人，被杂事感动的是众人，被邪事感动的是小人。君子不能没有感应，但要慎重对待所感动的事物。这就是在动中试验自己的宁静，在混乱中检验自己的安定，真正的素养都在这里。”

6.173　尝与友人游圃，品题众芳，渠以艳色浓香为第一。余曰：“浓香不如清香，清香不若无香之为香。艳色不如浅色，浅色不如白色之为色。”友人曰：“既谓之花，不厌浓艳矣。”余曰：“花也而能淡素，岂不尤难哉！若松柏本淡素，则不须称矣。”

［译文］

我曾与友人游花园，他对各种花进行评论，以为艳丽浓香的第一。我说：“浓香不如清香，清香不如无香为香。艳色不如浅色，浅色不如白色之为色。”友人说：“既被称为花，就不应讨厌它的浓艳。”我说：“花也能淡素，岂不难能可贵吗！如松柏本身就很淡素，就无须称道了。”

6.174　服砒霜、巴豆者，岂不得肠胃一时之快，而留毒五脏以贼元气，病者暗受而不知也。养虎以除豺狼，豺狼尽而虎将何食哉？主人亦可寒心矣。是故梁冀去而五侯来①，宦官灭而董卓起②。

［注释］

①梁冀去而五侯来：据《后汉书·梁统传》，梁冀骄横不法，杀质帝立桓帝，专断朝政二十余年，后为五宦官所谋，自杀身死。②宦官灭而董卓起：董

卓引兵入朝诛灭宦官，废汉少帝，立献帝，自为相国，专断朝政。

［译文］

服了砒霜、巴豆的人，虽肠胃能得到一时的舒畅，但留于五脏的毒素则会伤及元气，患病的人受害还不知道。养虎以除掉豺狼，豺狼灭绝了，老虎将吃什么呢？主人也会感到恐惧。因此除去了骄横的梁冀又出现了凶残的五侯；除掉了宦官，董卓又乘机兴起了。

6.175　以佳儿易一跛子，子之父母不从，非不辨美恶也，各有所爱也。

［译文］

用一个聪明健康的孩子换一个腿或脚有毛病的孩子，后者的父母一定不会愿意，并非他们不分好坏，而是各人爱各人的孩子。

6.176　一人多避忌，家有庆贺，一切尚红而恶素。客有乘白马者，不令入厩闲。有少年面白者，善谐谑，以朱涂面入，主人惊问，生曰："知翁之恶素也，不敢以白面取罪。"满座大笑，主人愧而改之。

［译文］

一个人避讳很多，家中有喜事，一切事物都崇尚红色而避讳白色。客人中有乘白马的，就不许其白马入马棚。有一个少年脸很白，善于开玩笑，就用红色涂面后来到这里，主人惊讶地问其原因，少年说："我知道您避讳素色，不敢以白脸相见，以免得罪您。"满座的人大笑，主人感到惭愧，此后便改掉了这个习惯。

6.177　有过彭泽者，值盛夏，风涛拍天。及其反也，则隆冬矣，坚冰可履。问旧馆人："此何所也？"曰："彭泽。"怒曰："欺我哉！吾始过彭泽，可舟也，而今可车；始也水活泼，而今坚结，无一似昔也，而君曰彭泽，欺我哉!”

[译文]

有人路过彭泽，正值盛夏，风涛拍天。等到他返回的时候，则到了寒冬，坚冰之上可以走路。他问原来住过的旅店的主人：“这是什么地方?”主人说：“彭泽。”他发怒说：“你骗我。我开始路过的彭泽，可以行舟，而今可以行车；开始时波涛汹涌，现在则成了坚冰，没有一点与以前相同的，而你却说是彭泽，是在欺骗我啊!”

6.178　人有夫妇将他出者，托仆守户。爱子在床，火延寝室。及归，妇人震号，其夫环庭追仆而杖之。当是时也，汲水扑火，其儿尚可免与!

[译文]

有一对夫妇将要出行，委托仆人看守门户。其爱子在床上，家里着了火蔓延到屋子里。等到他们归来的时候，妇人痛哭流涕，她的丈夫绕着庭院追打仆人。这个时候，如果及时取水扑火，他们的儿子尚可免去灾难。

6.179　发去木一段，造神椟一、镜台一、脚桶一。锡五斤，造香炉一、酒壶一、溺器一。此造物之象也。一段之木，五斤之锡，初无贵贱荣辱之等，赋畀之初无心，而成形之后各殊。造物者亦不知，莫之为而为耳。木，造物之不还者，贫贱忧戚当安于有生之初；锡，造物之循环者，富贵福泽莫恃为固有之物。

[译文]

用一段木头，制作了一个神柜、一个镜台、一个脚盆。用五斤锡，制作了一个香炉、一把酒壶、一个便桶。——这是制作东西的现象。一段木头，五斤锡，本来没有贵贱荣辱之分，做成物品之前也没有什么样子，而成形之后就各不相同了。制作者也不知道，不是故意这样做的。用木头制作的东西就不能恢复到原来的样子，那么就会为自己的贫贱而忧戚，应当安于有生之初的样子；用锡制作的物品还可以熔化后再制作别的物品，那么对于富贵福泽，就不要把它当成永恒不变的。

词章

6.180　六经之文不相师也，而后世不敢轩轾[①]。后之为文者，吾惑矣。拟韩临柳[②]，效马学班[③]，代相祖述，窃其糟粕，谬矣。夫文以载道也，苟文足以明道，谓吾之文为六经可也。何也？与六经不相叛也。否则，发明申、韩之学术，饰以六经之文法，有道君子以之覆瓿[④]矣。

［注释］

①轩轾：高低，轻重。②拟韩临柳：临摹韩愈、柳宗元。韩指韩愈，柳指柳宗元。③效马学班：效法司马迁、班固。马，指司马迁，西汉史学家，《史记》作者。班，指班固，东汉史学家，《汉书》作者。④覆瓿：覆盖小瓮。

［译文］

《六经》的内容并不是互相效仿的，因而后世不敢评论其高低。对后世做学问的人，我感到迷惑。他们临摹韩愈、柳宗元，效法司马迁、班固，代代模仿前人，沿袭其糟粕，这种做法是错误的。文章是用来体现道理的，如果文章表明道理，可称之为六经。为什么呢？因为它没有违背六经。否则，即便有申不害、韩非那样的学术思想，而用六经的文法加以修饰，这样的文章，有道的君子只用来盖油瓮罢了。

6.181　诗、词、文、赋，都要有个忧君爱国之意，济人利物之心，春风舞雩之趣[1]，达天见性之精。不为赘言，不袭余绪，不道鄙迂，不言幽僻，不事刻削，不徇偏执。

［注释］

①春风舞雩之趣：《论语·先进》载：孔子让子路、曾皙、冉有、公西华各言其志，曾皙曰："莫春者，春服既成，冠者五六人，童子六七人，浴乎沂，风乎舞雩，咏而归。"孔子喟然叹曰："吾与点也。"

［译文］

诗、词、文、赋，都要能休现出忧君爱国的意念，济人利物的心情，朝气蓬勃的情趣，通达明澈的意义。没有烦琐的语言，不要抄袭别人的著作，不要鄙迂的语言，不要幽深僻远的语言，不说刻薄的话，不要偏执顽固。

6.182　一先达为文，示予令改之，予谦让，先达曰："某不护短，即令公笑我，只是一人笑。若为我回护，是令天下笑也。"予极服其诚，又服其智。嗟夫！恶一人面指，而安受天下之背笑者，岂独文哉？岂独一二人哉？观此可以悟矣。

［译文］

一位前辈写好了文章，交给我帮他修改，我谦让，前辈说："我不护短，即使你笑我，我也只是被一人笑话。倘若你帮我护短，就是让我被天下人笑话了。"我十分钦佩他的诚恳，也佩服他的智慧。唉！厌恶一个人当面批评，而安心承受天下人在背后嘲笑，岂止文章是这样？这样的人岂止一两个呢？由此可以领悟出这个道理。

6.183　议论之家，旁引根据，然而据传莫如据经，据经莫如据理。

［译文］

评论家常引用一些文辞进行评论，然而依据传不如依据经，依据经不如依据理更准确。

6.184　古今载籍之言，率有七种：一曰天分语，身为道铸，心是理成，自然而然，毫无所为，生知安行之圣人。二曰性分语，理所当然，职所当尽，务满分量，毙而后已，学知利行之圣人。三曰是非语，为善者为君子，为恶者为小人，以劝贤者。四曰利害语，“作善降之百祥，作不善降之百殃[①]”，以策众人。五曰权变语，托词画策以应务。六曰威令语，五刑以防淫。七曰无奈语，五兵以禁乱。此语之外，皆乱道之谈也。学者之所务辨也。

［注释］

①作善降之百祥，作不善降之百殃：出自《尚书·伊训》。

［译文］

古今书籍所记载的语言，大概可分为七种：一是天分语，这种言论的作者，身心向道向理，自然而然，毫无造作之为，是生知安行的圣人。二是性分语，这种言论的作者，做理所当然的事，尽应尽的职责，尽最大的努力，死而后已，是学知利行的圣人。三是是非语，这种言论的作者，认为行善的人为君子，作恶的人为小人，以此劝诫贤人。四是利害语，这种言论的作者，认为行善会带来吉祥，作恶会带来灾祸，以此鞭策众人。五是权变语，这种言论的作者，用各种借口策划各种谋略以应对事务。六是威令语，这种言论如同用五刑来防止违法的行为。七是无奈语，这种言论如同用五兵来禁止动乱。这几种言论之外的，都是混乱世道的言论。学者要对此加以辨别。

6.185　疏狂之人多豪兴，其诗雄，读之令人洒落，有起懦之功。清逸之人多芳兴，其诗俊，读之令人自爱，脱粗鄙之态。沉潜之人多幽兴，其诗淡，读之令人寂静，动深远之思。冲淡之人多雅兴，其诗老，读之令人平易，消童稚之气。

［译文］

狂放不羁的人多豪兴，他的诗雄浑，读起来使人洒脱磊落，可以振作懦夫。清新雅致的人多芳兴，他的诗俊秀，读起来使人自爱，摆脱粗俗的形态。沉着含蓄的人多幽兴，他的诗淡雅，读起来使人寂静，产生深远的思考。清和淡泊的人多雅兴，他的诗老成，读起来使人感到平易，消除幼稚的气息。

6.186　愁红怨绿是儿女语，对白抽黄[①]是骚墨语，叹老嗟卑是寒酸语，慕膻附腥是乞丐语。

［注释］

①对白抽黄：指诗赋的对仗手法。

［译文］

愁红怨绿是表达儿女情长的语言，对白抽黄是文人墨客的语言，叹老嗟卑是寒酸的语言，慕膻附腥是乞丐的语言。

6.187　艰语深辞，险句怪字，文章之妖而道之贼也，后学之殃而木之灾也。路本平而山溪之，日月本明而云雾之，无异理有异言，无深情有深语。是人不诛而是书不焚，有世教之责者之罪也。若曰其人学博而识深，意奥而语奇，然则孔孟之言，浅鄙甚矣？

［译文］

冷僻的言辞，幽怪的语句，就是文章中的妖怪、道理的奸贼，会殃祸后生学子和雕版印书。路本来是平坦的，而有山溪阻挡；日月本来是明朗的，而有云雾遮挡；没有特殊道理的，而用怪异的语言来表达；没有深厚的情谊，而用深奥的语言来表达。这样的人不加以劝诫，这样的书不加以禁止，是教化众人之人的责任。如果说这种人学识渊博，意蕴深奥而言语新奇，那么孔孟的言辞岂不是显得浅陋了？

6.188　圣人不作无用文章，其论道则为有德之言，其论事则为有见之言，其叙述歌咏则为有益世教之言。

［译文］

圣人不做无用的文章，他的文章谈论道理则为德行的言语，谈论实事则为有见解的语言，创作诗赋则为有益教化世人的语言。

6.189　真字要如圣人燕居，危坐端庄而和气自在；草字要如圣人应物，进退存亡，辞受取予，变化不测，因事异施而不失其中。要之，同归于任其自然，不事造作。

［译文］

楷书要如同圣人在家中闲居，端坐而和气自在；草书要如同圣人应对事物，进退存亡，辞受取予，变化不测，因事不同而用不同的策略应对。总之，皆要任其自然，不事造作。

6.190　圣人作经，有指时物者，有指时事者，有指方事者，有论心事者，当时精意与身往矣。话言所遗，不能写心之十一，而儒者以后世之事物、一己之意见度之，不得则强为训诂。呜呼！汉宋诸儒不生，则先圣经旨后世诚不得十一，然以牵合附会而失其自然之旨者亦不少也。

［译文］

圣人创作经书，有指时物的，有指时事的，有指一方面的事情的，有表达思想感情的，当时他们将全神贯注地写作，与身体力行相结合。他们言辞中所留下来的话，连他们思想的十分之一都不到，然而儒者则以后世的事物和一己之意揣测圣人，有异议的地方则勉强地解释，以便符合自己的意图。唉！如没有汉宋诸多儒生，则先圣经学意旨，后人诚然得不到十分之一，然而由于他们牵合附会而失去先圣经学原来要旨的地方也是不少的。

6.191　圣人垂世则为持衡之言，救世则有偏重之言。持衡之言，达之天下万世者也，可以示极。偏重之言，因事因人者也，可以矫枉。而不善读书者每以偏重之言垂训，乱道也夫！诬圣也夫！

［译文］

圣人教化世俗的是永恒的言论，挽救世道的是所侧重的言论。永恒持久的言论，流传天下万世，可以作为永久的准则。有所侧重的言论，因事因人不同，可以矫枉过正。但不善于读书的人每每把那些有所侧重的言论当作永恒的准则来训诫后人，这样做是混乱世道，诬蔑圣人。

6.192　言语者，圣人之糟粕也。圣人不可言之妙，非言语所能形容。汉宋以来解经诸儒，泥文拘字，破碎牵合，失圣人天然自得之趣，晦天下本然自在之道，不近人情，不合物理，使后世学者无所适从。且其负一世之高明，系千古之重望，遂成百世不刊之典。后学者岂无千虑一得，发前圣之心传而救先儒之小失？然一下笔开喙，腐儒俗士不辨是非，噬指而惊，掩口而笑，且曰："兹先哲之明训也，安得妄议？"噫！此诚信而好古之义也。泥传离经，勉从强信，是先儒阿意曲从之子也。昔朱子将终，尚改《诚意》注说，使朱子先一年而卒，则《诚意》章必非精到之语，使天假朱子数年，所改宁止《诚意》章哉？

［译文］

语言文字，相对而言不过是圣人的糟粕。圣人难以用语言表达的精妙之处，是没有办法用语言形容出来的。汉代和宋代以后，对于经典著作的解释大都拘泥于文字，牵强附会，失去了圣人天然自得的趣味，违背天下本然自在的道理，不近人情，不符合事物的原理，使后世的学者无所适从。况且圣人又享有一代之高明，具有千古之重望，于是圣人的言语便成了百代之经典。愚者千虑必有一得，后代的学者又怎么没有一得，引发前代圣人的心传，而补救先代儒生的过失呢？然而到了下笔的时候，迂腐庸俗的人就会不辨是非，或大惊失色，或掩口而笔，而且说："这是先代哲人的明训，怎么可以随便加以议论呢？"唉！这听起来好像是诚挚地信服和崇拜古人的意思。可是拘泥于经传，牵强附会，就是以前的儒家曲解的产物。过去朱熹临终时，还在改动《诚意》的注解和说明，如果朱熹早死一年，那么《诚意》一章必然仍没有达到精确的程度；如果老天让朱熹晚死几年，那么所改动的也未必就只有《诚意》一章而已。

6.193　圣人之言，简淡明直中有无穷之味，大羹玄酒也。贤人之言，一见便透而理趣充溢，读之使人豁然，脍炙珍羞也。

［译文］

圣人的言论，简淡明直中富有无穷的意味，如同祭祀用的肉汁和清水。贤人的言论，一见便明了而又充满趣味，读了使人豁然开朗，如同美味佳肴。

6.194　圣人终日信口开阖，千言万语，随事问答，无一字不可为训。贤者深沉而思，稽留而应，平气而言，易心而语，始免于过。出此二者而恣口放言，皆狂迷醉梦语也。终日言，无一字近道，何以多为？

［译文］

圣人每当要开口说话，千言万语皆随事问答，无一字不可作为训诫准则的。贤人深思熟虑，考虑好了才应答，心平气和地讲话，将心比心地谈论，才可避免过错。除了圣人、贤人二者之外，恣意狂言，都是信口开河、浑浑噩噩的梦呓。整天不停地说，却无一字有道理，为何还讲那么多呢？

6.195　诗，低处在觅故事寻对头，高处在写胸中自得之趣，说眼前见在之景。

［译文］

写诗，低劣的诗只是在搜寻典故，好诗则是在抒发自得的情趣，描述眼前看到的美景。

6.196　自孔子时，便说史不阙文[①]，又曰文胜质则史[②]，把史字就作了一伪字看。如今读史，只看他治乱兴亡足为法戒，至于是非真伪，总是除外底。譬之听戏文一般，何须问他真假，只是足为感创，便于风化有关。但有一桩可恨处，只缘当真看，把伪底当真；只缘当伪看，又把真底当伪。这里便宜了多少小人，亏枉了多少君子。

［注释］

①史不阙文：《论语·卫灵公》："吾犹及史之阙文也。有马者借人乘之，今亡矣夫。"②文胜质则史：《论语·雍也》："子曰：质胜文则野，文胜质则史。文质彬彬，然后君子。"

［译文］

自从孔子的时代，就说历史不缺乏文辞，又说文辞胜过本质就不真实了，把“史”字视作“伪”字。如今读史书，只看它治乱兴亡足以为后世借鉴，至于是非真伪，总是不在意的。如同听戏一样，何须问它的真伪，只要足以使人感动，有助于风化即可。但遗憾的是，只因把它当真的看，可能把假的也当真的；只因把它当假的看，可能把真的也当假的。这样做便宜了多少小人，冤枉了多少君子。

6.197　诗辞要如哭笑，发乎情之不容已，则真切而有味。果真矣，不必较工拙。后世只要学诗辞，然工而失真，非诗辞之本意矣。故诗辞以情真切、语自然者为第一。

［译文］

写作诗词要如同哭笑一般，是内心真实感情的自然流露，这样就会显得真切而有味。果真这样，就不必计较文体的工整与拙劣。后世的人为学诗词而要学诗词，然而文体虽好但没有真实的感情，就失去了诗词本身的意义。因此诗词以感情真切、语言自然的为第一。

6.198　古人无无益之文章，其明道也，不得不形而为言；其发言也，不得不成而为文。所谓因文见道者也，其文之古今工拙无论。唐宋以来渐尚文章，然犹以道饰文，意虽非古而文犹可传。后世则专为文章矣，工其辞语，涣其波澜，炼其字句，怪其机轴，深其意指，而道则破碎支离，晦盲否塞矣。是道之贼也，而无识者犹以文章崇尚之，哀哉！

［译文］

古人没有无益的文章，其文章的目的在于表明道理，这就不得不用言语来表达；用言语来表达就不得不成为文章。这就是所谓的因文见道，至于文章的古体和今体、好与坏就不说了。唐宋以来逐渐开始崇尚文章的做法，专门讲究修饰润色，其意义虽然不像古代那样讲究真实，而作为文章的做法流传下去。后世则专为写文章而写文章，追求文辞的工整，形成波澜，精炼字句，结构标新立异，意旨深奥。这样使道支离破碎，含晦不清。这样的文章有害于世道，而没有见识的人仍然认为是好文章而崇尚它，可悲啊！

6.199　文章有八要：简、切、明、尽、正、大、温、雅。不简则失之繁冗，不切则失之浮泛，不明则失之含糊，不尽则失之疏遗，不正则理不足以服人，不大则失冠冕之体，不温则暴厉刻削，不雅则鄙陋浅俗。庙堂文要有天覆地载，山林文要有仙风道骨，征伐文要有吞象食牛，奏对文要有忠肝义胆。诸如此类，可以例求。

［译文］

创作文章有八个要点：简、切、明、尽、正、大、温、雅。不简约则失之烦冗，不确切则失之浮泛，不明确则失之含糊，不穷尽则失之疏遗，不端正则理不足以服人，不广阔则失冠冕之体，不温和则暴厉刻削，不文雅则鄙陋浅俗。朝堂上的文章要有天覆地载的心胸，隐逸的文章要有仙风道骨的气息，征伐的文章要有吞象食牛的气魄，奏对的文章要有忠肝义胆的气节。诸如此类的文章，可以类推。

6.200　学者读书，只替前人解说，全不向自家身上照一照。譬之小郎替人负货，努尽筋力，觅得几文钱，更不知此中是何细软珍重。

［译文］

现在的学者读书，只是替前人的著作做解说，而不顾自身的感受。正如小货郎替人担货，竭尽全力，获取几文钱，却不知道所背的是何细软贵重的物品。

6.201　《太玄》虽终身不看亦可。

［译文］

扬雄的《太玄》，即使终身不看也可以。

6.202　自乡举里选之法废，而后世率尚词章，唐以诗赋求真才，更为可叹，宋以经义取士，而我朝因之。夫取士以文，已为言举人矣。然犹曰：言，心声也，因文可得其心，因心可知其人。其文爽亮者，其心必光明，而察其粗浅之病。其文劲直者，其人必刚方，而察其豪悍之病。其文藻丽者，其人必文采，而察其靡曼之病。其文庄重者，其人必端严，而察其寥落之病。其文飘逸者，其人必流动，而察其浮薄之病。其文典雅者，其人必质实，而察其朴钝之病。其文雄畅者，其人必挥霍，而察其弛跅之病。其文温润者，其人必和顺，而察其巽软之病。其文简洁者，其人必修谨，而察其拘挛之病。其文深沉者，其人必精细，而察其阴险之病。其文冲淡者，其人必恬雅，而察其懒散之病。其文变化者，其人必圆通，而察其机械之病。其文奇巧者，其人必聪明，而察其怪诞之病。其文苍老者，其人必不俗，而察其迂腐之病。有文之长而无文之病，则其人可知矣。文即未纯，必不可弃。今也但取其文而已，见欲深邃，调欲新脱，意欲奇特，句欲饤饾，锻炼欲工，态度欲俏，粉黛欲浓，面皮欲厚。是以业举之家弃理而工辞，忘我而徇世，剽窃凑泊全无自己神情，口语笔端迎合主司好尚。沿习之调既成，本然之天不露。而校文者亦迷于世调，取其文而忘其人。何异暗摸而辨苍黄，隔壁而察妍媸？欲得真才，岂不难哉？隆庆戊辰，永城胡君格诚登第，三场文字皆涂抹过半，西安郑给谏大经所取士也，人皆笑之。后余阅其卷，乃叹曰："涂抹即尽，弃掷不能，何者？其荒疏狂诞绳之以举业，自当落地，而一段雄伟器度、爽朗精神，英英然一世豪杰，如对其面，其人之可收自在文章之外耳。胡君不羁之才，难挫之气，吞牛食象，倒海冲山，自非寻常庸众人。惜也以不合世调，竟使沉沦。"余因拈出，以为取士者不专在数篇工拙，当得之牝牡骊黄之外也。

[译文]

自从推举贤能的方法废除之后，后世大都崇尚文章，唐代以诗赋选取真正的人才，更是令人感叹，宋代以经义选取士人，而我朝因袭这种方法。以文章选取士人，已经是以言语来选举人才了。然而还可以说：言语代表人的心声，以他的文章可以揣测他的心声，以他的心声可以了解其人。文章爽亮的人，其内心必定光明磊落，而须考察他是否有粗浅的毛病。文章劲直的人，其人必定刚直方正，而须考察他是否有豪悍的毛病。文章藻丽的人，其人必定满腹文采，而须考察他是否有靡曼的毛病。文章庄重的人，其人必定端庄严谨，而须考察他是否有寥落的毛病。文章飘逸的人，其人必定灵活机动，而须考察他是否有浮薄的毛病。文章典雅的人，其人必定质朴实在，而须考察他是否有朴钝的毛病。文章雄畅的人，其人必定挥霍无度，而须考察他是否有放荡不羁的毛病。文章温润的人，其人必定和顺，而须考察他是否有软弱的毛病。文章简洁的人，其人必定十分谨慎，而须考察他是否有拘束的毛病。文章深沉的人，其人必定精细，而须考察他是否有阴险的毛病。文章冲淡的人，其人必定恬静文雅，而须考察他是否有懒散的毛病。文章富于变化的人，其人必定圆滑，而须考察他是否有伪诈的毛病。文章奇巧的人，其人必定聪明，而须考察他是否有怪诞的毛病。文章苍老的人，其人必定不俗，而须考察他是否有迂腐的毛病。如果他的文章有以上所述的长处，而没有以上所述的毛病，那么其人的品质便可以知道了。如果文章没有达到这种水准，也不能舍弃人才。现在人们认为，文章的见解应该深邃，格调应该清新洒脱，意境应该别具一格，字句应该推敲把玩，实际上文章写得愈是工巧，情态装得愈是媚俏，粉饰得愈是浓艳，脸皮也就会愈厚。因此许多从事科举考试的人放弃了对道理的追求而学习如何把文辞修饰得更加工巧，忘却了自己的价值而追随世俗的陋习，东抄西抄，七拼八凑，牵强附会，完全没有自己的风格和见解，口头和笔头都是为了迎合上司的欢喜和爱好。这样因循效仿形成了一种规律，而把自己纯真掩盖下去。而审读文章的人也为世俗所迷惑，只看到了一篇文章而忘记了那个人本身。这又与在黑暗中凭借手摸辨别颜色，隔着墙来辨别美丑那样愚昧的方法有什么区别呢？用这样的方法来寻得有真才实学的人，岂不是太困难了吗？隆庆二年，永城胡格诚参加科举考试，三场考试都有几乎一半试卷是胡乱涂抹的，结果被西安郑大经给谏（皇帝左右侍从）选取为进士，人们都感到这件事可笑。后来我看到了那张卷子，不禁叹息道："像这样胡涂乱抹的文章，为什么竟然没有被丢弃呢？胡格诚以荒疏狂诞的文辞来参加科举考试，本来应该落选，然而在他的文章中却有一种雄伟大度、爽朗蓬勃的气概，简直像一代的英雄豪杰出现在面前，这个人之所以能被录取，是出于文章以外的原因。胡格诚不为世俗所拘的才华，难以挫败的锐气，一吞牛斗、倒海翻江的气概，果然不是平常的庸人能够相比的。可惜啊！人们以他不合乎世俗的格调，竟使他遭到沉沦淹蹇。"我由此认识到，选取人才并不仅在于几篇文章的工巧或者笨拙上面，而应该从表面现象之外看到其本质的东西。

6.203　万历丙戌而后，举业文字如晦夜浓阴封地穴，闭目蒙被灭灯光；又如墓中人说鬼话，颠狂人说风话，伏章人[1]说天话；又如《楞严》《孔雀》[②]，咒语真言，世道之大妖也。其名家云："文到人不省得处才中，到自家不省得处才高中。"不重其法，人心日趋于魑魅魍魉矣。或曰："文章关甚么人心世道？"嗟嗟！此醉生梦死语也。国家以文取士，非取其文，因文而知其心，因心而知其人，故取之耳。言若此矣，谓其人曰光明正大之君子，吾不信也。且录其人曰中式，进呈其文曰中式之文，试问其式安在？乃高皇帝所谓文理平通明顺典实者也，今以编造晦涩妄诞放恣之辞为式，悖典甚矣。今之选试官者必以高科，其高科所中，便非明顺典实之文。其典试也，安得不黜明顺典实之士乎？人心巧伪，皆此文为之祟耳。噫！是言也，向谁人道？不过仰屋长太息而已。使礼曹礼科得正大光明、执持风力之士，无所畏徇，重一惩创，一两科后，无刘几[③]矣。

［注释］

①伏章人：指撰写献给天神奏章祝文的人。②《楞严》《孔雀》：《楞严》即佛经名；《孔雀》即《大孔雀明王画像坛场仪规》，唐朝僧人不空译。③刘几：《梦溪笔谈》："刘几为险怪之语。"

［译文］

万历十四年以后，科举考试的文字就像晦暗之夜的浓雾封住了地穴，闭上眼睛又蒙上被子挡住了灯光一样；又像是在坟墓中的死人说鬼话，疯疯癫癫的人说胡话，向天神献奏章的人说天话一样；更像装神弄鬼、妄言痴语的妖怪一样。其有代表性的名家说："文章写到他人不明白的时候才是有学问，写到了自己都不明白的时候才会金榜题名。"人们都不注重实质和文法，而日益追求那些魑魅魍魉的东西。或许还会有人问："文章和人心世道有什么关系呢？"真可悲！这真是醉生梦死的胡话。国家以文章来选取人才，而实际上并不是选取他的文章，而是根据文章得知其心境，又根据心境而得知那个人本身，因此而录取他。如果单凭一个人的言论，就说那个人是光明正大的君子，我是难以相信的。况且说被录取的人符合标准，进呈他的文章也说是符合标准的文章，试问标准是什么呢？高皇帝说文理平通，表面上是遵循法典，现在以编造荒诞放恣的文辞为方法，那么就大大违背了法典本身。现在选择考官，必然以科举考试的高名次为佳，然而能够在科举考试中获得高名次，就分明不是引经据典的文章。那么典试中，又怎么能够不罢黜引经据典的人呢？人心的狡猾和虚伪，都是通过文章来作祟的。唉！这样的话又向谁去说呢？也不过只能仰天长叹而已。倘若能在科举考试中任用正大光明又坚持操守，并且无所畏惧的主考官，从重惩治典型的例子，那么在一两次科举考试之后，就可能不会有那样的人出现了。

6.204　《左传》《国语》《战国策》，春秋之时文也，未尝见春秋时人学三代。《史记》《汉书》，西汉之时文也，未尝见班、马学《国》《左》。今之时文安知非后世之古文，而不拟《国》《左》，则拟《史》《汉》，陋矣，人之弃已而袭人也。六经、四书，三代以上之古文也，而不拟者何？习见也。甚矣，人之厌常而喜异也。余以为文贵理胜，得理何古何今？苟理不如人而摹仿于句字之间，以希博洽之誉，有识者耻之。

［译文］

《左传》《国语》《战国策》是春秋时期的著作，不曾见春秋时期的人学习三代时的文风。《史记》《汉书》是西汉时期的著作，不曾见司马迁、班固学习《国语》《左传》的文风。当今的时文怎知不会变成后世的古文，然而如今不是模拟《国语》《左传》，就是模拟《史记》《汉书》的文风，多么鄙陋啊！抛弃了自己的特色而去因袭别人的东西。六经、四书是三代以前的古文，为何人们不模拟它们呢？是因经常看到的缘故。更严重的是人们厌常喜异的习惯。我认为文章贵在以理取胜，阐明了道理又何必在乎是古是今呢？如果道理讲得不如别人清楚，而一味地模仿别人的字句，以此得到博学通达的美名，有见识的人认为这是可耻的。